리더와 직원의 동상이몽

하수미

좋은 조직문화는 그 자체로 경쟁력이다. 직원들이 회사에서 행복할수록 더 좋은 성과를 낼 수 있다는 것이 작가의 신념이다. 조직을 운영하는 방식이 권력자, 관리자, 리더에서 이제는 조직문화 리더로 바뀌고 있다. 조직문화 리더가 어떻게 직원들을 열정적으로 몰입하게 할 것인가, 어떻게 직원들을 즐겁게 일할 수 있도록 할 것인가에 대해 심도 깊게 탐구하고 근거 기반의 구체적인 제안을 한다.

직장생활에서의 의미 찾기, 성장지원, 자율성 존중, 등의 중요성을 강조하고 이를 통해 우리가 행복하게 직장을 할 수 있도록 조직문화 관점에서 리더십을 모색한다.

조직문화전문가가 말하는 직원을 사로잡는 리더십 유형 6가지

리더와 직원의 동상이몽

하수미 지음

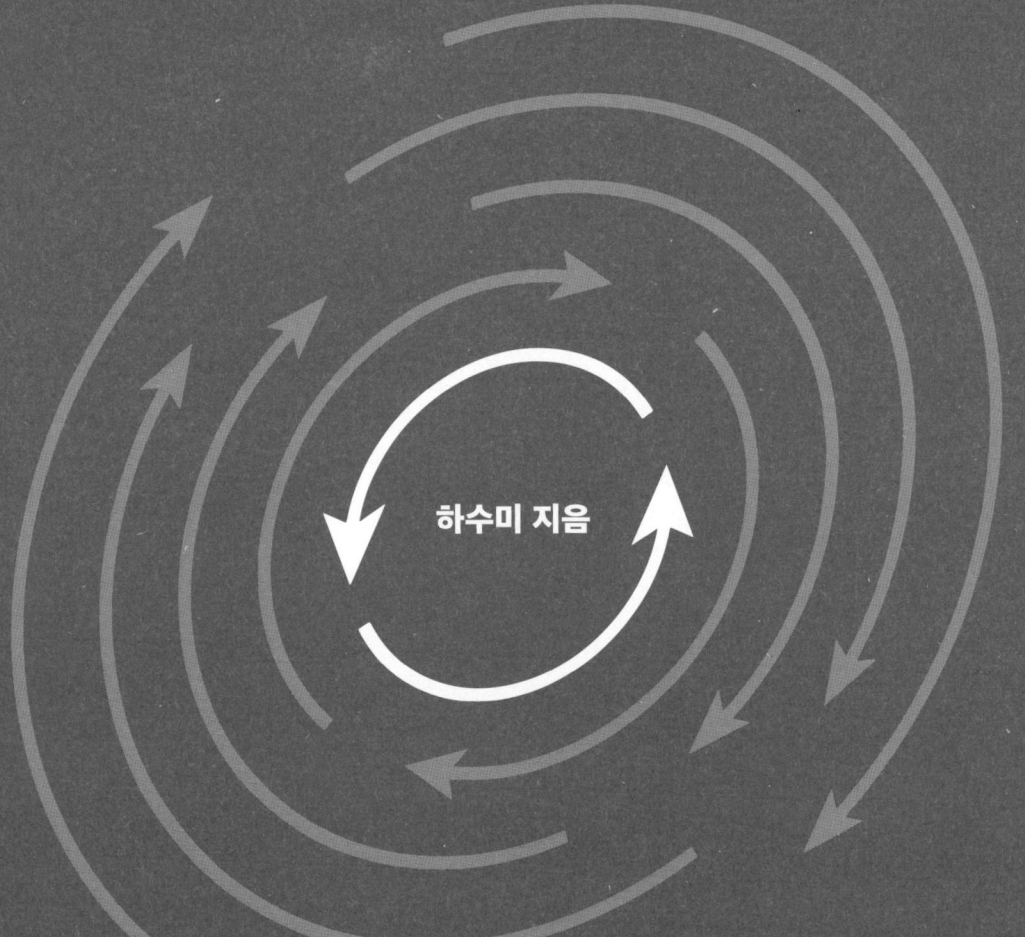

Contents

1장. 우리가 일하는 이유
우리는 왜 일할까? 8
일하게 만드는 심리적 욕구 16
일하기 좋은 일터를 위한 리더 역할 27

2장. 일하는 의미를 알려주는 리더
조직의 미션/목적을 알려 줍니다 44
미래 방향에 동참시킵니다 57
조직 목표에 개인의 목표를 연계시킵니다 65
업무의 영향력을 알려 줍니다 76

3장. 성장을 지원해주는 리더
성장 마인셋을 키웁니다 88
도전적인 목표 수립을 지원합니다 100
일의 가치를 높여 줍니다 112
실패는 학습의 기회입니다 127

4장. 인정을 해주는 리더

- 인정의 시작은 경청입니다 — 148
- 착한 리더 콤플렉스 = 싫은 소리도 잘해야 합니다 — 161
- 인내심이 필요합니다 — 174
- 모르는 것, 잘못을 인정합니다 — 185

5장. 자율성을 부여하는 리더

- 팀 방향성을 설정합니다 — 197
- 맞춤형 자율성을 줍니다 — 212
- 가능한 정보를 모두에게 공유해 줍니다 — 231
- 공정한 업무 배분이 가능한가요? — 242

6장. 상호협력할 기회를 주는 리더

- 팀원들과 함께 일하는 것이 좋습니다 — 256
- 팀 간 그레이 업무는 누구 일인가요? — 275
- 다양한 세대와 한 팀에서 일합니다 — 291

7장. 감정을 관리하는 리더

- 감정은 표현하는 것입니다 — 307
- 감정은 관리하는 것입니다 — 322

작가 인터뷰

01
CHAPTER

우리가 일하는 이유

우리는 왜 일할까?

　우리는 일을 하면서 많은 시간을 보낸다. 세상에 태어나서 단 한 번뿐인 인생인데, 일을 빼고 하고 싶은 일이 무엇인지 스스로에게 질문해 본다. 나는 왜 일을 하지? 일을 한다는 것이 어떤 의미일까? 힘들게 공부해서 좋은 기업에 들어왔는데 일이 왜 재미가 없을까? 하루하루 버티기도 힘든데 꼭 이 일을 해야 할까? 어렸을 때는 돈과 상관없이 내가 하고 싶은 일을 하면서 살겠다고 생각했는데, 어른이 되고 나니 내가 하고 싶지 않은 일을 하고 돈 걱정을 하면서 살아가고 있다.

　또한 사람들은 어떤가. 죽을힘을 다해 열심히 일해야 한다는 말을 고루한 꼰대의 생각이라고 비웃는다. 너무 열심히 일하지 말라고, 오히려 준 만큼만 일하라고 말한다. 주식, 코인, 부동산 투자처럼 편하게 돈 벌 수 있는 방법을 열심히 알아보고 회사에서는 주는 만큼만 일하라고 한다. 하루빨리 회사를 나가 스타트업 회사를 창업해 일확천금을 벌고, 이른 나이에 은퇴해 여유롭게 사는 것이 인생의 목표라고 당당하게 이야기한다.

　사람인에서 실시한 설문조사를 보면, 요즘 젊은 사람들 사이에 일은 최대한 짧게 하고 보수는 최대한 많이 받는 것이 좋다는 사고방식이 유행하는 것 같다.

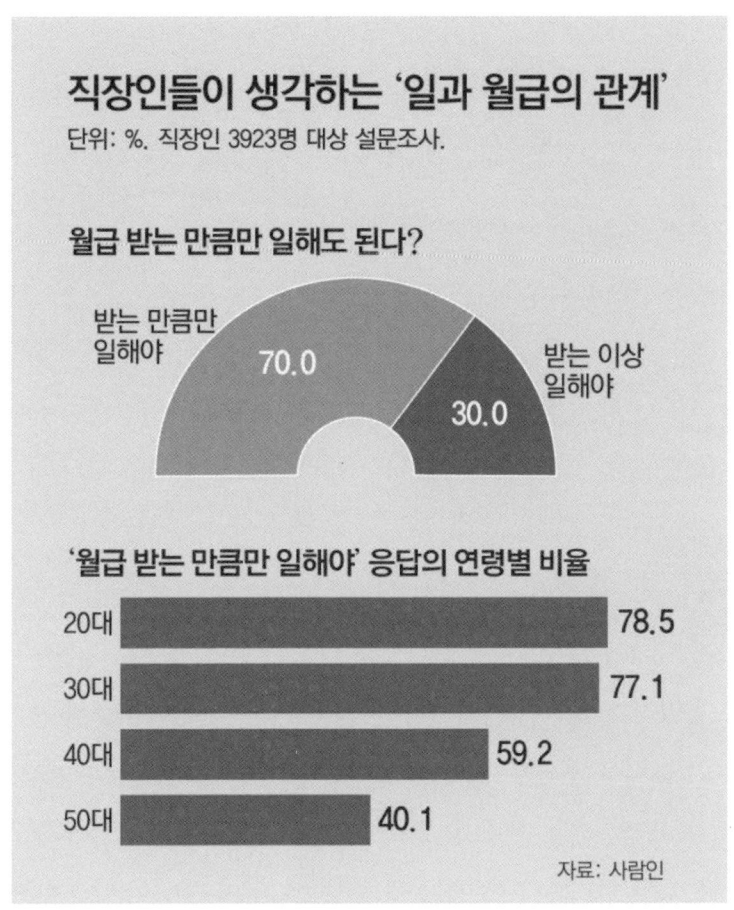

　　일할 의지가 없거나 능력이 있어도 긱(gig) 노동으로 생계를 이어 가는 사람들이 늘었다는 것은 일에 대한 가치관이 변하고 있다는 것을 의미한다. 일하는 데 대부분 시간을 보냈던 기성세대와 다르게 요즘은 삶의 수준이 높아졌다. 젊은 사람들은 개인 시간을 충분히 확보해 일에 얽매이기보다는 다른 것들을 함께 즐기면서 살아가고 싶어 한다.

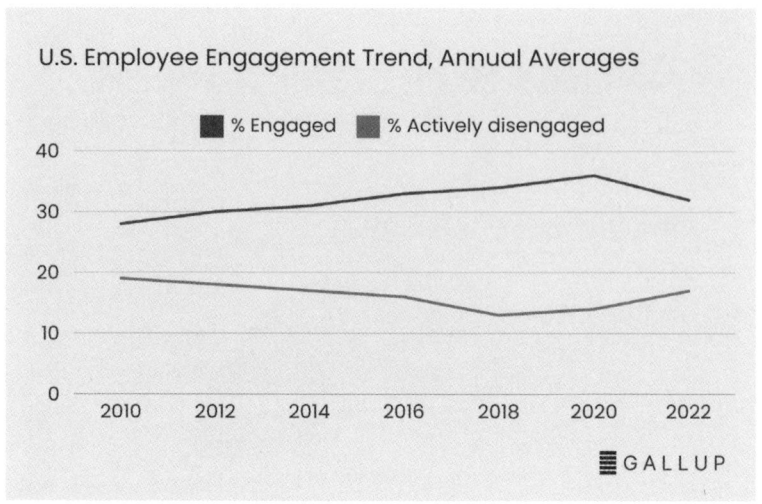

　미국의 글로벌 갤럽 조사에서 직장인 32%는 업무에 몰입하지만 다수인 70%가 자신이 업무에 전념하지 않는다고 답했다. 특히 그중 17%는 극단적으로 몰입하지 않는다고 답했다. 자신이 하는 일에 의미를 부여하지 않으면 자기 능력을 발휘할 수도 없고 자신의 성장도 기대할 수 없으며 기업에도 부정적인 영향을 준다. 실제로 갤럽 조사에 따르면, 직원 몰입도가 낮은 기업은 그렇지 않은 기업에 비해 주당순이익이 147%나 낮은 것으로 나타났다.

　극단적으로 몰입하지 않는 사람들은 조용한 퇴직 층으로 대거 이동하고 있다. '조용한 퇴직'이라는 용어는 처음 틱톡에서 퍼지기 시작한 신조어로, Zkchillin라는 아이디를 가진 사용자가 영상을 올리며 퍼지기 시작했다. 조용한 퇴직은 직장을 그만둔다는 것이 아니라 더 이상의 노력을 하지 않겠다는 뜻이다. 여전히 맡은 일을 하지만 모든 열정을 쏟아 일하지는 않겠다, 즉 업무가 삶의 전부가 아니라는 뜻을 밝힌 것이다.

이러한 현상은 완전히 새로운 것은 아니다. 적당히 일하기, 최소한으로 일하면서 정시에 출퇴근하기 등은 늘 있던 현상이다. 여러 이유로 일에 몰입하지 않으면서 월급을 받을 수 있는 방법을 찾는 사람들은 항상 존재했다. 이런 사람들은 당장 퇴사하면 할 수 있는 것도 없고 다른 곳으로 이직할 만큼의 역량도 없으면서, 다른 직장에서 누릴 수 없는 복지 혜택을 현 직장에서 누리려고 하는 사람들이었다.

그러나 요즘의 조용한 퇴직은 해야 할 일만 하겠다는, 일과 삶의 경계선을 다시 긋는 행동이다. 일에만 몰두하는 대신, 삶의 다른 부분에도 시간과 에너지를 쏟겠다는 것이다. 유니버시티 칼리지 런던 경영대학의 클로츠 교수에 따르면, 조용한 퇴직은 노동 자체에 대한 반항이라기보다는 긴 근무 일수, 무보수 초과 업무, 조직에 대한 충성, 언제나 출근이라는 기존 관념에 대한 거부이다. 코로나19의 여파로 물가는 상승하고, 사람들은 열심히 일하지만 상대적으로 적게 벌고 있다고 생각한다. 사람들은 사회적으로 부자가 될 기회가 점점 적어지고 있는 상황에서 열심히 일한다고 상황은 변화되지 않는다고 여긴다. 열심히 일해도 자신의 업무 성과가 월급에 반영되지 않는다는 인식은, 곧 더 이상 열심히 일하지 않겠다는 결심을 불러일으킨다. 퇴사라는 물리적으로 과감한 행동을 하기보다는 소극적인 형태의 정신적인 이탈, 심리적인 퇴직을 선택한 것이다. 경영 컨설팅 회사 CEB의 조사에 따르면, 주기적으로 현장에서 퇴사를 생각하지 않았다고 답한 직원은 32%, 잘리지 않을 최소 수준을 넘어 자발적 노력을 한다고 답한 직원은 16%, 업무에 최선을 다하지 않는다고 답한 직원은 50%였다.

기성세대는 반노동 운동에 대해 강한 반감을 드러내기도 한다. 최근

CNN 방송에서 "월급을 받았는데 죄책감을 느끼지 않느냐?" 하는 사회자의 질문에, MZ세대 출연자는 "일주일에 40시간이나 일하고 퇴근한 후 자신이 하고 싶은 일을 하는 것은 잘못이 아니다."라고 이야기했다. 기성세대와 현격한 차이를 보이는 답변이다. 기성세대들에게 이들 MZ세대는 일을 더 맡고 싶어 하지도 않고, 다른 도전적인 업무를 맡아 승진할 욕심도 없어 보인다. 기성세대는 이들에게 일을 지시하는 것도 두려울 정도라 이제는 일도 못 시키겠다는 하소연을 한다.

필자를 포함한 기성세대도 예전에는 지금의 젊은 세대만큼 회사에 가기 싫었다. 일요일 오후 9시에 방영했던 개그콘서트가 끝나면 여기저기 한숨 소리가 들린다고 했다. 필자가 젊었을 때는 일하지 않으면 생존할 수 없었다. 지금처럼 자신이 좋아하는 일을 추구하고 적성에 맞는 일을 찾기가 현실적으로 힘들었다. 더욱이 지금처럼 이직이 보편화된 유연한 노동시장이 아니었기에 한 번 들어간 회사에서 자기 의지와 상관없이 계속해서 일하는 것이 일종의 사회적인 책임이자 의무였다. 싫어도 어쩔 수 없는 일을 하다 보니, 살아남기 위해 일했다고 볼 수 있다. 덕분에 모진 풍파와 시련도 참고 견디며 마음의 근육도 커졌다. 그런 시절을 지낸 기성세대의 관점에서 보면 젊은 세대는 너무 나약하게 보일 수 있다.

> **열정이 없는 이유 (사원 인터뷰 중에서)**
>
> "대학을 졸업하고 힘들게 취직했는데 마치 제가 부속품이 된 것 같아요. 열심히 노력해서 대기업에 입사했는데 제가 하고 있는 일이 생각했던 일과 너무 달라 고민입니다. 생계유지를 위해 일하는 것이 일차적인 목적이긴 해도 이왕이면 내게 좀 더 의미 있는 일을 하면서 돈도 벌고 싶습니다. 노는 것처럼 일하는 것이 진정한 의미의 워라밸 아닐까요?"
>
> "막상 입사해서 보니 선배들 가운데도 마지못해 일하는 분이 많아요. 돈을 많이 주니 참고 일하는 선배들이 있어요. 윗사람들이 하라고 하면 꾹 참고 그대로만 하는 것 같아요. 제게 너무 열심히 일하지 말라고 하네요. 열심히 하다가 실패하면 일 못하는 사람으로 낙인 찍힌다고 합니다. 내가 이런 삶을 살기 위해 그 힘든 과정을 거쳐 이 회사에 왔나 싶어요."
>
> "처음에는 합격만 시켜 주면 온몸을 바쳐 일할 것 같았는데 막상 회사에 다녀 보니 재미가 없습니다. 요즘 잘나가는 IT 회사와 비교하면 연봉도 적고 복지도 떨어지는 것 같고, 이상한 선배들도 많습니다. 신입사원 시절 열정에 차 자아실현을 꿈꿨지만, 막상 취업해서 회사에 다녀 보니 현타가 옵니다."

　　블라인드와 인터뷰에서 나온 '요즘 애들'의 이야기다. 이들의 말을 들으면 일 자체를 싫어하는 것 같지는 않다. 입사했을 때의 열정과 의미를 찾고 싶어 하지만 직장 생활의 여러 현실 때문에 활기찬 일터는 꿈도 꾸지 못한다는 한탄이다. 신입사원 때의 열정으로 성실히 일했지만, 조직 환경은 그런 열정을 받아들일 만큼 충분하지 않고 아무 권한도 주지 않는 위계적인 질서 속에서 자신의 능력을 제대로 발휘하지 못한다는 불만이다.

실험적이고 주도적인 업무 추진은커녕, 위계적인 리더십, 관행과 규칙, 프로세스 때문에 월급날만 바라보는 월급 루팡이 되어 간다는 것이다. 불과 입사한 지 한 해 만에 마음을 닫아 버리고 열심히 하려는 열정도 사라진다. 다른 회사 동기가 얼마나 받고 있는지에 관심이 쏠린다. 그래서 회사에 더 기여하기보다는 다른 곳에서 삶의 의미를 찾기로 한다. 재테크, 다른 직업을 찾는 N잡러가 되기도 한다. 결국 직장은 따분한 곳이 된다. 이런 현상을 '보어 아웃'이라고 한다. 번 아웃과 달리 보어 아웃은 자기 일에서 의미를 찾지 못하고 지루함을 느낄 때 생겨나는 현상이다. 단조로운 환경이나 자신이 스스로 결정할 수 없는 관료적인 환경에서 열정을 잃고 일할 때, 오랫동안 아무런 도전 의식도 없이 일할 때, 자신이 하고 있는 일이 아무런 목적도 없고 의미가 없다고 느낄 때 주로 나타난다.

일에 관심이 없어지면 어떻게 되는가? 금전적인 것에 더 민감하게 반응한다. 그저 자신이 받을 보상에 불이익이 발생하지 않을 정도의 최소한의 시간만 들여 일을 마무리한다. 받는 만큼만 일한다는 것은 무엇인가. 저가형 직원에게 좋은 품질을 기대하는 것은 욕심이라는 것이다. 그들은 앞으로 자기 개발을 해서 더 많은 돈을 주는 다른 곳으로 이직하겠다는 말을 자연스럽게 한다. 자신이 무엇을 위해 어떤 일을 하는지 잊은 채, 일에서 스스로를 소외시킨다.

2021년 한국무역협회에서 발표한 보고서에 따르면, 기업의 평균 수명이 1958년 기준 61년에서 2027년 12년 수준으로 대폭 단축될 전망이다. 중요한 원인으로 단기 실적에만 집중, 직원들을 대체 가능한 부품으로 여기는 관행, 그리고 직장 내에서 만연한 갑질 행동 등이 지적되었다. 세상이 바뀌면 기업의 목적과 역할도 바뀌어야 한다. 기업의 각 구성원을 존중하고, 사회적 가치를 추구해야 한다. 구성원들의 행복과 삶을 존중하고 즐겁게 일할 수 있는 환경 조성이 이제는 기업이 지속해서 성장하기 위한 필수 조건이 되었다.

일하게 만드는 심리적 욕구

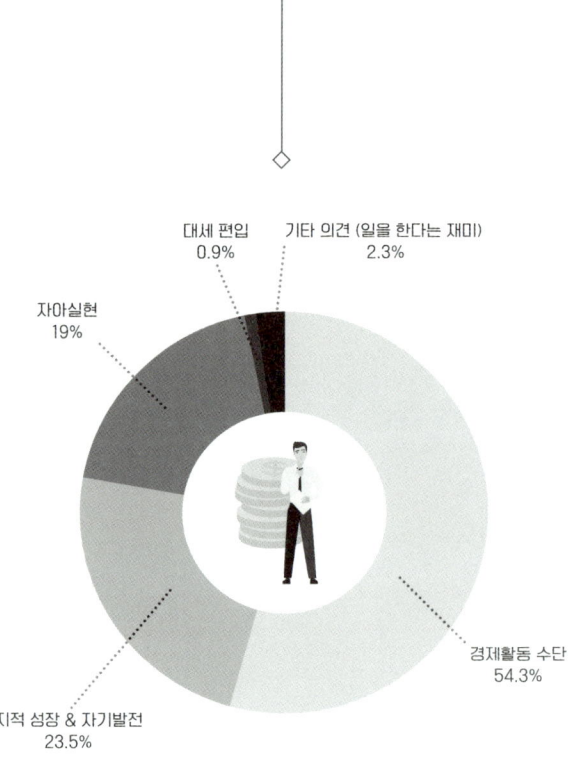

출처: H 회사 뉴스룸 홈페이지

    한 대기업에서 1,375명의 MZ세대를 대상으로 워크&라이프 설문조사를 진행했다. 일하는 이유를 물어본 결과 경제활동의 수단이라고 대답한 직원이 가장 많았다. 다음은 자기 발전, 자아실현 등으로 나타났다. 자본주의 세상에서 돈의 가치는 중요하다. 그런데 일차적으로는 돈 때문이라고는 해도, 일을 하는 이유는 각 개인마다 천차만별일 것이다. 돈이 많은 사람도 일을 하지 않나.

로체스터대학교 에드워드 데시 박사는 사람을 일하게 만드는 이유로 자율성의 욕구, 관계 맺기 욕구, 유능함의 욕구 등을 들었다. 자율성의 욕구는 행동의 원천이 자신이라는 느낌을 갖고 싶어 하는 욕구다. 스스로 선택하고 자기 의지에 따라 일을 추진하고 싶은 욕구이다. 조직에 문제가 발생하면 생산라인까지 중단할 수 있는 권한이라든지, 고객 접점에 있는 직원이 자율적으로 고객에게 상응하는 보상이나 서비스를 해 주는 것 등이다. 두 번째는 관계 맺기 욕구다. 관계 맺기 욕구는 타인을 보살피고 싶어 하거나 타인에게 보살핌을 받고 싶어 하는 욕구로, 조직에서 볼 때는 협업을 통해 공동의 목표를 달성하고 싶어 하는 욕구라 할 수 있다. 상대방을 신뢰하고 뭔가 중요하고 의미 있는 일에 함께 기여한다고 느끼는 것이다. 마지막으로 유능함의 욕구는 직장에서 직면하는 도전에 효과적으로 대처하고, 그 과정을 통해 발전하며 성장한다는 느낌을 갖는 것이다. 배우는 것 없이 자신이 퇴보하고 있으며 회사에서 소모품이 되어 간다는 느낌은 긍정적인 동기유발을 저해한다.

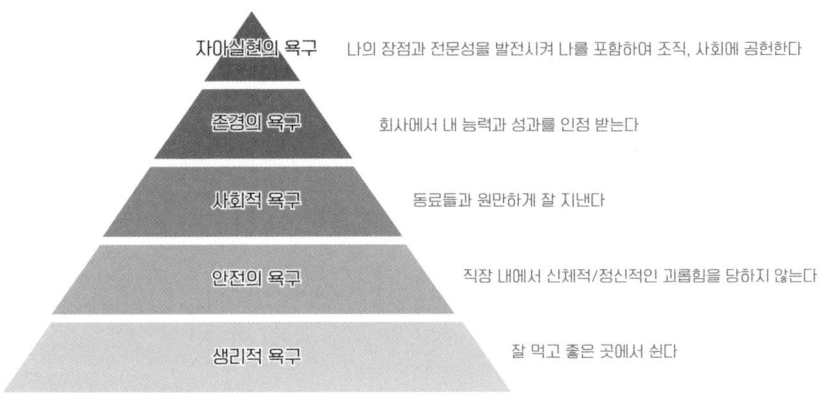

한편 매슬로우는 인간을 자기실현을 지향하며 성장해 가는 동물로 보고, 인간이 단계가 있는 동기 구조를 갖는다고 주장했다. 그는 인간이 한 단계씩 성장해 가는 주 원동력을 결핍 욕구와 성장 욕구로 보았다. 그의 이론은 직장에서 구성원들이 어떤 욕구가 충족되어야 행복하게 살 수 있는지를 알려 준다.

이러한 욕구들을 종합해 보면 우리를 일하게 만드는 욕구를 크게 세 가지로 요약할 수 있다.

1. 먹고살아야 하는 생존의 욕구

사람은 먹고살기 위해 돈을 벌어야 한다. 때로는 자신의 적성과 맞지 않는 재미없는 일을 하며 살아가기도 한다. 먹고사는 것이 힘든 시대에 일하는 가장 큰 이유는 바로 생존의 욕구를 충족하기 위해서였다. 일을 개인적인 보람, 자아실현, 자기 가치와 연계시키지 않았다. 그야말로 일을 하는 가장 큰 이유는 '생계'였다. 기성세대는 IMF나 금융위기로 취업에 어려움을 겪었고, 경기가 안 좋을수록 살아남기 위해서 불합리한 직장 생활에도 눈을 감고 버텼다. 생존의 위협을 받을수록 과도한 업무량과 직장 내 상사의 압력, 눈치 게임, 정치 게임에서 살아남기 위해 많은 에너지를 소모했다.

이런 관점에서 보면 일을 한다는 것은 힘든 일이다. 이런 환경에서 일했던 기성세대는 인간이 천성적으로 일하는 것을 좋아하지 않는다는 가설을 더 믿고 싶어 한다. 자기에게 맞는 일을 선택하기보다는 사회로부터 주어진 일, 회사에서 시키는 일만 해 왔기 때문에 일을 재미없는 것으로 인식

한다. 아무리 재미 있는 일이라도 먹고살 수 없을 정도로 돈을 벌지 못하면 괴로워지고, 하고 싶었던 일이라도 돈을 벌기 위한 수단이 되는 순간 더 이상 즐겁지 않다.

먹고살기 위해서만 일하는 사람들은 일에서 행복이나 만족을 찾기가 힘들다. 경제적인 이유로 그 일을 지속하고 있기 때문에 매사가 불만이다. 이들은 늘 더 많은 돈을 원하며 심지어 이를 당연한 권리로 생각한다. 그러한 요구가 충족되지 않으면 퇴직하겠다는 말을 수시로 하지만 대부분 퇴직하지 못한다. 그렇게 버티면서 조직을 부정적인 분위기로 만든다. 이러한 사고와 행동 방식은 자연스럽게 조직 문화에 반영되어 조직의 경쟁력을 약화시킨다.

2. 인정받고 싶은 욕구

사람은 누구나 인정받고 싶어 한다. 일을 통해 나의 존재를 인정받고 싶어 하고, 회사에서, 상사로부터 인정받고, 사회적으로 자신을 널리 알리고 싶어 한다.

돈이 인정의 욕구를 충족시켜 주지 못하는 이유

요즘 신입사원에게 높은 연봉을 제시하는 IT기업이 많아졌다. 경쟁기업보다 높은 연봉을 줘서 뛰어난 인재를 뽑고 이들이 높은 성과를 내면 기업도 이익이라고 생각한다. 물론 높은 연봉은 자긍심과 애사심을 높인다. 높은 경쟁률을 뚫고 입사했으니, 자부심이 높을 만하다. 가족들에게도 친구들에게도 자랑스럽다. 이들에게 돈은 생존 욕구의 충족이며 동시에 자신이 인정받았다는 의미이다.

높은 연봉을 받는 이들은 실제로 어떻게 회사 생활을 할까? 다른 기업에서보다 높은 연봉을 받는 것 자체로 행복 수준이 올라가겠지만, 쾌락 도파민은 그리 오래 지속되지 않는다. 다른 기업의 연봉이 내 연봉보다 더 높아진다든가, 다른 기업이 성과급을 더 많이 지급한다는 소식을 들으면 자존감이 떨어지며 불행감을 느끼게 된다. 다시 말하면 연봉 수준은 생존의 욕구를 넘어 인정의 요구에 해당한다.

사회심리학자 슈워츠와 샤프는 쾌락 적응이라는 개념을 소개하면서 사람들은 상당히 빠른 속도로 상황에 적응한다고 했다. 큰 액수의 보너스나 연봉 인상 등 상당히 규모의 물질적 보상을 받는다 해도 그로써 느끼는 즐거움과 행복은 한순간이다. 외부 보상은 내재 동기를 축소시키고 성과와 창의성, 심지어 순수한 행동까지 모두 도미노처럼 무너뜨린다. 금전적 보상은 물론 중요하지만, 그것만으로는 직원들의 행복감을 유지시키지 못한다. 연봉으로만 직원을 잡아 두려는 회사는 미래가 없다. 직원 연봉이 높아질수록 생산 원가가 높아지면서 상품의 질이나 서비스의 경쟁력이 떨어지며, 결국 고객의 가치가 줄어든다. 회사가 어려워지면 연봉만을 보고 회사에 다니던 직원들은 언제든지 그만둘 수 있다. 즉 보상 없이는 아무도 일하지 않게 되는 것이다.

개별 가치에 대한 인정(자율성)

인정의 욕구는 자율적이고 개별적인 사람으로 존중받고 싶은 욕구다.

사람들은 특별한 개인으로 인정받는 것을 자랑스러워한다. 자기가 하고 싶은 것을 하면서 집단이 아닌 나라는 존재로서 살고 싶어 한다. 특히 코로나 이후 이러한 경향이 두드러졌다. MZ세대들은 직장에서 나를 표현하고 싶어 하고 내 스타일대로, 자율적으로 일하고 싶어 한다.

다시 말해 일하는 것은 이들에게 단순히 돈벌이 수단이 아니다. 이들은 자유와 책임이 균형을 이루는, 어른으로서 인정받는 그런 곳에서 재미를 느끼며 일하고 싶어 한다. UCLA 심리학 교수 재닌 더치는 자신이 가진 최고의 자질을 생각하도록 자극을 받은 사람은 뇌의 시스템이 더 활성화된다는 것을 발견했다. 최고의 자신을 활성화시키는 것의 가장 좋은 점은 장기적인 누적 효과다. 긍정적인 감정을 경험한 사람의 뇌는 창의적 정보 처리를 촉진시키고, 이것이 곧 실적으로 이어지며 또다시 최고의 자신을 강화하는 긍정적 연쇄 효과를 낸다.

기존의 경영은 업무를 탈개성화해 직원들이 쉽게 대체되고 표준화되고 집단화되었다. 개성화된 자신을 표현하는 것이 억압되다 보니 일하는 것이 재미없어진다. 이런 상황에서 사람들은 조심스러워지고 불안해하며 경계심을 갖게 된다. 그래서 진정한 나는 분리한 채로 직장 생활을 한다. 인생의 많은 시간을 직장에서 보내며, 내가 아닌, 회사에서 요구하고 집단화된 바람직한 나의 모습을 보여 주기 위해 노력한다. 개성화된 내가 아니라 집단에서 허용되는 정도의 바람직한 모습을 보여 준다. 진짜 모습을 억지로 숨기고 집으로 돌아와서는 내 모습과 감정을 풀어 놓는다. 그래서 우리는 직장에 가는 것을 힘들어한다.

권력과 명예에 대한 요구

　어떤 사람들은 돈이 아니라 권력욕 때문에 일을 한다. 직위에 따른 권력을 누리고 싶어 하는 것은 인간의 자연스러운 욕망이다. 예전에 한 그룹 회장이 대통령 선거에 출마한 적이 있었다. 이미 많은 돈을 가진 이 회장이 엄청난 선거 비용을 들여 대통령 선거에 출마한 이유는 단순히 돈으로는 설명이 안 된다. 월급보다 많은 돈을 쓰는 것은 권력욕 때문이다. 물론 권력을 얻으면 돈이 따라오는 경우도 많다. 물론 돈도 중요하다. 하지만 명예에 대한 욕구 또한 그에 못지않다. 대기업 직원 가운데 연봉이 더 높다는 이유로 임원이 되고자 하는 사람은 정말 소수일 것이다. 임원이 되고자 하는 이유는 바로 임원이라는 직위에 따라오는 권력을 얻고 싶기 때문이다.

　다른 사람 위에 군림하고 싶다는 권력욕은 원초적인 욕망이다. 미국의 심리학자 맥클랜드는 권력 욕구를 사람들과 자원 등 자신을 둘러싼 환경을 조절하려는 욕구라고 정의했다. 즉 다른 사람에게 영향을 미치고자 하는 욕구라는 뜻이다. 높은 권력 욕구를 가진 사람은 리더가 되어 남을 통제하는 위치에 오르는 것을 선호한다. 타인들에게 자기가 바라는 대로 행동하도록 강요하며 쾌감을 느낀다.『권력』이라는 책을 쓴 러셀은 권력에 대한 욕망을 '적극적인 욕망'과 '소극적인 욕망'으로 나누어 이렇게 정의했다. 적극적인 욕망은 지도자가 되어 권력을 장악하는 것이다. 소극적인 욕망은 지도자를 따르는 집단에 들어가 집단의 승리를 개인의 승리로 받아들이는 것이다.

　권력이 개인적이라면 명예는 사회화된 것이다. 직업을 선택할 때, 우리는 항상 돈을 많이 버는 직업만을 선택하지는 않는다. 경찰, 목사, 군인 같은 직업은 여전히 박봉이다. 일의 고단함에 비해 벌어들이는 돈은 적다. 그럼에도 그들은 목숨을 걸면서까지 자신의 일을 묵묵히 해낸다. 이는 단순히 돈이라는 관점에서는 이해하기 어렵다. 이들이 고되고 위험하기까지 한 일을 묵묵히 해 나가는 이유는 무엇일까? 그것은 자신이 아주 가치 있는 일을 하고 있다는 자부심 때문이다. 또한 이런 사람들은 사회적으로도 인정받는다. 많은 어려움이 있음에도 명예는 이들에게 아주 중요한 일의 목적이자 소명이라고 할 수 있다. 인간은 생물학적으로 다른 사람을 도울 때 의욕을 얻고 동기가 부여되는 협력적인 동물이기 때문이다.

공정한 대우에 대한 욕구

인정의 욕구는 공정성과 관련이 있다. 공정은 노력에 대한 적당한 대가다. 내 노력에 상응하는 대가를 받고 싶은 바람이다. 아담스의 공정 이론에 따르면, 사람들은 그들이 기여한 것과 받은 보상의 비율을 다른 사람의 것과 비교함으로써 공정의 정도를 판단한다. 공정하지 않은 보상과 평가가 내려진다면 일할 의욕을 잃어버린다. MZ세대는 공정성을 중요한 가치로 받아들인다. SNS 등을 통해 지식과 정보가 공개되고 기술이 평준화되고 대학 교육이 보편화되면서 모두 비슷한 정보 능력을 갖추게 되었다. 이에 따라 다른 사람들도 나와 다를 바 없다고 느끼기 때문에 보상에 대해 더욱 민감해진다. 한 번의 시험으로 대학에 입학했던 기성세대보다 불공정 이슈에 대한 공분 형성의 속도와 폭이 현저하게 다르다. 이들은 기성세대에 비해 어릴 적부터 시작된 경쟁과 지속적인 평가 속에서 공정성에 대한 민감도를 높여 왔다. 특히 정보 교류가 활발해지면서 잘 알지 못하는 누군가의 이야기를 나의 문제로 더 쉽게 받아들인다. 사회의 각종 비리나 불공정성, 다른 기업의 복지 수준, 임금 수준 등이 SNS를 통해 훨씬 더 빠른 속도로 전파되기 때문이다. 치열한 경쟁과 공정에 민감한 이 세대에게 이러한 이야기는 더 현실적으로 다가온다.

MZ 세대는 철저하게 능력과 성과 평가에 기반한 성과급과 연봉을 원한다. 실리콘 밸리의 혁신 기업은 회사 성과보다 직원 개인의 성과와 역량, 조직 목표에의 기여 정도를 측정해 보상에 반영한다. 반면, 집단 성과급을 선호하는 한국의 조직이나 회사는 모든 직원에게 일률적으로 비슷한 보상을 한다. 완전한 공정성을 이루는 것은 이상적일 뿐, 실제로 불가능하다. 하지만 실리콘 밸리는 결과보다 과정을, 집단보다 개인을, 단기보다 장기를, 정량보다 정성을, 상대보다는 절대평가를 중시하는 보상 제도를 선호한다. 또한 업무 목표 설정부터 실행 성과 창출의 모든 과정에 관심을 갖고 이러한 보상 제도를 발전시키고 있다. 수시 피드백, 코칭, 멘토링을 통해 절차적 공정성을 확보하는 것이다. 이들 세대에게는 보상의 결과도 중요하지만, 보상을 결정하는 절차가 공정하고 투명한지가 더욱 중요하기 때문이다.

3. 자기 개발, 자아실현의 욕구

단순히 외적 보상을 받고 즐거움의 도파민을 분비했다고 해서 뇌가 만족하지 않는다. 사람은 계속해서 탐험, 실험, 학습하고자 하는 감정적 충동을 갖는다. 우리의 뇌는 더 많이 탐색하고 학습할수록 활성화된다. 어린아이를 보면 생물학적 본능을 쉽게 알 수 있다. 신생아들은 태어나자마자 주위에 있는 것을 입으로 가져감으로써 탐험하고 실험하고 학습한다. 우리의 뇌는 탐험하고 학습하도록 설계되어 있기 때문이다. 따라서 사람들은 더 많은 정보를 수집하고 가공해서 새로운 아이디어를 만들어내고, 이를 실험할 때 일하는 즐거움을 느낀다.

그러나 위계적인 문화에서의 일방적인 지시는 인간이 가진 이런 본성을 가로막는다. 근대 경영 관리 방식인 테일러식 경영 방식은 조직을 통제하고 인간의 실험과 학습에 대한 자연스러운 충동을 억누른다. 직원들의 탐색 시스템 활성화를 방해하고 공포 시스템을 이용해 두려움을 자극한다. 자신이 시도가 좌절되고, 그 시도를 통해 학습하고 성장할 수 없을 때 사람들은 무기력해지며, 이런 상황이 반복되면 수동적인 모습으로 변한다. 질책당하는 부정적인 경험이 쌓이다 보면 입을 다물고 그저 받아들이는 것이 최선이라고 생각하게 된다. 창의적이고 새로운 것을 하고 싶다는 마음은 가로막힌다. 그 때문에 출근을 위해 아침에 일어날 때 무력감과 두통을 느낀다. 일이 행복이 아니라 그저 먹고 살기 위한 수단으로 전락하는 것이다.

MZ세대들은 자신의 경력 개발을 위해 일한다. 이 회사에서 얼마나 많은 것을 배울 수 있는지가 중요하다. 자아실현을 위해 커리어 쌓기를 목표로 하는 것이지 회사에 충성하기 위해 일을 하지 않는다. 자아실현을 위해 경력 쌓기를 목표로 한다면, 회사에서 하지 말라고 해도 열심히 일하게 된다. 실리콘 밸리의 회사들은 직원들이 회사에서 많이 배우고 성장해서 몇 년 후에 다른 회사로 옮기는 것을 인정해 준다. 대학내일의 '20대 연구소'에서 발표한 보고서에 따르면, 직장을 통해 추구하는 가치는 가장 먼저

"경제 활동 수단으로서 생활에 필요한 돈을 버는 것"이었다. 그러나 Z세대는 직장에서 새로운 지식을 알아 가며 더 성장하고 발전하는 것을 추구한다는 대답이 많았다. Z세대가 생각하는 성장의 의미는 내 분야의 전문성이 생김(29%), 이전보다 능숙해짐(21%), 내가 할 수 있는 분야를 넓힘(18%) 등이었다.

많은 조직이 너도 나도 직원 만족 경영을 표방하며 각종 복리후생 정책을 내놓지만, 열정을 끌어 내기는 쉽지 않다. 과거 경제 성장 및 완전 고용의 시기에는 생리적 욕구, 안전 욕구, 소속 욕구와 같은 결핍 욕구가 강했지만, 지금은 인정 욕구, 자아실현 욕구와 같은 성장 욕구가 더 강하기 때문이다. 직원들의 심리적 욕구를 이해하면, 리더와 조직은 어떻게 직원들이 일하고 싶은 일터를 제공하고, 또 직원들에게 어떻게 일에 대한 동기를 부여할 것인가에 대한 통찰을 얻을 수 있다.

일하기 좋은 일터를 위한 리더 역할

억지로 일하지 않고 스스로 일하는 사람은 일하는 동안에도 삶을 즐긴다. 일이 곧 삶이다. 둘은 불가분의 관계다. 일은 좋은 것이며 일터는 잠재적인 자기 발전의 공간이며 놀이터가 된다. 좋은 리더는 일을 잘 가르쳐 주는 사람이 아니다. 직원들에게 일하는 의미와 즐거움을 주는 사람이다. 직원들은 아침에 일어나 좋은 동료와 상사를 만나고, 흥미롭고 도전적인 과제가 있으며, 자율적인 분위기 속에서 주도적으로 일할 수 있을 때 회사에 가고 싶다. 즉, 말이 잘 통하는 동료가 있고, 흥미로운 업무가 있으며, 내 업무를 주도적으로 할 수 있도록 지원해 주고 인정해 주는 리더가 있을 때 출근하고 싶은 마음이 든다는 것이다. 돈은 이런 활동으로 인해 얻게 되는 부차적인 것이다. 그동안의 일터는 직원들이 일의 의미와 즐거움을 찾지 못하는 방식으로 조직화되었다. 단기적인 결과와 성과에 관심을 둘 뿐 직원들에게 크게 관심을 두지 않았다. 그러다 보니 회사에서 일할 때 행복, 의욕, 성취감을 느끼는 직원은 소수였다.

직원들이 행복하고 즐거운 일터에서 일하기 원한다면, 리더가 먼저 사람을 성과를 위한 도구가 아닌 사람 그 자체로, 나보다 어린 사람이 아닌 온전한 성인으로 바라봐야 한다. 인간은 그 자체로 존중받아야 하는 존재이다. 급여를 지급했으니 당연히 이에 상응하는 노동을 해야 한다는 단순한 관계에서 벗어나 심리적 계약 상태가 유지되도록 해야 한다.

일하기 좋은 조직을 만들기 위해 조직과 리더가 할 수 있는 일들은 이렇다. 비전, 목적, 방향을 설정하고 공유하는 것, 팀을 다양한 구성원으로 채우는 것, 팀원들이 마음껏 재능을 발휘할 수 있는 구조를 만드는 것, 보상 제도, 의사소통 및 의사결정이 원활한 환경, 성장할 수 있는 교육 환경 등의 제도/시스템을 설계하는 것, 적절한 코칭을 제공하고 최소한의 규정으로 통제하고 가급적 간섭하지 않는 원칙을 준수하는 것 등이다.

빌 고어는 자신의 회사 더블유엘고어앤어소시에이츠(W. L. Gore & Associates, 이하 고어)를 세울 때 혁신에 열광하는 회사, 상상력과 창의력을 마음껏 발휘하는 회사, 호기심 많은 연구원이 자유롭게 발명하고 투자하고 성공하는 회사를 만들겠다고 꿈꾸었다. 고어텍스로 유명한 이 회사는 계층 구조와 위계질서를 강조한 조직을 구성하는 대신, 창살 같은 구조로 정보가 중간에 막히지 않고 사방으로 흐를 수 있도록 대인관계의 네트워크를 구성했다. 상사가 아니라 동료에게 봉사하고 중간 매체 없이 바로 다른 동료들과 협력할 수 있도록 했다.

고어는 인간의 본성을 정확하게 통찰했다. 사람은 형식적인 절차를 번거롭게 여기고 단도직입적으로 또 수평적으로 소통하며 일하기를 좋아한다는 것이다. 위계질서는 단순하고 질서를 통한 통제를 가능하게 하므로 경영자 입장에서는 피하기 어려운 유혹이다. 그러나 위계질서는 개인의 창의성과 영혼의 자유를 질식시킨다. 고어에서는 서열이 없어서 위에서 결정하고 아래로 통보하는 일이 없다. 모두가 회사의 주인이고 하고 싶은 일을 스스로 찾아서 한다. 시켜서 하는 일보다 하고 싶은 일을 스스로 찾아야 열정이 생기기 때문이다. 고어에서는 동료들이 프로젝트를 잘 이끌어 갈 수 있는 리더를 직접 선출하며, 일하기 위해 리더로서 봉사해 달라고 요청한다. 테리 켈리는 직원들의 투표를 통해서 선출된 최고경영자다. 직원들은 자유롭게 팀 리더를 바꿀 수 있으며, 그 권한은 직원에게서 나오기 때문에 리더가 권한을 남용할 수 없다. 곧 벤처처럼 일하는 대기업이라 할 수 있다. 이런 조직에서는 마음 놓고 실험하고 새로운 도전을 감행할 수 있다. 그래서 고어는 창의적인 하이테크 신제품을 수없이 쏟아낸다.

페덱스(FedEx)는 2018년 포춘지에서 '밀레니얼 세대가 뽑은 최고의 직장'으로 꼽혔다. 이들의 경쟁력은 PSP 철학이다. 사람(people)을 바로 세워야 서비스(service)가 살아나고, 그로부터 연쇄적으로 이윤(profit)이 창출된다는 철학이다. 직원을 내부 고객으로 생각하고 이들의 근무 만족도를 높이면 서비스의 질도 향상될 것이고 이로써 소비자의 만족을 이끌어 내며 그 만족은 곧 회사의 수익을 창출해 낼 것이라는 생각이다. 물론 이런 선순환적인 구조를 만들어 내기까지 한 가지의 옳은 방법이란 없었다. 오랜 시간 동안 조금씩 작은 일들이 쌓여 극적인 변화가 이루어진다고 보고 지속적인 철학을 실천했다.

많은 사람들이 리더십은 머리에서 나오는 것이라 생각한다. 그러나 리더십은 정서의 영역이다. 사람의 마음을 움직이는 것이 더 중요하다. 직원들의 감정을 존중하고 개개인의 가치를 인정해야 한다. 사람은 스스로 원해서 일할 때 더 행복하다. 특히 팀 리더는 팀원들이 리더의 일하는 방식을 참고하되, 팀원이 원하는 방식으로 일할 수 있도록 도와야 한다. 회사가 아닌 개인이 우선시되어야 한다는 관점을 유지하고, 개인의 성장을 위해 다양한 시도를 해야 한다. 그러한 접근이 결국 회사에도 이익이 된다.

그러기 위해서는 각 직원에게 어디에서 의미를 찾는지, 어떤 방향으로 가고 싶어하는지, 그러기 위해서 무엇을 해야 하는지를 물어봐야 한다. 그 답이 우리 회사와 맞는다면, 여기 있는 동안 최선을 다하고 싶다고 말하는 직원이 있다면, 회사에서나 개인으로나 성공적으로 살 확률이 높다. 따라서 리더들은 직원들이 이러한 대답을 찾을 수 있도록 최적의 환경을 조성해야 한다.

1. 일하는 의미를 제공한다

직원들은 자신의 가치가 조직과 얼마나 잘 부합되는지 또한 광범위한 차원에서 조직, 사회적 이익을 창출하는 데 어떤 도움이 되는지를 증명함으로써 본인이 하는 일에 의미를 부여한다.

블라인드 앱에서 진행한 설문조사에 따르면, 직장인을 가장 행복하게 만드는 것은 워라밸이 아니었다. 직원들의 행복지수가 높은 네이버웹툰과 비바리퍼블리카의 업무 의미감 지수는 평균보다 두 배 이상 높았다. 그러나 워라밸 만족도는 한국 평균에 미치지 못했다.

업무 의미감이란 내가 하고 있는 일이 내 인생의 방향과 일치한다고 느끼는 정도를 측정한 것이다. 업무 의미감이 높을수록 회사를 위해 일하는 것이 결국 나를 위한 것이라고 생각한다.

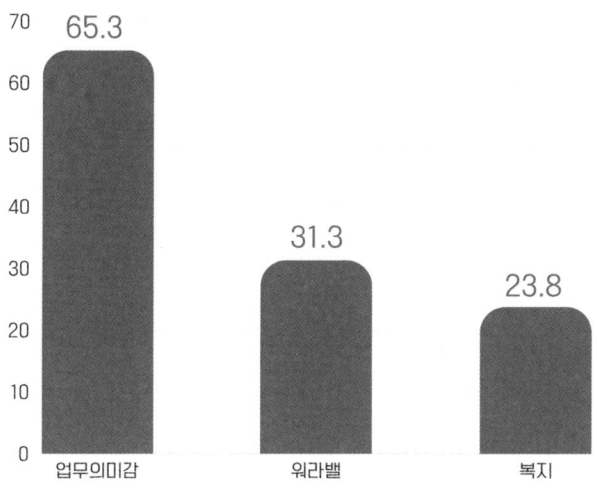

업무의미감, 직장내 행복도에 가장 큰 영향
(블라인드 지수, 2020)

조사에 따르면, 업무 의미감은 워라밸 대비 두 배 이상, 복지 대비 세 배 이상 직장 내 행복에 영향을 미친다. 또한 회사에서 수행하는 업무가 개인의 가치와 일치한다고 느낄수록 근무 시간이 길더라도 스트레스로 이어지지 않았다.

경영 환경이 빠르게 변하고 개인 삶의 질이 향상되면서 일은 단순히 생계유지를 위한 수단이 아니라 삶의 경험이 되었다. 일과 삶의 균형을 중시하는 시대를 거쳐, 이제는 일을 통한 다양한 경험을 중시하는 과정으로 발전하고 있다. 평생 직장을 추구했던 기존 세대와 달리 MZ세대, 특히 Z세대는 자신의 가치를 쫓아 언제든지 직장을 옮길 준비가 되어 있다. 수익성만을 강조하는 조직이 삶의 가치와 업무 전문성을 강조하는 개인의 요구에 부응하지 못하면 어떻게 되는가. 개인은 자신이 하는 일에서 의미와 즐거움을 잃어버린다. 장기적인 관점에서 직원 개인의 삶을 바라보고 그들에게 삶의 의미를 찾아 주는 것이 리더들의 역할이다. 회사 비전에 개인을 맞추라고 강요하기보다는 개개인의 삶의 목적을 먼저 이해하고 회사 비전과 얼라인하도록 해야 한다. 다시 말해, 인생 전반의 관점에서 개인이 조직에서 어떤 존재로 살고 싶은지 고민하도록 하고 일과 삶을 통합할 수 있도록 지원해 주어야 한다. 더 나아가 리더는 팀과 조직 내에서 직원들의 공헌을 인정하고 격려하는 역할을 해야 한다.

2. 성장할 수 있도록 지원한다

자신이 하는 일이 자기 개발이나 성장에 도움이 되는 것이라고 느끼면 일에 의미를 부여하며 즐거움을 가지게 된다. 그러나 핵심 목표와 관련 없는 소모적인 업무나 불필요한 자료 작성을 지시받을 때 자신의 일에 흥미를 잃는다. 그러므로 리더는 직원이 성장할 수 있는 업무 학습 환경을 만들고, 이를 통해 직원이 성장했다고 느끼게 해 줘야 한다. 특히 직원의 장점을 알려 주고 이를 잘 활용할 수 있도록 리더가 적절한 기회를 부여해야 한다. 연구에 따르면, MZ세대는 성장을 도와주는 리더를 선호한다고 나타났다. 성장을 위해 학습할 기회를 많이 주는 리더의 모습에 고마움을 느끼고 더 업무에 몰입하게 된다. 직원들은 자신의 장점에 맞게 업무를 배정하고, 부족한 점을 정확히 파악하여 건설적으로 피드백을 해 줄 수 있는 리더를 '성장을 지원해 주는 리더'로 보았다.

따라서 일의 의미는 하고 싶은 일을 하는 것에서 발견된다는 고정관념을 버려야 한다. 때로는 직원들에게 도전적이고 어려운 업무를 줄 수 있어야 한다. 도전적인 업무의 경험은 개인의 성장에 지대한 영향을 준다. 어렵고 힘든 업무라도 이를 통해 새롭고 풍부한 통찰력을 얻을 수 있다. 어려움을 극복하는 과정에서 자신이 성장했다는 것을 느끼게 된다. 따라서 당장은 어려울 수 있어도 도전적인 업무를 제공할 필요가 있다. 이런 과정에서 필요한 적절한 지원을 해야 하며, 실패를 해도 심리적으로 불안해하지 않도록 지원해 주어야 한다.

3. 개인의 노력을 인정해 준다

직원들은 자신의 성과에 대해 상사의 인정과 보상을 기대한다. 특히 MZ세대는 자신이 한 일에 대해 즉각적인 피드백을 받기를 원한다. SNS나 유튜브에서 '좋아요'를 받으면 기분이 좋아지는 것과 같다. 그러므로 힘들게 업무를 완수했을 때 이를 당연하게 여기면 업무에 재미를 느끼지 못한다. 특히 일이 빨리 진척되지 않는다고 리더가 부정적 피드백을 주거나 노력 과정에서 오는 실패를 인정하지 않을 때 직원은 조직 내에서 자신의 존재 가치가 떨어진다고 생각하게 된다.

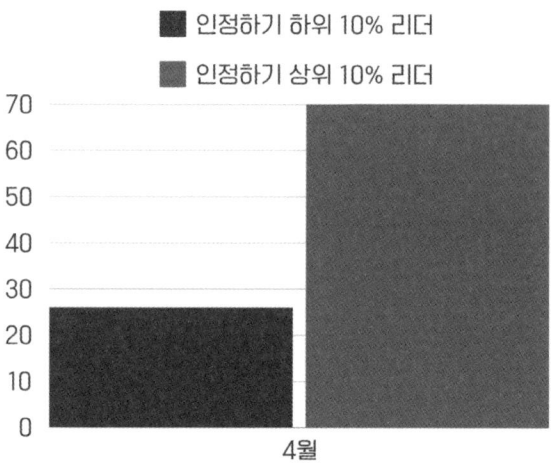

직원 인정하기와 입무 적극성의 상관관계
출처: 젠거/포크먼

잭젠거와 그의 연구팀에서 수행한 연구를 보면, 직원 인정하기 10% 리더와 함께 일하는 경우, 적극적으로 업무를 하는 직원은 전체의 27%에 불과했다. 직원에게 인정하기를 잘 해주는 상위 10% 리더가 있는 조직에서는 69%의 팀원이 업무에 적극적으로 참여했다. 다른 연구에서는 아낌없이 인정하는 문화를 가진 회사의 자발적 이직률이 평균적인 회사보다 31% 낮은 것으로 나타났다. 인정을 제대로 받지 못하는 직원들은 자신의 능력이 저평가되었다고 느껴 회사를 떠났다는 것이다. 리더가 자신을 인정할 때 직원들은 더욱 더 능력을 발휘하려는 의지를 갖게 된다. 잘한 일에 대해서는 인정해야 하지만 그렇지 않은 일에 대해서도 앞으로 잘할 수 있을 것이라는 기대감을 심어 주는 격려가 중요하다. 그렇게 한다면 비록 실수를 하더라도 언젠가는 조금씩 기대에 걸맞은 행동을 하게 된다.

더 나아가 팀원들이 어려운 상황에서 자신의 공정하게 대우할 것이라는 확신을 가질 때 직원들은 팀에 헌신하고 자신의 능력을 발휘한다. 사람의 가치를 인정한다는 것은 개개인의 가치를 존중하고 공정한 분위기를 만든다는 것이다. 불공정한 처우, 불투명한 보상과 경력 기회, 공정하지 않은 평가, 정보 공유의 공정성 결여는 일에 대한 회의감을 갖게 한다. 특히 정보의 불균형에서 오는 불공정함은 가치 있는 사람의 존재감을 떨어뜨린다. 사람들은 중요한 사람에게 필요한 정보를 들을 때 스스로 중요한 일을 하고 있다고 느낀다. 정보는 한동안 통제의 수단으로 활용되었으나, 이제는 정보를 통한 통제가 불가능하다. 직원들에게 가십거리만 제공할 뿐이다. 따라서 리더는 회사의 중요한 의사결정, 전략적 투자, 기업 전반에 관한 정보 등을 최대한 투명하게 공유해야 한다.

4. 자율성을 부여한다

자신의 업무를 자율적으로 관리할 수 있을 때 직원들은 일의 재미를 느낀다. 자율감이란 내가 맡은 일을 내가 계획하고 스스로 통제할 수 있다고 느끼는 감각으로, 일의 효능감을 높이는 데 필수적이다. 개인 스스로 생산적인 존재라고 느끼게 하기 때문이다. 구글의 인사 책임자였던 라즐로 복에 따르면, 사람은 누구나 자기가 하는 일에서 의미를 찾고 싶어 한다. 맡은 일에 권한과 책임이 따르면 그만큼 일에 몰입하고 그 결과에 자부심이 커진다. 스타트업으로 젊은 사람들이 몰려드는 경우가 바로 더 많은 권한과 책임을 갖고 일해 보고 싶어서다.

반대 경우도 있다. 자신이 더 나은 판단을 할 수 있는데도 상사로부터 잘못된 업무지시를 받을 때, 자신의 이야기를 리더가 제대로 경청하지 않고 리더 뜻대로 처리할 때 직원들은 일하고 싶은 의욕이 떨어진다. 일에 대한 권한이 없다면 결국 업무는 내 것이 아닌 '보조 업무'라 인식하게 된다. 대부분의 기업에서 리더들은 "직원들이 책임을 회피하려 든다."고 불평한다. 하지만 직원들 입장에서는 스스로 나서서 책임을 질 이유가 없다. 무엇인가에 책임을 진다는 것은 결국 실패했을 때 처벌당할 것임을 의미하기 때문이다. 책임을 진다는 것이 위험을 감수하는 일이 아니라는 것을 가장 확실하게 보여 주는 방법은 실수나 잘못을 처벌하지 않고 오히려 고맙게 받아들이는 것이다. 고어에서는 실수에 대해 감사하게 생각한다. "이것은 우리가 우리 모두를 위해 저지른 실수다. 우리에게 배울 기회를 준 것에 감사해야 한다."고 말한다. 이 실수를 박물관에 보관하고 새로운 시도를 하자고 격려한다. 주도적으로 일하다가 실수한 사람을 비난하거나 비판하지 않고 오직 실수를 통해 배우려는 의지를 격려할 뿐이다. 만약 팀원들이 비합리적인 상황 때문에 에너지를 잃어버렸다면 다시 찾을 수 있는 기회를 줘야 한다. 관점 전환, 업무 전환, 강점 파악 등을 통하여 지속적인 관심을 준다면 직원들은 다시 긍정적인 에너지를 얻을 것이다.

5. 상호 협력할 수 있는 기회를 제공한다

조직에서 일은 개인적의 능력뿐만 아니라 함께하는 사람들과의 협력을 통해 진행된다. 그러므로 인간관계 속에서 발생하는 지속적인 정서적 상호작용도 일하는 동기가 될 수 있다. 직장 동료들에게 인정과 신임을 받을 때 본인이 하는 일에 의미를 느낄 수 있다는 뜻이다. 직원들은 리더가 의도적으로 거리를 두거나, 동료들로부터 단절되었다는 느낌을 받을 때 일에 대한 의미를 잃을 수 있다. 그래서 스타트업 형태로 혼자 일해야 하는 경우 외로움이나 공허함을 더 많이 느낄 수 있다. 성공을 나누는 과정을 함께하지 못하기 때문이다.

2019년 Achieve Form에서 발표한 연구에 따르면, 협업을 잘하는 리더는 부서나 조직의 경계를 넘어 회사 차원에서의 협업 목적, 협업 목표를 직원들에게 제시한다. 공동 목표 달성을 위해 서로 다른 관점을 지닌 구성원들의 의견들을 수렴하여 한 방향으로 이끌어 낸다는 것이다. 리더는 이러한 과정에서 발생하는 갈등을 해소할 방법을 창의적으로 모색한다. 즉 다양한 관점을 이해하고, 구성원들 간의 의견 차이를 좁혀 나가며 합리적이고 협조적으로 성과를 이끌어 낸다는 것이다. 이런 과정에서 직원들은 일하는 즐거움을 느낄 수 있다. 더 나아가 조직이 더 넓은 차원에서 사회와 환경에 긍정적으로 기여할 수 있는 목표를 세운다면, 직원들은 조직의 목표에 더 공감하고 자연스럽게 자신의 일에 보람을 느낀다.

6. 다양한 관계에서 발생하는 감정을 관리한다

과거와 다르게 리더의 역할은 성과를 내는 일뿐만 아니라 구성원 개개인의 다양성을 인정하며 배려와 존중의 인간적인 역할까지 해야 한다. 업무에 관계까지 챙기다 보면 에너지가 고갈되고 스트레스는 쌓여간다. 특히 우리나라처럼 위계적인 문화가 강한 조직에서 리더의 개인적인 어려움을 드러내는 것은 리더로서 좋은 평가를 받지 못한다. 위계문화에 익숙한 리더가 수평적인 문화에 적응해야 하는 것도 만만치 않다. 직원과 이런저런 상호작용 속에서 엄청난 양의 감정을 소모한다. 리더의 역할이 점점 힘들고 어려워지고 있다. 리더의 감정 노동의 강도가 지난 몇 년 동안 극적으로 높아지는 이유이다.

누구나 스트레스가 많아지고 부정적인 감정이 쌓이게 되면 업무에 몰입할 수 없다. 리더도 스트레스를 받아 동기가 떨어지면 팀원들의 동기도 떨어질 확률이 높다. 부정적인 감정은 건강하게 다뤄지지 않는 한 사라지지 않는다. 감정이 건강하게 해소되지 않게 되면 내면에 쌓이게 된다. 정신과 육체를 상하게 한다. 몸이 균형이 무너지면 감정조절에 어려움 겪기 때문에 팀원들과의 대화는 관계를 더 악화시킨다. 그렇기 때문에 리더는 자신의 리더십을 감정노동이라는 객관적인 관점에서 바라볼 필요가 있다. 건강하게 감정을 표현하고 자신의 감정을 효과적으로 관리할 수 있어야 한다. 리더 스스로 중심을 잡아야 다른 사람을 도울 수 있기 때문이다. 스트레스를 받거나 부정적인 감정, 번아웃이 될 때 다시 중심으로 돌아가게 해주는 시간적 여유를 갖고 나만의 해소법을 찾아야 한다.

리더가 행복해야 좋은 리더가 될 가능성이 높다. 일하기 좋은 일터를 만드는 리더이기 전에 한 개인으로서 어떤 삶이 행복할 것인지 진지하게 성찰하는 시간을 갖는 것도 좋다. 운동, 취미, 명상, 친구와의 만남, 가족과의 시간, 여행 등 부정적인 감정을 완화하고 좋은 에너지를 줄 수 있다.

다음 장부터 실제 현장에서 일어나는 사례를 통해 일하기 좋은 조직문화를 만들기 위한 리더의 역할인 1) 일하는 의미를 알려주는 리더, 2) 성장을 지원해 주는 리더, 3) 인정을 해주는 리더, 4) 자율성을 부여하는 리더, 5) 상호협력할 기회를 주는 리더, 6)자신의 감정을 관리하는 리더 등에 대해 차례로 다룰 것이다.

02
CHAPTER

일하는
의미를
알려주는
리더

CASE 2-1

[팀 리더] 가치경영을 강조하는 CEO의 지시 사항으로 신입사원에게는 회사의 존재 이유와 핵심 가치에 대해 입문 교육을 하고 있어요. 직원들에게 회사 차원에서 비전 동영상도 만들고 비전 간담회 등을 통해 공유도 했습니다. 경영층도 시간이 될 때마다 회사 존재 이유를 강조하고 있습니다. 하지만 대부분의 팀원은 회사의 미션과 비전을 기억하지 못하는 것 같아요. 저 또한 당장 해야 할 일도 많은데 추상적인 미션이나 비전을 생각할 여유가 없는 것 같습니다. 사실 회사 미션/비전 없이도 지금까지 일을 잘해 왔어요. 회사 미션/비전과 연계해서 팀 미션/비전을 만들라고 하는데, 시간도 많이 들고 팀원들도 별 관심도 없어서 꼭 필요한가 하는 생각도 듭니다. 요즘 애들은 리더가 아무리 중요하다고 이야기해도 본인이 중요하다고 받아들이지 않으면 움직이지 않아요. 그러면서 비전이 없다며 불평합니다.

[팀원] 삼성전자, SK하이닉스보다 연봉을 더 주지 않는 게 불만이라면 당장 이직해야 하나, 대다수가 그렇게 하지 못하는 게 현실입니다. 직원들은 그런 지점에서 좌절하기도 하지요. 그렇기 때문에 회사는 비전을 통해 직원들이 꿈꿀 수 있도록 해야 합니다. 곧 우리가 열심히 일하면 연봉을 더 받을 수 있다는 희망을 줄 수 있어야 합니다. 회사의 이런 미션/비전이 각 개인이 속한 조직(사

업부, 실, 팀)의 발전 방향과 잘 어우러지고, 그 안에서 직원들의 성장 방향이 가시화된다면 업무에 몰입할 수 있을 것 같아요. 제가 하는 업무가 회사의 전략적 목표에 어떤 영향을 미치는지, 이 일을 통해 내가 어떻게 성장하고 회사에 기여할 수 있는지를 잘 알게 되면 당연히 동기부여가 되지 않을까요? 회사가 현재 명확한 미래 방향을 제시하지 못하니, 제가 이 조직에서 성장할 수 있을지 고민이 큽니다.

조직의 미션/목적을 알려 줍니다

1. 미션/비전이 작동하지 않은 이유는?

왜 요즘 조직의 방향과 미션이 큰 화제가 되는 걸까? 기업의 목적이 그저 단순한 이윤 창출이라면 미션 자체의 필요성을 느끼지 못할 수도 있다. 그러나 기업의 궁극적인 목표는 지속 가능한 성장이다. 20세기에서 21세기 초반에 걸쳐 기업의 장기적인 전략의 기반은 매우 취약했다. 뷰카 시대에 진입해 모든 산업에서 전략은 분기별 전술로 축소되었고 전술은 모바일 앱을 통해 전달되는 주간 계획이 되었다. 장기적인 목표는 더 이상 유효하지 않다. 다른 모든 것은 변하지만 조직의 목적(미션)이나 개인의 업무 목적은 쉽게 변하지 않는다. 따라서 변하지 않는 조직 목적, 개인 목적을 명확하게 이해하고 비전과 개인의 비전을 연결하는 것이 중요해졌다. 조직의 비전이란 미래의 가능성에 대한 목표이다. 또한 구성원들의 미래 성장을 위한 열정을 일깨우는 에너지가 되어 구성원들에게 역경을 헤쳐갈 수 있는 강인한 의지를 부여해 준다. 그 꿈과 가능성을 직원들과 공유할 때 폭발적인 에너지와 열정이 생기고, 직원들이 주인처럼 스스로 일하는 문화가 형성될 수 있다.

멋진 구호! 그러나 나의 꿈과 비전은 아니다

"우리 회사에는 비전이 없다."라는 말은 이 직장에서 계속 근무한다 해도 자신의 성장을 꿈꿀 수 없으며, 회사에서 자신의 존재 가치를 인정받지 못할 것이라는 의미이다. 자신이 조직과 분리된 존재라고 느낄 때 조직에 대한 소속감이 사라지며 일하고 싶은 마음도 사라진다. 그 반대로 조직의 미션을 개인 정체성의 일부로 받아들이고 매일 업무를 통해 그 미션을 실현해 나간다고 느낄 때, 조직의 정체성이 확보되고 개인도 조직을 통해 성장한다는 느낌을 받을 때, 개인이 조직의 목적 달성에 기여한다는 자부심을 느낄 때, 우리는 그 회사에 "비전이 있다."고 말할 수 있다.

예를 들어, 기업의 미션이 세계에서 제일 좋은 전기자동차를 만들거나, 양질의 제품을 저렴한 가격으로 모든 사람에게 제공하거나, 환경을 오염시키지 않고 깨끗한 물을 제공하는 것 등이라 해 보자. 그러한 기업의 미션과 개인이 추구하는 가치가 일치할 때, 개인은 해당 기업에서 일하는 의미와 즐거움을 찾게 된다.

일의 의미는 MZ세대에게 더욱 중요하다. 의미 있는 조직에 참여한다는 것은 편안한 환경이나 고정된 틀에서 벗어난 일이라는 점에서, 끊임없이 자극받으며 성장하고 발전하기 원하는 MZ 세대의 요구에 들어맞는다. 함께 일하는 동료들, 소속 팀과의 연결이 강화되고, 자신의 강점이 팀과 조직의 공통 목표 달성에 어떻게 기여할 수 있는지를 이해했을 때, 직원들은 자신이 하는 일에 의미를 느끼게 된다.

많은 회사들은 직원들의 자발적인 헌신을 끌어내기 위해 조직의 원대한 미션과 비전을 그럴듯하게 만들며 거기에 직원을 참여시킨다. 그렇게 모든 직원이 일체화할 수 있도록 지속적으로 홍보하고 집중적인 교육도 진행한다. 리더에게도 회사의 미션과 비전을 팀원들에게 강조하도록 지시하고, 팀 단위 비전과 미션도 만든다. 그러나 일상의 업무로 돌아오면 우리가 만들었던 비전과 미션은 기억의 저편으로 사라진다. 회사의 멋진 그림이 그럴듯하기는 하지만, 그것은 회사의 꿈일 뿐, 나의 꿈과 비전이 아니다. 나와 회사를 더 이상 동일시하지 않는다. 회사 일에 나의 삶을 바쳐 가면서까지 인류 사회의 꿈을 실현해야 하는 걸까? 과거 선배들처럼 회사와 자신의 정체성을 동일시하는 회사형 인간이 되기는 싫다. 이들의 뒷모습을 봐 왔기 때문에 그때 겪게 될 정체성의 위기, 즉 자아 상실이라는 위기를 겪고 싶지 않다. 열심히 일한 선배들이 회사에서 어떤 취급을 받고 있는지 목격했기 때문이다.

미션/비전, 경영진만의 구호가 아닌지?

연구에 따르면, 5~30%의 직원만이 조직이 왜 존재하는지 그 의미를 파악하고 본인의 행동을 결정한다고 한다. 아무리 리더가 옳은 방향성을 제시해도 그 필요성에 동의하지 않으면 움직이지 않는다는 것이다. 경영진은 왜 직원들이 적극적으로 나서지 않는지, 회사 미션/비전이 있는데 직원들은 왜 없다고 말하는지 모르겠다고 하소연한다. 경영진은 그러한 비전이 그들만의 구호가 아닌지 심각하게 고민할 필요가 있다.

원하는 방향으로 조직을 이끌기 위해서는 지속적인 실천과 리더들의 솔선수범이 필요하다. 하지만 경영진조차 자기 회사의 미션과 비전을 기억하지 못하는 경우가 있다. 리더들은 지금 당장 달성해야 할 목표가 급한데, 미래까지 생각할 여유가 없다고 말한다. 성과를 위해 속도를 높이라는 요구만 하니, 직원들은 일을 하면 할수록 왜 일해야 하는지, 무엇 때문에 일해야 하는지 알지 못해 혼란과 좌절이 쌓인다. 특히 위계적인 구조를 지닌 한국 기업의 직장인들은 윗사람이 시키는 대로 일해야 일을 잘한다는 소리를 듣는다. 그러니 기업의 미션이란 곧 윗사람만 이해하면 되는, 실제적으로 직원들에게는 그리 중요한 내용이 아니다. 이것이 바로 한국 기업에서 미션이 유명무실해진 이유다.

특히 리더들 스스로가 미션과 비전이 무엇인지 모른다면 조직을 성장시킬 수 없다. 많은 기업들이 자기업을 최고 글로벌 기업으로 만들어 시장을 지배하겠다는 비전을 만든다. 그러나 왜 최고 기업이 되어야만 하는지에 대한 설명이 없다. 그렇다면 그 비전에 어떤 의미가 있을까?

2. 어떻게 미션을 공유할 것인가?

"구슬이 서 말이라도 꿰어야 보배"라는 속담이 있다. 이는 기업의 미션에도 잘 적용되는 격언이다. 기업에서 구슬을 꿰어 보배로 만드는, 실질적인 업무 수행자가 누구인가? 바로 직원들이다. 아무리 잘 짜인 미션이라도 정작 실행 주체인 직원들에게 '와닿지 않는다.'는 평가를 받으면 전혀 소용이 없다. 그저 그럴듯한 추상적인 구호가 될 뿐이다. 그렇다면 회사의 미션이 직원들에게 실질적인 목표로 자리 잡도록 하기 위해 리더들은 어떤 방법을 사용해야 할까?

먼저 리더는 회사의 미션을 이해하고, 그 내용을 누구나 쉽게 인식할 수 있도록 실천해야 한다. 구성원들에게 회사의 미션을 그냥 받아들이도록 강요하는 것이 아니라, 구성원 개개인의 가치와 회사의 가치를 연계하여 하나의 유기적인 가치 체계를 구성해 낼 수 있도록 해야 한다. 그러기 위해서는 직원 개개인이 회사의 큰 목적과 비전에 걸맞은 중요한 일을 하고 있다는 생각을 하며 일할 수 있는 환경을 조성해 내는 것이 가장 중요하다. 다음 이어지는 내용에서 이를 구체적으로 살펴보기로 하자.

조직 차원에서 존재 이유, 성공을 재정의한다

조직의 핵심 사업은 무엇인가? 조직은 무엇을 통해 사회에 공헌할 것인가? 조직은 이 목표를 달성하기 위해 무엇을 추구하는가? 어떤 가치들이 조직의 사업 방식을 뒷받침하는가? 조직이 고객에게 줄 수 있는 가치가 무엇인가? 조직 차원에서 이러한 내용들을 명확히 정의해야 한다.

항상 최고의 기업이 되겠다고 말하는 사업주라면 정확히 무엇이 최고이며 어째서 그래야 하는지 확인해 봐야 한다. 크기를 키우면 당연히 비용이 많이 든다. 장기적인 성공 비결로 최고의 업무능력, 틈새시장에서의 성공, 지속적인 고품질 유지, 높은 고객 만족도 등을 들 수 있다. 무턱대고 큰 규모만을 원하는 기업들은 자신이 무엇을 추구하고 있는지도 모른다. 크기가 오만을 부를 뿐이다. 조직의 미션을 중요하게 생각하는 CEO는 질적 성장이 양적 성장보다 훨씬 더 중요하다고 생각한다. 수익성이 가장 좋은 기업들은 대부분 규모가 크지 않다. 매출은 중요하지 않기 때문이다. 그 돈을 어디에 사용하겠다는 구체적인 소망이 있어야 한다. 따라서 회사 차원에서 최고란 무엇인지, 성공이 무엇인지를 먼저 정의해야 한다. 그래야 왜 회사가 그 목표를 성취하고자 노력하는지를 알 수 있기 때문이다. 성장은 때로 피할 수 없다. 모든 것이 올바르게 진행되었다면 매출 증가는 당연한 결과이다.

이런 대표적인 회사가 브라질의 다국적 회사 셈코(Semco)이다. 셈코에는 세계 일등 기업이 되겠다는 정의가 없다. 영원한 성장이 없다는 것을 이해하고 있다. 성장해야 한다거나 수익을 우선시해야 한다는 상투적인 설명도 없다. 그저 "왜 수익을 올려야 하는가? 왜 돈을 벌고 그다음에 그보다 더 많은 돈을 벌어야만 하는가? 왜 시장의 자연적 확장을 넘어서는 성장이 필요한가?"에 대해 고민한다.

최소한의 필요한 양을 넘어선 이익은 생존에 필수적이지 않다. 고객 유지와 경쟁력 유지에 필수적인 운영 자본과 약간의 성장을 위한 이익은 필요하지만, 그 이상의 이익을 추구하는 것은 불필요한 일로 생각한다. 지나친 이익은 불균형을 초래하는 것이며, 남는 이익으로 소유주나 CEO에게 요트나 멋진 자동차를 소유하게 할 뿐이라고 설명한다. 직원들은 왜 자신들이 열심히 일해 기업 소유주에게 요트를 사게 하는지 반문하게 된다. 셈코는 최고로 성장하는 대신에 시장 상황에 맞는 적합한 규모를 찾는 데 힘을 기울인다. 프로세스에 집중하여 지속 가능한 성장만을 추구하기 위한 직원들의 성장과 업무 몰입에 집중한다.

또 다른 예는 혁신을 추구하는 실리콘 밸리 회사들이다. 여기서 일하는 사람들은 의식적, 무의식적으로 느끼는 문제를 찾아내어 그것을 해결하기 위한 미션을 만들고 그 미션에 맞게 제품을 만들려고 노력한다. 그 과정에서 기존에 없던 창의적인 제품을 만들어 낸다. 반면 혁신을 확산하는 실리콘 밸리 기업은 이미 만들어진 혁신 상품을 좀 더 좋은 품질과 합리적인 가격으로 대중에게 확산하는 역할을 한다. 두 기업의 미션 사이에는 분명한 차이가 있다. 혁신을 추구하는 회사는 '무엇을' 하는 회사인지를 미션에 담지만, 혁신을 확산하는 기업은 '어떻게'를 강조하는 내용을 미션에 담는다.

애플은 직원을 채용할 때 노골적으로 "일하기 좋은 직장은 잊어라."라고 한다. 애플은 직원들의 복지에도 관심이 없다. 공짜 점심도 헬스클럽도 없다. 애플의 가장 중요한 철학은 '최고의 인재만을 뽑는 것'이다. 애플은 인재를 채용할 때 연봉이나 직원 복지보다는 목적의식을 강조한다. 세상에서 가장 의미 있고 신나는 일을 할 수 있다는 목적의식이다. 애플은 직원에게 "지구상에서 가장 위대한 제품을 만드는 데 동참하자"며 직원들의 영감을 자극하려 노력한다. "애플에서 일하면 우리는 당신에게 세상을 바꿀 수 있는 권한을 드리겠다."라고 한 적도 있다. 목적의식을 공유하게 되면 조직 구성원은 구성원에서 주인으로 변하고, 그들이 하는 일은 생계유지 수단이 아닌 미션으로 변하게 된다.

우리는 무엇을 위해 일하는가?

리더들은 우리 조직이 왜 존재하는지, 왜 비전이 이렇게 되어야 하는지에 대해 직원들에게 이해시킨다. 일하는 목적 그리고 우리가 가고자 하는 방향을 가장 잘 설명해야 하는 중요한 사람은 CEO이지만, CEO의 철학이 조직의 맨 밑까지 내려가기 위해 매개체 역할을 하는 것은 팀 리더이다. '조직의 핵심 사업은 무엇인가?'라는 질문에 대답하기 위해 팀 리더는 팀원들과 조직의 가치와 원칙에 대해 지속적으로 토론해야 한다. 조직 미션을 달성하기 위한 우리 팀의 역할이 무엇이며, 우리 팀 업무가 조직 성과에 어떤 기여를 하는지 지속적으로 팀원들과 소통해야 한다.

그러기 위해서는 팀 리더 스스로 회사의 미션과 비전이 무엇인지 정확하게 알 필요가 있다. 직원들이 담당하는 특정 업무가 전체 조직에서 어떤 역할을 하고, 그 일이 어떻게 다른 사람들을 돕고 조직의 성과에 공헌하는지 이해해야만 팀원과의 소통 및 미션 공유가 가능하기 때문이다. '어떤 가치가 우리의 사업 방식을 뒷받침하는가?' '조직은 무엇을 통해 사회에 공헌하는가?' '조직의 목표를 달성하기 위해 우리 팀은 무엇을 추구하는가?' '팀원 개개인이 하는 일은 팀 목표에 어떤 영향을 주는가?' 하는 질문은 팀원들이 하는 일과 조직의 목적을 연결하는 좋은 질문들이다.

또한 리더는 단순히 비전을 전달하는 것이 아니라, 비전을 구성원에게 이해시키기 위해 노력해야 한다. 그러기 위해서는 설득력 있는 소통 방법을 알아야 한다. 이러한 소통은 '왜?'라는 질문에서 시작한다. 나델라 회장이 CEO가 되고 나서 첫 번째 질문은 "MS가 왜 존재하는가?"였다. 기업의 구성원들은 '무엇을 위해 일하는가?' 그리고 '이 상황에서 기업은 어떤 목표를 향해 나아가야 하는가?'를 끊임없이 질문한다. '왜?'라는 질문을 통해 비즈니스 전략을 이해하고 자신의 관점을 정립할 수 있다. 동시에 일의 방향성을 고민하도록 하며, 이를 통해 통찰을 얻을 수 있다.

실제 업무에서 의사결정의 기준으로 사용한다

미션을 공유했다면 그다음부터는 직원들이 자율적으로 일할 수 있게 만들어야 한다. 리더가 일을 결정해 주는 것이 아니라, 팀원 스스로가 결정할 수 있도록 해야 한다. 대부분의 리더들은 일하는 목적을 찾기 전에 당장 해야 할 일부터 먼저 챙긴다. 그렇게 하면 팀원들은 자신이 왜 이 일을 해야 하는지에 대해 막연하게만 생각하거나, 아예 생각조차 하지 않는다. 일의 목적을 찾는 이유는 우리 모두가 추구해야 할 일의 구체적인 방향성과 명료성을 확보하고, 모든 직원의 업무에 구체적인 가이드라인을 마련하기 위한 것이다.

미션이 명확하지 않으면 업무에서 갈등 상황이 발생했을 때 제대로 의사결정을 할 수 없다. 팀원의 의견이 일치되지 않아 목적에 부합되지 않거나 잘못된 결정을 할 수 있으며, 그 결과 배가 산으로 갈 수도 있다. 이때 필요한 것이 미션과 핵심 가치다. 실리콘 밸리 기업은 문제 해결을 위해 미션을 우선 상기하도록 한다. 의사결정에 갈등이 생겼을 때 명확한 미션 아래 팀원들 스스로 회사의 목적과 '우리 회사가 무엇을 하는 회사인지'를 상기한다.

이케아 직원들에게 일하는 목적을 물어보면, 값싸고 좋은 가구를 공급해 더 나은 주거환경을 제공하는 것이라고 대답한다. 제품 개발자, 디자이너, 구매 담당자, 영업 담당자 등 가격과 모든 비용에 영향을 미치는 자리에 있는 모든 직원은 이 목적을 기준으로 문제를 해결한다. 이 목적은 가구를 고객이 스스로 조립할 수 있도록 상자에 포장해 판매하는 시스템으로 연결되었다. 또한 고객에게 가구를 직접 조립하는 데 대한 자부심을 부여하며,

궁극적인 기준인 가격 대비 좋은 가치를 제공하는 회사가 되었다.

구글의 미션은 전 세계의 정보를 체계화하여 모두가 편리하게 이용할 수 있도록 하는 것이다. 이러한 미션 아래에는 제품별 미션, 팀별 미션, 개인별 미션이 존재한다. 이러한 일련의 미션을 체계적으로 관리하는 것이 구글의 가장 큰 특징이다. 어려움에 봉착할 때마다 본질적으로 미션에 대한 질문으로 돌아간다. 문제가 눈앞에 닥쳤을 때 즉각적으로 반응하기보다는 차분하게 미션을 기억해 내고 판단의 근거로 활용한다.

스벤카 한델스 은행은 이미 40년 전부터 매출 목표를 정하지 않았다. 그럼에도 이 은행은 매년 업계 평균 수준을 훨씬 웃도는 수익을 올린다. 성장을 목표로 경영하지 않는데도 꾸준히 성장하는 이유는 무엇일까? 이 회사 직원은 회사에 입사하면 무엇(미션)을 어떻게(핵심 가치) 할 것인가를 가장 먼저 교육받는다. 이러한 미션을 바탕으로 각 지점의 목표와 전략을 세워 자유롭게 영업한다. 모든 책임이 현장 직원에게 있다. 콜센터 없이 직원들이 직접 전화를 받아 문제를 해결한다.

독일의 최대 드럭스토어 데엠(DM)은 "고객에게 소비자가 아닌 사람으로 다가간다."라는 원칙에 따라 직원들 스스로 답하고 책임지게 한다. 따라서 어떤 제품을 어떤 가격에 팔고, 누구를 고용하며, 매장을 어떻게 디자인할지 모두 직원들이 직접 결정한다. 따라서 각 지점의 특수성과 고객의 입장까지 고려해 매장을 가꾸는 것도 직원들의 몫이다.

에어비앤비의 미션은 "어디에서나 내 집 같은 소속감을 느낄 수 있는 세상을 만드는 것"이다. 세계 어느 나라 사람도, 어떤 장소에서도, 소속감을 느낄 수 있어야 한다는 명확한 메시지를 보낸다. 에어비앤비의 활동은 매출을 위해서가 아니라 고객이나 직원들의 소속감을 위해 진행된다. 누구나 거주할 수 있는 세상을 만들고 싶다면 우리부터 시작해야 한다는 신념 하에 다양한 사람들을 채용하고 우리집 같은 편안 사무실을 조성하였다. 어떤 나이든, 어떤 인종이든, 어느 나라에서 오든 차별없이 모두가 소속감이라는 목적을 위해 모든 활동을 함께 만들어 가고 있다.

목적 중심의 리더는 팀원을 사람 그 자체로 대하며, 팀원들을 미션을 기반으로 스스로 결정할 수 있는 선한 존재로 본다. "모든 것은 팀원으로부터 나온다."라고 믿으며 팀원들을 첫 번째로 존중한다. 그래야 직원들이 의지를 가지고 목표를 추구할 수 있다고 보고, 팀원들이 고객을 '리더가 자신들을 대하는 것처럼' 대할 것이라 생각한다. 모든 직원을 고객이자 기업가로 대할 때, 직원들은 지시하지 않아도 자발적으로 비용을 절감하고, 과감하고 신속하게 자신감을 가지고 일한다. 물론 모든 직원이 항상 올바르게 일하는 것은 아니다. 하지만 리더라면 이러한 사람들 때문에 자율적인 미션 기반의 의사결정을 포기해서는 안 된다. 문제가 발생하면 직원들이 신속하게 자발적으로 해결하는 행동 패턴이 반복되고, 이러한 자율적 의사결정이 지속될 때 미션 중심의 문화가 만들어진다.

CASE 2-2

[팀 리더] 4차 산업 시대에 맞춰 우리 회사도 소프트웨어 중심의 모빌리티 산업을 선도하는 기업으로 추구하는 방향이 변화하고 있습니다. 미래 신사업 분야의 인재를 유치하기 위해 기존 사원들과는 다른 임금 체계를 적용해 채용하고 있고요. 하지만 우리 사업부는 하드웨어 중심의 사업부이다 보니 신기술이라고 해 봐야 원가절감입니다. 현재 회사를 지탱하고 돈을 버는 주요 사업부인데, 소속 팀원들이 박탈감을 느끼고 있습니다. 어느 방향으로 나아갈지 비전을 제시하고 계속 성장할 수 있다는 믿음을 팀원에게 주어야 하는데, 그게 보이지 않습니다. 계속해서 수주는 이루어지고 일은 많아지는데, 이 일이 더 성장할 수 있는지 고민입니다. 이렇게 지내다 보면 제 성장 또한 어려워지고, 계속 들어오는 후배 직원들에게 제가 길잡이가 아니라 짐이 되는 것이 아닌지 걱정입니다. 회사 차원에서 우리 사업부에게 명확한 비전을 제시하고 앞으로도 충분히 성장할 수 있다는 희망을 주었으면 좋겠습니다.

[팀원] 미래 먹거리 개발을 위해 우리 팀이 새롭게 만들어졌습니다. 그런데 회사 차원에서 비전이나 사업 방향성을 명확히 수립하지 않은 상태에서 팀을 구성했기에, 구체적으로 무엇을 해야 할지에 대한 업무 로드맵이 없습니다. 사실 사업 방향성에 맞는 적합한 인재를 채용해야 하고 인프라도 구축해야 하는

데, 아무도 방향이 무엇인지, 무엇을 해야 하는지 확실하게 말해 주지 않습니다. 명확한 비전과 사업 전략을 중심으로 필요한 사람을 채용해야 하는데, 일단 우수한 인재라면 무조건 뽑아 놓고 방치하고 있다는 느낌입니다. 미래 사업에 대해 명확하지 않은 비전, 불명확한 역할과 책임(R & R)으로 인해 맨땅에 헤딩하는 상태입니다. 좀 더 체계적으로 배울 수 있는 곳으로 이직을 고민하고 있습니다.

미래 방향에 동참시킵니다

1. 우리는 같은 방향으로 가는가?

　4차 산업의 시대에 디지털 전환은 미래 조직의 존속을 결정하는 중요한 변환점이다. 그러나 미래 모습에 대해 직원들이 같은 그림을 그리지 못하면 조직은 생명력을 상실한 좀비 집단에 가까워진다. 대부분의 기업은 현재 잘하고 있는 기존 사업부에서의 수익을 극대화하면서, 당장 수익이 나지 않는 신사업에 투자한다. 그런데 경영 환경이 변하면 기존 사업은 쓸모가 없어진다. 신사업에서 수익을 내려면 오랜 시간이 걸리기 때문에, 그 과정에서 실패를 거듭할 확률이 높다. 신사업을 위해 기존 조직에 적용한 평가, 보상 시스템과는 다른 별도 시스템을 도입해야 한다.

　두 사업은 전혀 다른 역량에 기반한다. 대부분의 조직은 이미 가지고 있는 전략, 시스템, 기술, 지식 등을 활용해 현재 사업의 매출을 확대하고 효율을 높인다. 새로운 사업 분야는 투자가 핵심이므로 창조적인 사고와 과감한 리스크 감수가 필수적이다.

　새로운 환경에서 필요한 창조와 혁신은 과거에 존재하지 않았던 새로운 상품, 기술, 비즈니스 모델을 끊임없이 창출하는 것이다. 그리고 그것이 곧 경쟁 우위의 원천이다. 높은 리스크와 불확실성 속에서도 지속적인 투자가 필요하다. 신규 사업이기 때문에 인재를 유치하기 위해서 더 나은 조건을 제시해야 하는데, 그 과정에서 수익성 있는 기존 사업에 대한 관심이 감소할 수 있다. 특히 기존 사업의 매출이 정체되거나 침체되면, 대부분의 조직은 인건비를 줄이기 위해 채용 인원을 줄인다. 그러니 남은 직원들의 업무량은 증가하는 것은 당연한 수순이다. 신규 사업에 투입된 직원들은 도전적이고 창의적인 업무의 특성으로 인해 재미를 느끼지만, 다른 한편으로는 불확실성과 명확하지 않은 성과로 인해 좌절감을 느낄 수도 있다.

기존 사업과 신규 사업은 조직 구조도 다르고 참여자들의 성향도 다르다. 그러다 보니 기존 사업에서 종사하는 직원들은 상대적인 박탈감과 자신의 미래 경력에 대한 불안을 느낀다. 정신없이 일을 하다 '내가 왜 이 일을 하고 있지? 이것은 누구를 위한 일이지?' 하는 근본적인 질문에 부딪히며 회의감을 경험한다. 조직이 추구하는 방향이 나의 성장에 도움이 되지 않을 것이라는 생각에 몰입도가 떨어지고, 결국 조직에도 부정적인 영향을 주게 되는 것이다.

2. 어떻게 미래 방향에 동참시킬 것인가?

과거, 현재 사업에 투입된 직원의 공헌을 인정해 준다

'왜?'라는 질문은 때로 뇌의 감정적인 영역에 자극을 준다. 따라서 기업은 적절한 시점에 '왜?'라는 질문을 던질 필요가 있다. 일과 사업은 모두 사람의 마음을 움직이는 일이기 때문이다. 직원들이 기업의 미래 방향에 동참하도록 하기 위해서는, 우선 직원들의 마음을 움직여야 한다. 왜 우리 조직이 존재하는지, 우리에게 어떤 의미가 있는지, 앞으로 우리 조직이 어떤 행동을 취할 것인지 질문해 보자.

특히 신규 사업 진출을 계획하고 있다면, 우선 기업이 성장해야 하는 이유를 명확히 해야 한다. 직원들은 왜 자기업이 신사업에 진출해야 하는지 알지 못하는 경우가 많다. "사장이나 회장이 시켜서."라고 답하는 경우도 있다. 왜 성장해야 하는지, 왜 새로운 사업에 뛰어들어야 하는지를 정확히 모르는 조직이라면 신사업을 통한 성과 창출이 어렵다. 따라서 계획을 추진하기 전에 우리 조직의 존재 이유와 성장의 중요성, 신사업의 필요성을 구성원에게 명확히 알려야 한다.

기존 사업에 종사하는 인력들에게도 기업의 미션과 연결된 성장 목표를 분명히 알려야 한다. 목표를 공유하는 것뿐만 아니라 실현 가능한 목표 달성 방법도 설득력 있게 제시해야 한다. 직원들에게 동기를 부여하기 위해서는 현재의 환경이 유지될 것이라는 점을 언급하면서 변화되는 사항들에 대해서도 강조해야 한다. 즉 직원의 전문성이 손상되지 않으면서도 업무에 필요한 새로운 스킬을 강화할 수 있는 새로운 성장의 기회를 제공함으로써 의욕을 불어넣어야 한다.

또한 이 과정에서 기존 직원들의 성과를 폄하하지 말아야 한다. 어떤 것이 유지될 것이고 어떤 것이 변하게 될 것인지를 우선 명확히 알리고, 변동 사항이 생기면 지속적으로 공유해야 한다. 리더들은 팀원들의 질문이나 우려 뒤에 숨겨진 의미를 파악하고, 성공적인 변화를 위해 미래에 대한 불안감을 없애 주어야 한다. 팀원들이 어려움을 긍정의 기회로 바꿀 수 있다는 점을 깨닫게 해야 한다. 그러므로 미션을 공유하는 것이 중요하다. 우리 기업의 존재 이유를 위해 사업 전략은 언제든지 바뀔 수 있기 때문이다.

업스킬/리스킬링이 대안이 된다

2020년 세계경제포럼(WEF)은 새로운 기술의 등장으로 현재 인간이 수행하고 있는 일의 대부분이 자동화될 것이며, 이로 인해 2030년까지 전체 직무의 약 33%가 변화할 것이라 예측했다. 또한 필요한 핵심 기술이 달라질 업무는 2025년까지 40%에 이를 것으로 전망했다.

기업에서 기존 스킬 체계를 신규 비즈니스 모델이 요구하는 스킬 체계로 변화시키는 작업은 필요하다. 새로운 사업을 추진하기 위해서는 새로운 스킬을 활용할 줄 아는 인재가 필요하지만, 새 인력을 채용하는 것만으로는 필요한 규모의 스킬 확보가 어렵다. 따라서 새로운 사업이나 비즈니스 모델에서 기존 보유 스킬의 활용 가치가 줄어들 경우, 기존 인력의 스킬을 새로이 필요해진 스킬로 전환하도록 하는 리스킬링이 대안이 될 수 있다. 지속적으로 변화하는 사업 모델에 맞춰 필요한 스킬을 전략적으로 신속히 개발하기 위해서는 기존 구성원을 활용하는 것이 가장 현실적이고 효과적이다. 이를 통해 직원들에게도 지속적인 경력 개발 기회를 제공할 수 있다.

아마존의 성장으로 JC페니, 니만 마커스와 같은 전통적인 미국 유통기업들이 연이어 파 산 신청을 하는 상황에서, 디지털 전환을 성공적으로 수행하고 있는 월마트는 전 직원이 가져야 할 핵심 기술을 선별하여 교육하고 있다. 또한 이런 기술을 습득한 직원들에게는 직무 전환의 기회를 제공함으로써 새로운 전략 실행에 필요한 인재를 선제적으로 확보한다. 아마존 역시 AI 전문가에 대한 수요가 급증한 상황에서 외부 인재를 확보하는 데 한계를 느끼고, 자체 교육센터를 통해 IT 분야 종사자들을 대상으로 머신러닝 교육을 지원하고 있다. SK그룹은 그룹 차원에서 직원 교육 플랫폼인 '마이 서니'를 통해 미래 성장과 관련된 주제 및 비즈니스 모델 혁신과 관련된 주제 등, 미래에 필요한 중점 개발 분야를 선정해 전 직원을 대상으로 연간 200시간 이상의 교육을 이수할 수 있도록 했다.

따라서 리더는 팀원들의 경력 개발을 지원해 주어야 한다. 미래에 필요한 역량을 준비하지 않으면 회사의 향후 방향과 일치하지 않아 도태될 위험이 있음을 명확히 인식시켜야 한다. 최근 고용 트렌드, 미래 필수 기술, 변화하는 직무, 회사의 중장기 사업 방향성 등에 대한 기업 내 정보를 투명하게 직원들에게 공유해야 한다. 현재의 업무를 수행하면서도 미래에 필요한 업무로 자연스럽게 전환할 수 있도록 준비시키는 것이 중요하다. 미래 예측과 현재 팀원들의 역량 분석을 통해 미래 조직 방향에 맞는 개인 비전을 제시해야 한다. 구체적으로 어떤 직무의 비중이 높아질 것인지 분석하고, 구성원들이 필요한 역량을 미리 준비할 수 있도록 지원해 줘야 한다. 교육 시간 확보를 위해 더 이상 유효하지 않은 업무는 과감하게 제거해 주어야 새로운 가치 있는 업무로 채울 수 있다. 팀원들에게 필요한 역량이 갖추어졌을 때 새로운 직무로 이동할 수 있는 기회도 제공해야 한다.

회사는 구성원들에게 향후 필요한 직무와 역량을 투명하게 공개하여 자기 주도적으로 역량 향상에 동참할 수 있도록 동기를 부여해야 한다. 과거에는 기업이 미래에 필요한 기술을 톱다운 방식으로 전파했으나, 교육과정 설계와 전파에 충분한 시간을 제공하지 않아 효과가 떨어졌다. MZ세대는 개발의 욕구가 강하고 새로운 직무를 수행하기 위한 스킬과 지식에 관심이 많다. 월마트나 다른 글로벌 기업들은 업스킬링, 리스킬링 프로그램을 강제하지 않는다. 대신 리더가 구성원들에게 앞으로 어떤 직무와 역량이 필요한지를 설명하고, 자발적으로 스킬을 개발할 수 있도록 시간과 기회를 제공한다.

CASE 2-3

[팀 리더] 조직에서 바라는 목표와 팀원들의 성장과 얼라인시키기 위해 팀원들에게 많은 기회를 부여하는 것이 최선이라고 생각합니다. 이때 고민되는 것이 팀 리더로서의 기준과 팀원들의 기준 사이에 괴리가 있다는 것입니다. 팀원의 미래 성장을 위해 중요한 업무를 맡기고 싶지만, 업무 시간에만 열심히 하면 된다는 생각으로 일과 삶의 균형을 찾는 사람에게 팀에서의 중추적인 역할을 부여하는 것이 맞는지 모르겠습니다. 그러나 조직을 위해서도 개인 성장을 위해서도 반드시 거쳐야 하는 필수 업무입니다. 시장은 24시간 돌아가며, 우리 팀의 업무 특성상 열심히 리서치하는 경험 많은 베테랑들이 많습니다. 이들과 경쟁하기 위해서 일에 좀 더 중점을 두어야 하는데, 일과 삶의 균형을 추구하는 팀원에게 일에 중심을 옮겨서 더 열심히 일해야 한다고 설득하기가 어렵습니다.

[팀원] 첫 회사가 돈도 많이 주고 네임 밸류가 있어 입사했는데, 일이 너무 많아서 오래 근무하면 죽을 것 같았어요. 개인적으로 초일류 인재가 되겠다는 이상이 없는 한, 초일류 회사가 되어야 한다는 조직의 압력에 숨이 막힐 것 같아요. 늘 경쟁사보다 질 높은 제품, 서비스를 창출해야 하고 앞서 나가야 한다는 압력은 주말까지 전력을 다해 일하도록 밀어붙입니다. 아무리 노력해도 목표

에 도달하기까지는 까마득한 상황에서 경험하는 것은 좌절감과 열등감뿐이었습니다. 자신을 위해 일하는 것이 아니라 조직의 소모품 역할을 한다는 느낌밖에 없었어요. 지금 회사로 이직하고 나서는 만족합니다. 회사 생활은 인생의 한 수단일 수밖에 없다는 생각입니다. 높은 연봉을 받기 위해 최대한 능력을 개발하고 승진하거나 더 좋은 조건의 회사로 이직할 수도 있겠죠. 하지만 과연 그런 삶이 행복할까 고민이 되더라고요. 좀 오랫동안 직장생활을 원한다면 정신적으로 건강하고 사람들과도 경쟁적이지 않고 업무들도 너무 힘들지 않고 워라밸이 높으면 돈에 대한 기대 수준을 좀 낮추더라고 괜찮겠다고 생각합니다. 회사 생활이 나의 인생을 위해 하나의 수단이 된다고 생각하니 이제는 회사 생활이 훨씬 편하고 행복합니다.

조직 목표에 개인의 목표를 연계시킵니다

1. 왜 회사 비전과 직원의 비전을 정렬시키지 못하는 것일까?

팀원 모두가 일에 대한 열정을 가질 수 있을까? 그럴 수는 없다. 사람들이 자신이 원하는 삶을 살기 위해 돈을 버는 것은 당연하다. 직장에서의 성공만을 위해 일하는 사람은 많지 않다. "직업에 사명감을 가져라!"라는 말에 얼마나 많은 직원들이 동감할 것인가? 한 조사에 따르면, 자신이 천직에 종사한다고 생각하는 사람은 5%에 불과하다고 한다. 기성세대는 개인을 집단의 일부분으로 간주하여 하나의 목표를 달성하기 위해 구성원들이 같이 뛰어가야 한다고 생각했다. 그래서 '나'보다 '우리'를 우선시하는 집단주의를 자연스럽게 받아들였다. 집단이 부과한 의무와 규범에 따라 동기화되고 자신의 목표보다는 집단의 목표에 더 집중했다.

그러나 MZ세대는 다르다. 4차 산업은 개인주의를 더욱 강화했고, MZ세대는 이런 개인주의에 익숙하다. 개인주의는 집단보다 개인 정체성을 우선하고 집단 목표보다는 개인 목표를 우선시한다. MZ세대는 자신을 집단과는 독립적인 존재로 생각하므로, 개인으로서 존중받고 배려받기를 원한다. 그렇기 때문에 집단주의의 강한 연대감으로 내재화된 규범에 따라 일하도록 강요할 경우 이들의 불만이 커질 수밖에 없다. 다양성과 개성이 무시되는 상황에 처하면 이들 세대는 자존감에 상처를 입게 된다. 그러므로 사람마다 다른 개별적인 특성을 인정하고 존중하는 것은 리더에게 끊임없는 도전이다. 그렇게 할 수 있는 환경을 조성하는 것도 쉬운 일은 아니다.

팀 리더는 모든 팀원에게 조직에서 성공하기 위한 야망이 있다고 생각한다. 팀원들에게 가능한 한 도전적인 기회를 많이 주고, 그들이 빠르게 성장할 수 있도록 밀어붙이는 것이 좋은 리더의 태도라고 착각한다. 하지만 분명 어떤 팀원은 승진을 원하지 않을 수 있다. 게다가 안정적인 업무를 선호하는 젊은 팀원들도 점차 증가하는 추세다. 그렇게 자신의 리듬에 맞는 안정적인 업무에 만족하고, 주어진 업무를 충실하게 처리하는 팀원에게 더 빨리 승진하라고 압력을 가하는 것은 적합한 방식이 아닐 수 있다. 때로 기성세대는 빠른 성장, 승진 같은 가치를 거부하는 직원을 정체된 B급 직원으로 간주한다. 그러면서 분명 역량도 뛰어나고 태도도 좋아 더 성장할 가능성이 높은 직원이 더 도전하지 않고 자신의 업무에 만족하는 것을 보며 안타까워하기도 한다.

그러나 빨리 성장할 수 있는 도전적인 업무가 모든 팀원에게 적합한 것은 아니다. 도전적인 업무를 선호하는 성향의 사람이나, 경력 단계에 있는 사람에게만 적합하다. 우리 모두에게는 업무적 성장이 빨라지거나 느려지는 시기가 있다. 그리고 쉼은 창조의 발판이 될 수 있으므로, 가끔은 쉼이 필요하다. 팀 리더들은 일을 잘하고 성과를 잘 내는 직원이 결혼을 하거나 아이가 생긴 후 일하는 태도가 변했다고 불만을 털어 놓는다. 그러나 안정적인 업무를 선호할 수밖에 없는 직원들도 있음을 이해해야 한다. 예를 들어, 어린아이를 양육하는 직원이나 대학원을 다니거나 가족이 아픈 직원들이 그러하다.

비록 기성세대가 원하는 열정적이고 도전적인 구성원이 아닐지라도, 이들의 가치를 존중하고 조직에 오랫동안 머물러 있도록 한다면 팀을 안정적이고 일관적이고 생산적으로 이끌 수 있다. 이들은 일정한 속도로 꾸준히 달릴 수 있는 엔진과 같아서 어느 정도의 결과를 낸다. 승진에 무관심해 보일 수 있으나 승진을 위한 노력을 하기도 한다. 단지 승진을 위해 모든 것을 희생하고 싶어 하지 않을 뿐이다. 이들은 능력이 뛰어나지 않은 이들이 아니라, 일과 삶의 균형 등 다양한 개인적인 이유로 스스로 안정된 길을 선택한 사람들이다. 이러한 이들은 충분히 능력이 있지만 본인이 중요하게 생각하는 가치와 성과를 통한 승진이라는 가치가 충돌할 경우 본인이 중요하게 생각하는 가치를 선택하는 경향이 있다. 예를 들어, 취미생활이 진심인 직원에게 도전적인 업무를 주어 압박을 가하면, 조직의 일에 열정을 가지기는커녕 오히려 타 회사로 이직하게 될 가능성이 높다.

CASE 2-4

[팀 리더] 회사에서 주는 팀 역할이 있고 본인이 생각하는 성장 방향과 다를 수 있잖아요. 팀에서 명확한 방향성을 제시해 주지만 팀원들이 자신에게 맞는지 안 맞는지 판단할 수 있어요. 지금의 팀KPI는 제가 원하는 방향성에 맞지 않습니다. 사업부장님이 계속해서 우리 사업부의 전략적 방향을 이야기하지만, 우리 팀과 잘 얼라인되었다고 생각하지 않아요. '밑에까지 와닿을까?' 하는 생각도 합니다. 목표를 명확하게 보여 준다고 해도 개인의 성장 방향성과 다르면 그것을 어떻게 얼라인해 줄 것인가를 리더는 계속 고민을 해 주어야 합니다. 블라인드를 보면 "미래가 안 보인다."라며 미래를 찾거나 경제적 여유를 추구하는 친구들이 많아진 것 같아요. 팀원들에게 주어진 업무는 미래 성장과 관련 없이 너무 편협한 것이기 때문에 우리 업무 외에 확장된 인생의 관점에서 필요한 업무에 관심을 가지라고 조언합니다.

일과 삶을 정렬한다

각 팀원은 다른 삶의 목표를 가지고 있다. 리더는 일하는 의미를 제시하지만, 더 중요한 것은 개별 직원들이 자신의 업무에서 어떻게 의미를 발견하는지 충분한 관심을 기울이는 것이다. 리더는 동기를 부여하지만, 동기를 찾는 일은 결국 개개인의 몫이다. 리더는 팀원들의 말에 귀 기울이고 그 의미를 이해하고 자신의 방식대로 의미를 발견할 수 있는 환경을 만드는 역할을 하는 것이다. 팀 리더의 역할도 단순히 업무에 국한된 것이 아니다. 팀 리더의 역할은 팀원의 인생 전반에 대해 영향을 줄 수 있는 데가지 확장된다. 개별 팀원의 업무가 그들의 삶의 목표와 조화를 이루도록 해야 한다. 업무뿐만 아니라 그들의 소득, 경력, 삶의 목표에 긍정적인 영향을 줄 수 있어야 한다.

용어	의미	일과 삶의 관계 정의
워라밸 (Work-life balance)	일과 삶의 균형	일과 삶을 시간이란 자원을 두고 서로 경쟁하는 일종의 '제로섬 게임'으로 규정. 따라서 일과 삶의 '균형'이라고 직역되나, 일과 삶의 '분리'라고 이해하는 편이 더 정확
워라인 (Work-life integration) 혹은 워라블 (Work-life blending)	일과 삶의 통합 혹은 혼합	일과 삶을 완전히 분리하기는 어렵기 때문에 다양한 역할과 정체성을 통합해 포트폴리오로 관리해야 한다는 시각
워라얼 (Work-life alignment)	일과 삶의 정렬	일과 삶을 단순 통합하는 데서 나아가 일과 삶의 목적과 가치를 정렬해야 한다는 개념

워라밸이란 일과 삶의 균형을 이룬다는 뜻이며, 삶에 투입하는 시간과 일 이외의 삶에 할애하는 시간을 균형 있게 사용한다는 이야기이다. 워라밸을 지키기 위해서는 자는 시간을 제외한 나머지 시간을 일과 삶에 각각 할애해야 한다. 그러므로 삶에 투입하는 시간을 줄이지 않기 위해 일에 투입하는 시간도 최소한으로 유지해야 한다는 것이다. 이러한 생각은 일종의 제로섬 게임처럼 치달아 일과 삶을 서로 분리해야 한다는 생각으로 이어진다.

이제는 일과 삶을 분리하는 것이 아니라 일과 삶의 목적과 가치를 정립하기 위한 큰 그림이 필요하다. 일과 삶은 서로 경쟁하는 개념이 아니다. 우리의 실제 삶은 인생의 네 영역(일, 가정, 공동체, 사적 자아)을 조화롭게 만드는 것이다. 일과 삶을 통해 개인의 가치에 부합하는 행동을 할 수 있도록 네 영역을 정렬한다. 인생에서 무엇을 원하는지 명확히 알고 개인이 소망하는 미래에 도달하기 위한 촉매로서 일을 활용할 때, 의미 있는 일과 삶에 에너지를 균형 있게 쏟을 수 있다. 따라서 현재 하는 일에서 자신의 경쟁력을 높이고 미래 가능성을 찾는 일이 가장 현명한 방법이다. 회사 내에서 역량을 키우고 경력을 쌓고, 제2의 인생과 연계하며 전반적인 삶을 설계할 수 있다.

따라서 일과 삶의 목적과 가치를 정립하기 위한 경력 개발 프로그램이 필요하다. 구글에서 운영하고 있는 경력 대화는 리더가 직원의 장기 비전을 파악하고 18개월 정도의 경력 개발 계획을 세우는 프로그램이다. 구글에서 리더의 임무는 직원들이 업무에서 어떻게 의미를 발견하는지에 충분한 관심을 가지는 것이다. 팀원들이 모여 일을 하고 있지만, 서로의 관심사와 일에 느끼는 의미는 다르다. 일에 대한 의미를 이해하고 모두가 자신의 방식대로 의미를 발견할 수 있도록 환경을 조성하는 것이다. 그러기 위해서는 먼저 팀원 개개인을 이해하고 저마다 서로 다른 인간적인 관계를 형성해야 한다. 같은 눈높이에서 대화하는 방법을 통해 시작할 수 있다. 어렸을 때의 꿈, 10년 후 내가 바라는 나의 미래의 모습 등을 이야기하며 미래에 대해 많이 생각하게 하고 희망을 공유한다. 물론 자신이 바라는 미래의 모습이 바뀔 수 있기 때문에 1년 한 번 경력 개발 미팅을 통해 수정할 수 있다.

예를 들어, 마케팅팀의 한 직원은 경영자가 되고 싶다고 했으며, 다른 직원은 창업을, 또 다른 직원은 은퇴하여 시골에서 가족과 함께 행복한 삶을 사는 것을 목표로 삼았다. 리더는 이들의 장기 비전을 파악하고 그들에게 어떻게 도움을 주고 어떤 지원을 할 수 있는지, 어떤 기술과 능력이 필요한지를 함께 논의해 나간다. 임원이 장기 목표인 팀원에게는 관리 경험, 프레젠데이션 기술, 네트워킹 등과 같은 필요 역량을 도출했다. 이 과정을 통해 6~18개월 동안 무엇에 집중할 것인지를 결정하고 계획을 세웠다. 개인의 성장과 경력 개발을 조직의 관점에서 필요한 역량을 도출하고 적합한 역할을 부여하는 것이다. 이처럼 개인과 조직의 성과에는 모두 좋은 영향을 줄 수 있는 윈윈 전략으로 경력 개발 프로그램을 활용하고 있다.

개인 브랜드를 지원한다

안정적인 업무를 수행하면서도 직원들이 조직에 전적으로 헌신하지 않고 경쟁에 뒤처지지 않으면서 나이가 들어도 회사에서 버틸 수 있으려면 어떻게 해야 할까? 그러기 위해서는 자신만의 무기를 갖추어야 한다. 주어진 일을 처리하는 데 있어 전문성을 상위권으로 유지해야 한다. 그 방법은 개인의 실력, 개인의 역량에 기반한 개인 브랜드를 만드는 것이다. 개인 브랜딩은 자신의 평판과 이미지를 구축하여 개인으로서 자신을 내외부에 홍보하는 것이다

담당 업무를 완벽하게 처리할 수 있는 실력과 역량을 바탕으로 개인의 미래 브랜드가 만들어질 수 있다. 다양한 일을 하는 것보다는 한 가지 분야에 집중하는 것이 좋다. 사람들이 그 사람을 인식할 때 그들에게 도움이 되거나 특정 문제를 해결할 수 있는 개인 브랜드를 구축해야 한다. 그러기 위해서는 끊임없이 학습하며 본인의 역량을 확장하고 성장시킬 수 있어야 한다.

현재 일에서 팀원의 경쟁력을 높이고 미래 경력을 찾도록 하는 것이 리더의 역할이다. 그러기 위해서는 팀원들 각자가 어떤 사람인지 파악해야 한다. 개인적이고 직업적인 강점, 경험, 성향, 열정을 정확히 분석한다. 팀원이 어떤 업무 영역에서 뛰어난지, 다른 사람들이 해당 팀원에게 어떤 특성을 강점으로 보는지, 어떤 활동이 해당 팀원의 열정을 끌어내는지, 어떤 일에서 재미를 느끼는지를 이해하고, 이를 바탕으로 집중하고 싶은 특정 분야를 선택하고 발전시켜 나가는 것이다.

애플에는 일반 관리자라는 직급이 없다. 운영 시스템 엔지니어, 오디오 전문가 등 아이폰을 중심으로 협력하는, 누구보다 제품의 특정 기능을 잘 아는 전문가들로 조직이 구성되어 있고, 이들의 전문성은 조직 내에서 인정받는다. 이처럼 한 업무에 오랜 기간 종사한 전문가에게 정년 보장은 승진에 버금가는 명예로운 인정으로 여겨진다. 리더는 유리 평판을 제작하여 10년 이상 근속한 직원에게 팀 회의나 공적인 인정을 위한 다양한 행사에서 수여

한다. 삼성전자는 직원의 전문성이 곧 회사의 성장이라는 철학 아래 역량 진단제를 도입하여 글로벌 경쟁력을 강화하고 있다. 직원의 직무 전문성을 5단계로 구분하여 직원이 스스로를 진단하고 부서장이 등급을 확정한다. 부서장은 진단 결과를 토대로 역량 향상을 위한 멘토링을 실시하거나 역량 관련 교육 프로그램을 이수하게 한다. 이를 통해 직원들은 자신의 전문성을 향상시켜 자신의 분야에서 개인 브랜드를 구축할 수 있다.

CASE 2-5

[팀 리더 1] 회사 창립 초기에 완성되어 가는 제품을 보면서 일하는 보람을 느낄 수 있었어요. 완성품의 중요 부품에 적용할 기술을 개발할 기회가 주어졌을 때 매일 반복되는 실험과 의미 없어 보이는 결과에서도 일하는 재미가 있었죠. 자발적으로 야근도 서슴지 않았습니다. 개발 초기에는 기술 개발부터 시제품 제작, 시험 평가까지 다양한 경험을 할 수 있었습니다. 그런데 조직이 커지면서 분업화가 심해지고 기능별 팀이 늘어나면서 업무가 세분화되었습니다. 창립 초기에 비해 자율성을 발휘할 기회가 크게 줄어들고 규격화된 업무 프로세스에 따라야 하는 일이 많아졌어요. 다양한 경험의 기회는 줄어든 반면, 반복해야 하는 일들이 늘어났습니다. 이제는 기능화되고 단편적인 업무가 더는 성취감을 주지 않네요.

[팀 리더 2] 나름 제 분야에서 꽤 전문가라고 알려져 있습니다. 근데 요즘 제가 하는 일이 점점 싫증이 나고 있어요. 매일 반복되는 업무로 매너리즘에 빠진 느낌입니다. 특히 제가 담당하는 부분이 설계 쪽이라 최종 생산물을 보는 것도 아니고 제품에 문제가 생기면 모든 책임이 우리에게 돌아옵니다. 그러다 운 좋게 사업부장님의 추천으로 해외 제품 박람회에 참석하게 되었습니다. 회사 제품 박람회 부스에 제가 참여한 제품이 전시되어 있는데 마음이 묘하더라

고요. 제가 만든 제품을 체험하는 사람들의 모습을 보면서 새로운 경험을 하게 되었습니다. 최종 소비자 관점에서 제 제품을 생각해 본 적이 없었습니다. 제가 만든 제품이 전 세계적으로 인정받는 제품으로 탄생했다고 생각하니 새로운 자각이 되더라고요. 그 이후 일을 할 때마다 두려움이 듭니다. 그러나 힘든 창작의 과정을 지나 결과물이 내 손에 도달했을 때의 기쁨을 떠올리고, 그것이 필요한 사람에게 의미 있게 쓰인다고 생각하니 그동안의 고생이 눈 녹듯 사라집니다.

업무의 영향력을 알려 줍니다

1. 내 업무의 최종 결과물은 무엇인가?

　사람에게는 생산적인 일을 하고 싶은 본능이 있다. 일을 통해 얻은 최종 결과물은 심리적 보상이 되고, 새로운 것을 창조하는 원동력이 된다. 세분화된 큰 규모의 조직에서는 주어진 업무가 너무 작아 만족감을 느끼지 못하는 경우가 발생한다. 또한 많은 직원들이 자신의 일을 통해 탄생한 최종 결과물을 직접 보지 못한다. 예를 들어, 연구원들은 농사가 잘되도록 바람의 흐름과 날씨를 분석해 주지만 풍년의 기쁨을 느낄 수 없으며, 부품만을 생산하는 부서는 최종 완성품을 볼 수 없다.

　산업 혁명 이후의 도입된 과학적 경영 방식은 인간의 자연스러운 충동을 억눌렀다. 거대한 조직을 효율적으로 통제하기 위해 경영 기법을 통해 측정과 감시가 가능하도록 조직화되었기 때문이다. 철저하게 분업화된 시스템에서 협소한 업무에 집중하도록 만들었다. 주어진 업무만 잘하면 일 잘하는 직원으로 인정받았다. 물론 그러한 시스템을 구축한 결과 불량이 줄고 생산량이 늘었다. 그러나 자신이 생산한 최종 생산물을 확인하는 즐거움은 사라졌다. 세상과 자신의 일이 어떻게 연결되는지 확인할 수 있는 길이 없어져 버렸다. 그렇게 분업은 일의 성과물을 보는 데서 발생하는 즐거움을 빼앗고 사람의 일을 기계적인 효율성의 관점에서 보게 만들었다.

이에 따라 몇몇 기업에서 과거의 과학적 관리 시스템인 분업 구조에서 통합 중심의 업무 관리로 변화하려는 노력이 일어나고 있다. 캐논 코리아는 기존의 분업 방식이 사람의 즐거움을 저하시키고 동료 간 경쟁을 과열시키며, 성과는 갈수록 낮아지게 한다는 것을 인식했다. 그래서 자율과 책임의 균형을 조정하는 통합적 업무로의 전환을 추진해 생산성을 증가시켰다. 단순 분업 방식 대신 셀 생산 방식을 도입하여 직원 각자가 하나의 독립된 생산 단위가 되어 부품을 조립하고 완성품을 만들었다. 그 결과 생산성이 60배로 늘어났다. 셀에 포함된 구성원 각자가 자신이 생산하는 제품에 대해 자율권을 가지고 최종 성과를 확인하며, 일 전반에 책임 의식을 가지게 한 것이다. 그럼으로써 직원들은 자신의 업무에 더 큰 보람을 가지게 되었다. 이처럼 직무 수행의 결과가 의미 있는 제품이나 서비스의 생산으로 나타날 때 자신의 업무에 더 큰 책임감을 가지게 된다.

CASE 2-6

[팀원] 저는 연구원이다 보니 생산 업무를 담당하는 사람들이 부러워요. 최종 목표가 제품 생산인데 제게는 아웃풋으로 느껴지는 것이 아무것도 없어요. 업무가 끝나도 그 끝맺음이 잘 보이지 않아요. 물질적인 보상이 아니더라도, 뭔가 끝냈다는 성취감이나 만족감이 있으면 합니다. 예를 들어, 제품이 생산되어 나오면 다 모여서 파티도 하고, 자신이 만든 제품을 3D 모양으로 만들어 하나씩 갖고 기념 촬영을 하는 것도 좋을 것 같아요. 형식적이긴 하지만 약간의 보람을 느낄 수 있고 집에 가지고 가서 내가 개발한 것이라고 가족들에게 자랑할 수 있잖아요. 제가 만든 제품이 사람들의 삶을 보다 편리하게 해 주고, 사람들의 입에서 오르내릴 때 제가 하는 일이 자랑스러웠습니다.

2. 업무의 영향력(결과물)을 알게 해 준다

오늘날 기업에서 일하는 구성원들 대다수가 스스로 세상에 영향을 줄 수 있다고 인식하고 있다. 2019년 글로벌 커뮤니케이션 기업 웨버 샌드윅은 MZ세대, X세대, 베이비부머 세대로 나누어 자신의 업무가 세상에 영향을 주는지에 대한 설문을 진행했다. "자신이 리더보다 더 큰 영향력을 가지고 있는가?" 하는 질문에 MZ 세대 70%, X 세대 60%, 베이비부머 세대 54%가 그렇다고 응답했다. MZ세대는 기성세대보다 자신이 하는 일이 세상에 더 선한 영향력을 줄 수 있다고 인식하고 있다는 것이다. 그렇기 때문에 리더는 팀원들에게 본인의 일에 대한 영향력을 직접 볼 수 있는 기회를 줘야 한다. 팀원들이 지금 하는 일이 조직 차원에서 얼마나 중요한 일인지, 성과에 어떤 영향을 주는지, 특히 신입사원에게는 지금 하는 일이 향후 자신의 성장을 위해, 사회 조직이라는 큰 틀에서 얼마나 큰 영향을 주는지 알려 주어야 하고 그 일에 대해 인정도 해 줘야 한다.

팀원의 업무 영향력을 보여 주기 위해 리더는 업무를 지시할 때 먼저 전체적인 업무의 흐름(밸류 체인)을 알려 준다. 전체적인 그림을 보여 줌으로써 자신의 업무가 어떻게 완성되는지를 보여 준다. 두 번째 구체적인 기대 결과를 알려 준다. 업무를 지시하면서, 그 일이 완료되었을 때 어떤 결과가 도출되는지 명확히 설명한다. 또한 개개인의 업무에 대한 가치를 인정할 필요가 있다. 예를 들어, 지금 쓰는 보고서가 나중에 어떻게 활용되어 어떤 가치를 만들어 내는지 등을 설명해 준다. 본인이 맡은 업무를 잘하는 것뿐만 아니라 본인이 만들어 가는 업무가 회사의 성과에 어떻게 영향을 주는지, 내 업무가 다른 팀과 협업을 통해 회사에 어떤 성과를 주는지를 알게 될 때 더 업무에 몰입하게 된다. 단순히 제품이나 서비스를 제공해 주는 수준이 아니다. 이러한 것들을 통해 사회에 어떤 긍정적인 변화와 영향을 주는지 찾아서 공유한다. 요즘 기업들이 추구하는 ESG, 특히 환경에 대해서 기업이 얼마나 진정성 있는 정책을 추진하고 있는지 보여 준다.

> **자신의 일이 어떤 결과를 만드는지 알려준다**
>
> 1. 내가 하고 있는 업무 결과물이 어디에 쓰이는지?
> 2. 내가 기여한 제품이나 서비스가 어떤 가치를 만들어내는지?
> 3. 내가 만든 제품이나 서비스가 고객에게 어떤 가치를 주는지?
> 4. 시장에서 내가 만든 우리 회사의 상품이 어떤 위치에 있는지?
> 5. 내가 하는 일 또는 우리 회사가 사회적으로 어떤 가치를 만드는지?

MS는 성과를 퍼포먼스(performance)에서 임팩트(impact)라는 용어로 바꾸었다. 과거 퍼포먼스가 목표 대비 달성도를 측정했다면 임팩트를 자신의 업무가 자신뿐 아니라 조직이나 비즈니스에 미친 기여도, 그 과정에서의 협업에 초점을 둔다. 자신의 일이 어떤 결과를 가져올지와 사회적으로 가치가 있는지를 업무를 통해 확인하는 이런 과정에서 자신의 업무에 대해 고민하고 더 잘할 수 있는 방법을 고민할 수 있다.

또한 팀 리더는 단일 과제의 분업식 업무 배분 방식에서 완결성을 갖도록 프로세스 중심으로 팀 업무를 설계하고 배분해야 한다. 될 수 있으면 하나의 의미 있는 제품이나 프로젝트, 서비스 등의 완성될 수 있는 업무를 부여한다. 단순히 업무의 한 부분만 담당하면 일의 즐거움이 감소될 수 있다. 특히 신입사원은 단순 지원 업무만 하게 될 경우, 배우고 싶고, 성장하고자 하는 요구가 충족되지 못해 불만이 생길 수 있다. 따라서 리더는 신입사원에게 자료 수집, 정리 엑셀 데이터 정리 등 단순한 업무만을 시키는 것이 아니라 아주 작은 규모더라도 기획부터 생산까지 모든 프로세스를 혼자서 처리할 수 있는 업무를 부여해 보는 것이 좋다.

3. 목적 경험을 제공한다

일을 하는 의미나 목적의식은 개인적인 영역이다. 따라서 리더가 팀원에게 목적의식을 불어넣기란 어려운 일이다. 팀원들이 일에 목적의식을 갖고 그것을 유지하도록 하는 가장 효율적인 방법은 팀원들에게 업무의 영향력이나 결과를 직접 목격하게 하는 것이다. 그리고 왜 그 업무가 필요한지 팀원 나름대로의 스토리를 만들도록 한다. 업무의 영향력을 말해 주는 것은 좋은 음식이 무엇인지 말해 주는 것과 같다. 아무리 좋다고 해도 음식을 맛보지 않는다면 감동이 없다. 그러므로 자신의 업무가 단순히 목표 달성 이상의 가치를 가진다는 것을 경험할 기회를 제공하는 것이 좋다. 팀원에게 우리의 최종 고객이 누구인지와 우리의 제품과 서비스를 통해 그들이 얼마나 큰 기쁨을 누리는지 알게 해 주는 것이다. 이렇게 자신의 일이 다른 이의 삶에 어떤 영향력을 미치는지를 알게 되면 내적 동기 부여가 된다.

미국 의료기기 제조업체 매드트로닉은 직원에게 자신들이 만든 의료기기로 인생을 바꾼 환자들의 강연을 듣게 함으로써 자신이 하는 일이 다른 사람의 생명을 살리는 기계를 만든다는 자부심을 얻게 동기 부여를 한다. 미국 펜실베이니아대학교 애덤 그랜트 교수는 콜센터 직원 대상으로 실험을 진행하여, 자신의 일이 다른 사람에게 어떻게 영향을 미치는지를 인식하는 것만으로도 의욕이 고취된다는 사실을 알아냈다. 이 실험에서 콜센터 직원에게 장학금 수혜 학생들과 직접 교류할 수 있는 짧은 시간을 제공하고 한 달 동안 통화 시간을 측정하고 기부금 모집 실태를 점검했다. 콜센터 직원들은 수혜 학생들과 만나기 한 달 전에 비해 두 배나 오랫동안 잠재 기부자들과 통화했고 모집된 기부금도 두 배 이상으로 급증했다.

또 다른 방법은 자신의 업무가 고객에게 어떤 가치를 주는지 눈으로 확인하도록 하는 것이다. 고객 조사를 의무적으로 한다거나 영업 현장에 정기적으로 방문하여 고객 대상으로 우리 상품의 가치에 관한 조사를 할 수 있다. 이런 과정에서 나온 데이터는 회사에 실시간으로 공유하여 다른 팀에서도 업무에 활용하도록 한다. 본인의 업무가 실제 고객이 사용하는 모습과 연결되어 있는 모습을 확인함으로써 목적의식을 가지게 할 수 있다.

MS는 고객 담당 관리자들에게 현장을 직접 방문하도록 한다. 그동안 직원들은 표준화된 제품을 만들어 팔았고, 많은 회사들이 모두 같은 종류의 제품을 사용했다. 그렇기 때문에 고객 담당 관리자는 고객의 요구를 잘 파악할 필요가 없었다. 그런데 나델라가 취임하면서 기존 비즈니스 개념을 완전히 바꿔 놓았다. 특정 고객의 필요와 문제에 대한 맞춤형 해결책을 개발하는 것이다. 이러한 새로운 비즈니스모델에 따라 관리자들은 직접 현장에 나가 고객의 문제를 경험하고 해결책을 함께 고안한다. 어떤 직원은 경찰관과 길거리에서 한 주를, 어떤 관리자는 병원에서 며칠을 함께 근무한 경우도 있었다. 이런 직원들은 자신의 업무를 고객의 시선에서 바라볼 수 있는 계기가 되었으며, 자기 자신의 업무가 어떤 영향을 주는지 일차적으로 확인할 수 있는 좋은 기회가 되었다고 했다.

네덜란드 라보 은행은 직원들이 자기 업무의 의미를 이해하도록 돕기 위해 목적 경험 프로그램을 제공한다. 예를 들어, 신입 임원 교육은 단순히 교육장에서만 실시하지 않는다. 회사가 왜 존재하는가를 알려 주기 위해 아무런 설명 없이 새벽 버스를 타고 벌판에 내려 농부의 집으로 인도하는 교육 프로그램을 진행한다. 농부들은 임원들에게 아침 식사를 대접하며 빈곤과 굶주림에 시달리며 힘들게 생존한 남부 농민들의 생생한 이야기를 들려준다. 그리고 오늘날 농업 경영의 어려움이 무엇인지 이야기하고, 라보 은행이 이러한 농부를 위해서 설립되었다는 사실과, 그들을 위해 어떤 일을 했는지 설명한다. 이러한 생생한 목적 경험을 통해 임원들은 중요한 경험을 할 수 있게 된다. 단순히 임원 교육을 위해 교육장에서 화면에 몇 개의 사진을 띄우고 설명할 수도 있었지만, 개인적인 경험을 통해 회사의 목적을 이해하고 회사의 목적에 맞는 의사결정을 하도록 돕고, 더 나아가 업무를 가치 있는 것으로 바라보게 하려는 의도이다.

2장 요약노트

일하는 의미를 알려주는 리더

1. 조직의 미션/목적을 알려줘라

원하는 방향으로 이끌기 위해서는 조직의 방향성을 제대로 이해하고 구성원과 공유해라. 미션을 기반으로 직원들이 스스로 결정할 수 있는 구체적인 업무 기준으로 사용할 수 있도록 해라.

2. 미래 방향에 동참시켜라

조직이 어느 방향으로 가는지 모든 직원에게 미래방향을 명확하게 제시해라. 실현 가능한 달성 방법도 설득력 있게 제시해라. 새로운 성장기회를 제공하기 위해 업스킬/리스킬을 활용하라.

3. 조직 목표와 개인 목표를 연계시켜라

조직의 가치와 팀원들의 가치를 연계해라. 개인의 일을 삶의 목표와 정렬시키는 것을 지원해라. 조직에서 개인 브랜드를 만들 수 있도록 지원해라.

4. 업무의 영향력을 알려줘라

자신의 업무가 조직에서 어떤 역할을 하고 조직 성과에 어떻게 기여하는지를 팀원에게 알려줘라. 자신의 업무가 사회에 어떤 긍정적인 영향을 주는지 공유해라. 이를 위해 목적경험을 제공하라.

03
CHAPTER

성장을
지원해주는
리더

CASE 3-1

[팀 리더 1] 팀원 중에는 개선의 여지나 희망이 보이지 않는 사람이 있어요. 역량이 부족한 팀원들을 억지로 끌고 가려면 리소스를 더 많이 투입해야 되더라고요. 시간을 많이 써 가면서 이런 팀원들을 관리해야 하는지에 대해 의문이 듭니다. 계속 불러서 이야기하고 설득을 해도 바뀌지 않아요. 사람이 태도가 안 바뀌는데 다른 팀원들을 포기하고 이 팀원 하나만을 위해 많은 시간을 쓰는 건 아니라고 생각해요. 제가 계속 24시간 붙어 있으면 모르겠지만, 업무를 지시하고 나서 이후에 보면 원하는 결과가 나오지 않거든요. 그런 팀원들은 1~2년 계속 관리해도 안 되더라고요. 어느 정도 선에서 최선을 다하고 이 정도로 충분히 했다면 인사 조치를 하는 수밖에 없다고 생각해요. 개선하고자 하는 의지가 있는 사람이라면 이 정도로 상황이 악화될 때까지 가지 않았을 겁니다.

[팀 리더 2] 저는 개선이 힘들다 해도 팀원을 쉽게 포기하지 않아요. 제가 관리하는 팀원들이 좀 더 잘되기를 바라기 때문에 누구도 포기하지 않습니다. 우리 회사를 들어올 정도면 다들 어느 정도의 능력은 있다고 봅니다. 이들을 보면, 과거에 회사로부터 상처를 받은 사람들도 있고, 본인의 건강 이슈나 가족의 이슈, 타인으로부터 받은 상처로 인해 흔들리는 경우도 많습니다. 그래서 이런 팀원들에게 공감하고 배려하는 등, 사람에 대한 믿음을 전제로 다가가

야 한다고 생각합니다. 이런 팀원들에게는 단순히 좋은 이야기만 해서는 안 됩니다. 현실 그대로를 직시하고 해결하도록 해야 합니다. 그런 과정을 받아들이는 것도 굉장히 방어적이기 때문에, 객관적인 데이터를 가지고 직설적으로 이야기하고 우리 팀에 어떤 영향을 주는지 알려 줍니다. 이런 팀원들을 변화시키려면 1~2년으로는 안 됩니다. 최근에 그런 친구 중 한 명이 작은 선물을 주면서 포기하지 않고 기다려 줘서 감사하다고 말하기도 했습니다. 이럴 때 가장 보람을 느껴요.

성장 마인셋을 키웁니다

1. 고정마인셋을 가진 리더

성장 마인드셋은 1988년에 처음 등장한 교육 관련 이론이다. 심리학자이자 『성장 마드인셋 워크북』의 저자인 일레인 엘리엇-모스크바는 우수하고 똑똑한 아이들이 난관 앞에서 실패하는 이유와 관련된 이론을 발표했다. 이 이론에서는 성공의 핵심 요인이 타고난 능력보다는 어려움에 대응하는 학생들의 태도에 있다고 설명한다. 스탠포드대학교 심리학자인 캐롤 드웩 교수는 이러한 개념을 확장하여 조직 내 일의 결과를 좌우할 수 있는 것으로 정의하고, 이를 고정 마인드셋과 성장 마인드셋으로 나누었다. 고정 마인드셋은 자신의 능력이 무엇이든, 그 능력을 바꾸기 위해 자신이 할 수 있는 것이 별로 없다는 사고방식이며, 성장 마인드셋은 자신의 능력은 성장이 가능하고 노력 여하에 따라 달라질 수 있다는 사고방식이다.

고정 마인드셋을 가진 회사는 더 우수한 인재를 확보하기 위해 인재 채용에 몰두한다. 우수한 인재들이 좋은 회사를 만들 수 있다고 가정하기 때문이다. 따라서 채용 기준은 학벌과 학점이다.

성장 마인드셋 vs. 고정 마인드셋

성장 마인드셋 (Growth Mindset)	고정 마인드셋 (Fixed Mindset)
• 최선을 다하고 배우고 발견하는 '과정'에서 성공을 찾는다. (자신의 우월성을 증명함으로 타인을 정복하려는 함정에서 벗어난다) • 실수, 실패는 좌절감을 주기보다 오히려 자극이 된다. (그 때문에 실패를 인정하고 공감을 구하는 일에 익숙하다) • 성공을 부르고 유지하는 '전략과 프로세스'를 관리할 줄 안다. (동기부여되는 것과 그렇지 않은 것, 어떤 전략이 통하고 통하지 않는지 끊임없이 실험하고 개선한다) • 끝까지 포기하지 않고 도전하는 근성(Grit)을 가지고 있고, 이마저 배울 수 있는 것이라 여긴다.	• 인간은 타고난 것이며 변하지 않는다고 믿는다. • 당장의 결과, 무결점-완벽에 대한 환상을 가지고 있다. (조직에서 자신이 원래부터 탁월하고 우월한 사람임을 증명하는 것이 매우 중요하다) • 실패에 대한 관용이 자신에게나, 타인에게나 모두 부족하다. (자신이 실패할 경우 어떻게든 책임을 외부나 타인에게 전가하고자 한다) • 타고난 완벽함, 우월함을 타인에게 입증해야 한다는 인식 때문에 어려운 도전을 무의식적으로 피하고 속임수는 느는 경향이 있다. • 압박감으로 인한 정서 불안이 심한 편이다.

출처: 이재형. 성장 마인드셋,
상시 피드백 중시하는 애자일이 포스트 성과주의의 중심. 《DBR》 259호

드웩 교수의 연구에 따르면, 고정 마인드셋을 가진 기업들의 직원들은 자신의 우수함을 드러내기 위해 실패를 감수하지 않는다. 이런 기업의 상사는 직원 개개인이 이미 능력을 지녔기 때문에 함께 일하는 것을 장려하지 않으며 혁신 역시 장려하지 않는다. 리더는 직원들이 해당 과제에 대해 당연히 알고 있기 때문에 그 직원들을 돈을 주고 고용했으므로, 관련된 문제를 바로 해결할 수 있어야 한다는 식으로 접근한다. 해법을 찾지 못하거

나 문제 해결에 실패한 직원들에게 능력이 부족하다고 말한다. 그렇기 때문에 이런 조직의 직원들은 자신이 부족하다는 것을 드러내지 않기 위해 회사나 상사, 동료를 속이며 정치적인 줄서기를 하기도 한다. 리더는 한 번 능력이 부족하다고 판단되면 그 사람이 향후 홀로 일할 수 없는 사람이라고 생각하고 하나부터 열까지 모두 보고받고 챙기는 마이크로 매니지먼트를 하는 경향을 보인다. 이런 리더일수록 직원을 신뢰하지 못하므로, 더 많은 일을 하게 된다. 그러니 리더가 일을 하는 동시에 팀원 관리도 해야 하는 상황이 발생하고, 스트레스를 받아 자주 짜증스러움을 표출하여 팀 분위기를 침체시킨다.

사티아 나델라 회장 취임 전까지 MS는 고정 마인드셋을 가진 회사였다. 유능한 사람들이 탁월한 조직 구축이라는 성과 중심의 문화가 팽배해 있었다. 직원을 등급으로 나누고 최하위 등급 직원들을 해고했다. 직원들은 자신의 능력을 증명하기 위해 새로운 것을 시도하기 보다는 기존 기술과 방식을 고수했다. 내부 경쟁이 만연했고 직원들의 사기는 저하되어 있었다. MS는 「잃어버린 15년」이라는 보고서를 통해 자사가 고정 마인드셋 문화를 가진 것을 인정했다.

다른 한편, 리더들은 팀원 모두를 육성하기 위해 개개인에게 시간과 관심을 부여하는 것이 시간과 역량 부족 등 여러 가지 제약 조건으로 인해 현실적으로 불가능하다고 말한다. GE의 잭웰치는 리더들이 핵심 인재에게 80%의 관심을 쏟아야 한다고 했다. 리더가 실천해야 할 공정함이란 모든 팀원을 똑같이 대하는 것이 아니라 업무에 대한 태도나 의욕에 상승하는 만큼의 시간과 도움을 줘야 한다는 것이다. 따라서 모든 팀원을 육성할 수 없다면, 역량과 태도가 모두 뛰어난 A급 인재에 중점을 둔 육성이 효과적이라고 주장한 것이다.

어느 정도 공감이 가는 말이다. 하지만 축구나 야구 팀의 경우를 보자. 팀이 지속적으로 좋은 성과를 내기 위해서는 뛰어난 개인플레이어도 필요하지만, 구성원 전체의 협력이 더 중요하지 않았던가? 장기석인 성과를 위해서는 팀 전체의 시너지가 필요하다. 그렇기 때문에 객관적인 기준으로 그다지 뛰어나지 않은 조직 내 팀원들, 특히 저성과자들에 대한 리더의 노력은 반드시 필요하다.

성장 마인드셋을 가진 리더

고정 마인드셋을 가진 리더는 피드백과 비판을 자신의 능력에 대한 공격으로 간주한다. 반면에 성장 마인드셋을 가진 리더는 피드백과 비판에 더 개방적이며 이를 기술과 능력 향상의 기회로 여긴다. 고정 마인드셋을 가진 리더는 자신의 권력을 보호하기 위해 도전을 회피하거나 실패 위험을 회피할 수 있다. 성장 마인드셋을 가진 리더는 목표를 달성하기 위해 계산된 위험을 감수하고 안락한 영역 밖으로 자신을 밀어붙일 가능성이 더 크며, 도전을 포용하고 실패를 성장과 학습의 기회로 볼 가능성이 더 크다. 성장 마인드셋을 가진 리더는 적응력과 유연성이 뛰어나며 목표를 달성하기 위해 기꺼이 위험을 감수한다. 이를 통해 자신의 잠재력을 최대한 발휘하고 팀원들이 일을 성취하도록 영감을 주고 동기를 부여할 수 있다.

구글은 원래 MIT, 하버드 등 명문대 출신에 학점이 좋은 사람들만 뽑기로 유명했다. 하지만 몇 년간 진행한 연구를 통해 어떤 직원이 최고의 성과를 내는지 밝혀내고 기존의 인재 채용의 방침을 바꿨다. 재능 있는 사람들의 범위를 광범위하게 확장했다. 어떤 학교를 나왔는지, 어떤 학위를 받았는지만 보는 게 아니라 그 사람이 어떤 경험을 쌓았는지를 더 비중 있게 본다. 그 경험이 회사가 가진 문제를 해결하는 데 어떻게 기여할 것인지를 심도 있게 살펴본다. 문제 해결력이 있는 사람의 성장 가능성에 가중치를 두고 어떤 문제에 직면하든 새로운 지식을 습득하고 해법을 찾아 성장할 것이라고 가정한다.

나델라는 MS의 CEO로 취임하자마자 모든 직원에게 끊임없이 성장 마인드셋을 강조했다. 사람의 지적 능력은 고정된 것이 아니라 지속적으로 향상될 수 있다고 생각하며, 도전을 두려워하지 않고 실패를 성장의 한 과정으로 여기라고 강조했다. 본인이 가진 자질은 단지 성장을 위한 출발점일 뿐, 열정과 노력, 배움을 통해 얼마든지 길러 낼 수 있다고 믿었다. 나델라는 상대 평가 시스템을 폐지하고 직원들의 성장을 돕는 피드백과 코칭 문화를 정착시켰다. MS의 리더들은 지속적으로 직원의 성장을 촉진하는 코치로서의 역할을 하고 있으며, 동료들도 서로를 학습 코치로 보는 학습 문화를 장려한다.

2. 성장 마인셋으로 전환이 가능한가?

신경과학자들은 성인이 되어도 뇌가 계속해서 성장하고 진화한다고 말한다. 시간이 지남에 따라 신경 경로가 발달하고 시냅스가 새로운 연결을 형성해, 성장 마인드셋을 통해 개발이 가능하다는 것이다.

메타인지를 개발한다

리더는 자신이 어떤 사고방식을 가지고 있는지 먼저 파악해야 한다. 객관적인 판단을 위해 다른 사람에게 피드백을 구하거나 자신의 언어나 의사결정 과정, 행동 패턴 등을 기록해 분석한다. 사고를 제한하는 부정적인 표현을 자주하는지, 실패를 허용하지 않는지, 저성과자에게 '안 돼!'라는 부정적인 표현을 자주 사용하지는 않는지, 주로 우수 팀원에게 주요 업무를 주는지 등을 체크해 본다. 부정적인 표현은 부정적인 인식을 강화한다. 잘하는 팀원과 못하는 팀원을 구분하여 선입견을 형성하게 되면 변화가 어려워진다. 자기 분석을 통해 개선할 부분을 자문해 보고 경직된 사고에서 벗어나기 위한 연습을 해야 한다. 내면의 비관적인 목소리를 제거하기 위해 '할 수 없다.'라는 생각에서 '개인의 노력을 통해 능력은 성장할 수 있다.'라는 생각으로 전환할 수 있다. 성공적인 성장 마인드를 위해 저성과자도 변화할 수 있다는 의지를 갖고 개선점을 전달하는 것이 좋다. 잘한 것과 변화된 태도에 대해 긍정적인 피드백을 받으면 즐거운 도파민이 나와 팀원의 성장 태도뿐 아니라 리더 자신의 생각 전환을 촉진하는 데 도움이 된다. 이런 과정에 자신을 노출함으로써 뇌의 신경세포를 재구성할 수 있다.

누구나 실수한다

리더는 스스로 실패에 대한 생각을 전환해야 한다. 누구나 실수할 수 있고 실수로 배우는 것이며, 실수는 실패가 아니라 성장하는 과정이라 바라보는 시각으로 전환한다. 리더가 혼자서 모든 것을 다 할 수 없다. 그렇다고 해서 팀원들이 모든 것을 알 필요도 없다. 새로운 지식을 배워서 활용해 나갈 수 있는 잠재력이 있다는 인식이 중요하다. 필요한 것을 끊임없이 배우는 태도가 중요하다. 세상은 끊임없이 변화하고 앞으로 한 번도 직면해 보지 못한 새로운 문제들을 풀어 가야 한다. 문제를 해결하는 과정에서 실패를 통해 팀원도 리더도 함께 성장할 수 있다는 믿음이 중요하다. 직원을 어린아이 취급하면, 직원은 리더의 기대치를 넘지 못한다. 직원은 리더가 기대하는 만큼 행동하고 성장하기 때문이다. 그러므로 리더는 팀원들에게 성장 마인드를 만들어 주기 위해, 팀원이 위험을 감수하고 실수를 편안하게 느낄 수 있도록 심리적으로 안전한 환경을 만들어 주어야 한다. 여기에는 열린 의사소통과 협업을 장려하고, 실수가 학습의 기회임을 강조한다. 실패를 이유로 팀원을 비난하거나 창피하게 만들어서는 안 된다. 이런 과정을 통해 팀원들이 발전할 수 있도록 정기적인 피드백을 제공한다. 업무 진행 상황과 작은 성공에 대한 인정 및 팀 구성원의 개선을 돕기 위한 솔직한 피드백을 함께 제공한다.

시간의 기다림을 참아 낸다

성장 마인드셋은 노력, 헌신, 인내를 통해 능력을 개발할 수 있다. 고정 마인드를 가진 리더는 잘 기다리지 못한다. 기다림은 상당히 힘든 과정이다. 특히 성과를 내야 하는 리더의 입장에서 언제까지 참고 기다릴 수 없다. 더욱이 저성과자들은 자신을 방어하려고 끊임없이 주변인들에게 조직과 리더에 대해 원망을 쏟아 낸다. 자신의 정당성을 확보하기 위해 다른 팀원들을 공범으로 만들기 위해 노력하기도 한다. 그러나 누구도 저성과자로 살고 싶어 하지 않는다. 성과가 저조한 이유는 능력 부족일 수도 있지만,

상사의 낮은 기대나 업무 방식의 차이 등 조직 내 다양한 요인들의 영향을 더 많이 받는다. 따라서 리더도 이들의 잠재력을 믿고 팀원들에게 팀원 자신들의 능력에 대한 신뢰감을 주는 것이 중요하다. 관심을 가지고 숨겨진 능력을 발휘할 수 있도록 도와주어야 하고 적성과 소질이 맞지 않을 경우 더 나은 길을 찾을 수 있도록 인간적 배려로 배려하며 존중해야 한다.

공정한 기회를 제공한다

드웩 교수는 직원의 성장은 협업, 좋은 전략과 지원, 멘토링 등을 통해 개발될 수 있다고 했다. 하지만 팀원 모두를 성장시키는 것이 가능한가? 성장 마인드를 가진 리더라도 팀원들의 역량을 충분히 발휘할 수 있도록 격려하고 지원해 주었는데도 팀원들 모두가 성과를 잘 내지 못했던 경우를 경험한다. 리더들은 자신이 팀원들을 최대한 배려하고 학습할 기회나 공정한 업무 기회를 지원해 주었다고 생각하는데 자신이 원하는 대로 따라오지 못하는 직원들을 보며 딜레마에 빠진다. 성장 마인드셋은 누구나 무엇이든 할 수 있다는 의미가 아니다. 누구에게나 성장할 수 있는 잠재력이 있다는 것이다. 직원들이 얼마나 성장할 수 있을지는 미리 알 수 없지만 리더는 그들이 잠재력을 발견할 수 있는 기회를 공정하게 주어야 한다. 예를 들면, 문제 해결을 위해 새로운 기술을 배우고 개발할 수 있는 다양한 기회를 제공한다. 교육 및 개발 프로그램을 제공하거나 멘토링 또는 코칭 기회, 팀 구성원이 회의 또는 기타 학습 행사에 참석하도록 격려한다. 이런 기회를 얻은 팀원들은 자신이 존중받고 있다는 느낌을 받게 되고, 회사에 대한 소속감을 느끼게 된다.

저성과자에게는 상시 전직 프로그램 등을 제공하여 직원과 좋은 관계를 맺고 긍정적인 인상을 가지고 떠날 수 있도록 인간적인 배려와 최선의 노력을 한다. 공정하고 엄격하게 퇴출 제도를 시행하되, 회사에 대한 좋은 인상을 끝까지 유지할 수 있도록 노력해야 한다. 지속적인 리더의 긍정적 도움과 행동은 팀을 치유하고 건강하게 만드는 데 기여한다.

리더의 성장형 사고방식으로의 변화는 조직의 긍정적인 기업 문화 형성에 큰 영향을 미친다. 성과의 변화를 불러오며, 팀원들이 다른 팀원을 보는 성장형 마인드 형성에도 도움을 준다. 궁극적으로 성장 사고방식을 수용하는 팀은 더 높은 수준의 성과 달성 가능성이 크다. 이런 팀은 변화에 더 잘 적응하고 도전에 직면했을 때 더욱 탄력적으로 대응하고 협업과 문제 해결에 능하다.

CASE 3-2

[팀 리더] 팀원들과 목표 설정을 위한 면담을 할 때, 도전적인 목표에 설레거나 새로운 아이디어를 원하거나 제안하지 않습니다. 오랫동안 굳어진 업무 관행인지 보수적으로 목표를 잡습니다. 매번 반복되는 유사한 업무나 사업부에서 할당되는 목표, 도전적 목표 등 습관적으로 개인의 목표를 수립합니다. 미션에 의한 조직 목적만이 실질적인 사업 목표를 만들 수 있다고 했지만, 수동적으로 위에서 내려 주는 KPI에 기반하여 직급, 역량에 따라 일을 쪼개어 맡을 뿐 미션이나 비전에 전혀 관심이 없습니다. 목표는 1년 동안 수행할 개인적 과제이자 역량을 평가받을 수단으로만 받아들일 뿐 조직의 미션과 비전에 기반하여 일을 한다는 생각을 하기 어렵습니다. 합의된 목표가 개인 성장에 도움이 되지 않는다고 생각하면 합리적인 목표 설정, 성과 지표, 보상도 역할을 제대로 하기 어렵죠.

[팀원] 취업하기 전에 세 회사로부터 합격 통지를 받았습니다. 그중 이 회사는 보수도 다른 곳보다 높고 제가 좋아하는 일을 할 수 있는데다가, 개인적으로 발전할 기회가 많다고 생각했습니다. 하지만 입사 후 그런 기대는 사라졌습니다. 제가 처음에 와서 놀란 것이 연초에 세운 목표가 모두 보수적이라는 것이었습니다. 거의 100% 수준으로 달성할 수 있는 목표만 세우는 것이었으니, 도전적인 목표라고 할 수 없었죠. 저는 A 업무 프로세스를 개선하겠다는

목표를 잡았습니다. 선배 팀원들이 아직 신입이라서 업무가 어떻게 돌아가는지 모른다고 걱정을 많이 했습니다. 얼마 지나지 않아 이 회사는 실험적 시도에 시간도 인내심도 할애하지 않는다는 것을 알게 되었습니다. 상사의 지시에 따라 업무를 잘하는 사람이 '일잘러'라고 인정받더라고요. 새로운 아이디어를 내도 아직 경험이 없다는 이유로 반응하지 않는 것이 힘듭니다. 새로운 것을 배워 성장하고 싶은 마음이 컸지만, 가장 먼저 팀 리더가 일 벌이지 말라고 합니다. 이제 회사는 즐거운 일을 하는 곳이 아니라 지루하고 따분한 곳이 되었습니다.

CASE 3-3

[팀 리더] 우리 팀은 연말에 되면 차년도 사업 계획을 수립하면서 목표를 정합니다. 지난 한 해 동안 피나는 노력으로 목표를 100% 달성했는데, 올해에도 '100% 향상'이라는 목표가 내려왔습니다. 팀 내에서 다시 한숨이 터져 나왔습니다. 제 생각에는 정말 불가능해 보입니다. 지난 한 해 팀원들이 얼마나 열심히 했는데, 이번에도 '100% 향상'이라니요. 이게 진정한 도전적 목표라고 할 수 있나요?

[팀원] 혁신적인 제품/기술 개발이라는 도전적인 목표 수립 가이드가 내려왔지만, 말이 혁신이지 개발하려면 최소한의 시간이 필요합니다. 예를 들어, 2년 이상 걸리는 기술이 있으면 CEO나 경영층에서는 무조건 1년 안에 개발하라고 합니다. 내부 규정과 승인 절차도 복잡해 급변하는 환경에 발맞춰 제때 개발하고 출시해야 하는데 승인이 지연되니 실제 개발 기간은 더욱 줄어들게 됩니다. 이런 일들이 반복되다 보니 '지금 하고 있는 대로 그냥 하자.'라는 수동적 분위기가 형성되었습니다. 새로운 아이디어가 있어도 포기하는 경우가 많습니다. CEO는 임기 2년 안에 성과를 내려 하지만, 솔직히 개발 기간을 단축하려면 인원도 더 많아야 하고, 더 많은 자원이 필요합니다. 지원이나 인력 충원 없이 무조건 진행해야 하는 상황인데 프로젝트가 실패하면 모든 책임은 실무자에게 돌아갑니다.

도전적인 목표 수립을 지원합니다

1. 도전적 목표는 왜 실패하는가?

구글을 포함한 실리콘 밸리 기업들은 달성 불가능해 보이는 도전적 목표를 추구하도록 장려한다. '세계 최초'라는 수식어가 붙은 성과들은 많은 이들이 불가능하다고 포기했지만, 가능하다고 믿는 사람들에 의해 달성되었다. 스페이스 X는 화성에 자급자족할 수 있는 도시를 설립하여 인간이 우주여행을 하고 여러 행성에 살 수 있게 만들겠다는 불가능한 목표를 세웠다. 그러나 2017년 세계 최초로 1단 추진로켓을 발사에 재사용한 뒤 착륙하는데 성공했다. 추진 로켓을 재사용함으로써 발사 비용을 10분1수준으로 줄였다. 스페이스 X는 2005년 160명이었던 직원이 2020년 7,000명 가까이 늘어났으며, 기업 가치도 약 360억 달러로 추정된다.

반면, 달성 불가능한 목표 설정이 낮은 성과를 초래한 사례도 있다. 2015년 GE의 제프리 이멜트 회장은 2020년까지 세계 10위 안에 드는 소프트웨어 기업이 되겠다는 목표를 세웠다. 그러나 그의 목표로 인해 1,500명 직원이 자리를 잃었고 2,500억 달러의 주가 가치가 900억(2019년)으로 대폭 하락했다. 두 사례 모두 '도전적인 목표'를 세웠다는 점에서는 같았는데, 어째서 다른 결과를 얻게 되었을까?

현실을 고려하지 않는 목표를 수립하다

목표 설정 이론에 따르면, 구성원들이 높은 목표에 도전 의식을 느끼게 되면, 이를 달성하기 위해 더 많은 노력을 기울인다고 한다. 또한 직원들은 특정 목표가 본인의 커리어 개발에 도움이 된다고 생각하며, 개인이 중요하게 여기는 가치와 부합할 때 목표에 몰입하게 된다고 한다. 사람들이 목표 지향적일 때 연관된 정보에 더 집중하기 때문이다. 그러나 도전적인 목표를 어느 정도 설정하느냐에 따라 주의 집중하는 정도가 다르다. 스트레치 목표(stretch goal)는 불가능하지 않지만 달성하기 어려운 도전적 목표이다. 현재 능력에서 약 4% 넘는 일을 할 때 더 몰입한다고 한다. 이런 도전적 목표는 업무 동기를 최대로 높여 주고, 도전적 목표에 집중하는 동안 아드레날린이 분비되어 집중력을 높인다. 능력은 적당한 긴장 상태에 있을 때 최고조가 된다. 그래서 많은 기업이 스트레치 목표를 도입하지만, 실패하는 사례가 더 많다. 회사가 처한 상황을 고려하지 않고 무조건적으로 스트레치 목표를 설정하기 때문이다.

스페이스 X처럼 높은 목표는 당장에 달성하지 못하더라도 목표 추구 과정에서 실패를 통해 학습하고 기존 프로세스를 개선해 혁신을 이끌어 낸다. 반면 GE처럼 직원의 능력이나 상황을 고려하지 않고 윗선에서 비현실적으로 과도한 목표를 설정하는 경우이다. 현재 상황에 대한 충분한 이해가 부족하거나, 역량이나 정보, 지원이 부족할 때 도전적이고 높은 목표가 기존 상황을 더 악화시킬 수 있다. 그러나 여전히 많은 기업들이 재무 실적 개선을 목적으로 높은 매출 목표를 설정한다. 또한 위기 상황을 극복하기 위해 더 강한 드라이브가 필요하다고 판단할 때 무모하게 높은 목표를 세운다. 이에 따른 직원들의 반응은 '회사의 지원이 부족하다.'라거나 '어차피 불가능하다.'는 등의 부정적인 태도를 보인다. 직원들의 위축된 소극적인 태도와 행동은 높은 목표를 추구함으로써 얻을 수 있는 학습, 혁신의 기회를 차단한다. 이미 학습된 무력감과 성과에 대한 보상 등 동기 저하의 경험을 한 직원들은 실패나 낮은 성과에 부정적인 모습을 보인다. 결과적으로 높은 목표에 대한 소극적 대응과 낮은 성과 등의 악순환이 반복되는 상황이 발생한다.

크고 멍청한 회사: 복잡한 규정과 절차

도전적 목표에 실패하는 또 다른 이유는 복잡하고 실효성 없는 규정과 절차, 그리고 역할과 책임이 불분명한 계층과 조직이다. 스탠퍼드대학교의 로버트 서튼(Robert Sutton) 교수는 저서 『Scaling-Up』에서 조직이 성장하고 역사가 쌓여 감에 따라 일을 방해하고 어렵게 만드는 계층, 부서, 복잡한 절차와 과정이 늘어나는 경향이 있음을 지적했다. 역사가 긴 조직일수록 이러한 현상이 두드러진다. 절차, 규정, 계층, 그리고 조직을 만들기보다 없애는 것이 어렵기 때문에 시간이 지나면서 더 많이 쌓여 간다.

나쁜 뜻으로 만들어진 규정과 절차, 그리고 조직은 없다. 모두 나름의 목적과 필요에 의해 만들어진 것이다. 그러나 그것이 계속 쌓여만 가고, 변화를 반영하지 못하는 것이 문제이다. 변화하는 세상에서 규칙은 예전 경험에 대해서만 유효하다. 세계는 규칙을 따르지 않는다. 필요한 것은 사람들이 스스로 생각하고 행동하게 만든다. 변화에 발맞추지 못하는 조직은 점차 느리고 무거워지며, 관료주의에 빠지기 쉽다. 구성원들은 경쟁자가 아닌 내부의 절차와 규정을 상대로 싸운다. 이런 기업 조직을 이른바 '크고 멍청한 회사(big dumb company)'라고 부르기도 한다. 이러한 회사에서 구성원들이 아이디어를 짜낸 도전적이고 혁신적인 목표는 조직의 길고 복잡한 승인 절차를 거치게 된다. 문제는 그 아이디어가 시장에 출시될 때쯤이면 이미 시장은 유연한 스타트업이 장악하고 있다. 승자 독식의 시장은 이런 조직을 기다려주지 않는다. 고객과 현장의 목소리는 복잡한 조직과 절차를 뚫고 들어오기 어렵고 시간도 오래 걸린다. 고객과 현장의 상황을 모르는 경영진의 의사결정은 결국 사업의 기반을 무너뜨린다.

컴포트존에 빠지다

새로운 시도가 막히고 자기 표현이 장려되지 않을 때 사람들은 무기력해지며, 이것이 반복될 때 수동적인 모습으로 변한다. 도전적 목표를 세우지만, 이를 지원해 줄 수 있는 환경이 마련되지 않으면 풍부한 현장 경험이 있더라도 집단 지능을 제대로 활용하지 못한다. 그런 상황에서 변화는 귀찮은 것으로 여겨진다. 직원들은 적당히 눈치나 살피며, 시키는 일이나 하다가 때가 되면 당연한 듯 월급을 받는다. 이런 회사에는 적당주의가 판치는 컴포트존에 있는 직원들이 많다. 컴포트존은 스트레스나 불안을 느끼지 않는 편안하고 쾌적한 상태에서 안전감을 느끼는 영역이다. 그 안에 있으면 기존의 익숙한 방식을 고수하게 된다. 이 영역을 벗어날 경우 스트레스 수준이 높아지므로 안주만을 추구한다. 더 나은 방법을 고민하려 하지 않게 되는 것이다. 스트레스를 제거하기 위해 사람들은 편안하게 느끼는 영역으로 돌아가려는 경향이 있다. 즉 컴포트존은 학습에 의한 것이다.

컴포트존에 있는 직원들은 고객과의 만남은 스트레스가 될까 봐 접촉 없이 혼자 일한다. 내부에서는 바깥에 있는 고객을 볼 수 없고, 누구도 전체를 조망할 수 없으며, 관계를 맺는 대상은 오직 자신의 상사뿐이다. 따라서 항상 단기적인 목표 달성만 생각하기 때문에 끊임없는 책임 전가가 일어나며, 그 책임을 떠넘길 인물을 열심히 찾는다. 이런 조직은 결국 컴포트존을 선호하는 직원들만이 남게 된다. 예를 들어, 현장 직원들이 생산 목표를 세우는 것이 아니라 담당 관리자, 현장 관리자 등이 생산계획을 세워 현장에 내려보낸다. 또한 고객이 주문 내용이 잘못되었을 때 현장에 있는 직원 대신 현장 관리자가 어떻게 해야 할지 빨리 결정해서 지시한다. 현장 직원들은 관리자가 왜 이러는지 이해하지 못한다. "왜 지금 바꾸라는 거지? 우리에게 뭘 원하는 거야, 그냥 내버려두라고! 지금 편하게 일하고 있는데 도대체 왜 난리야!"라고 불만을 쏟아낸다. 이런 상태가 계속되면 관리자들은 직원들을 더욱 압박한다. 문제는 해결되지 않으니 큰 혼란에 빠지게 된다. 모든 직원은 자발적으로 나서서 일할 동기가 없어 필요한 일만 처리할 뿐이다. 변화하는 고객의 요구에 맞는 새로운 도전적 목표나 혁신을 추구하는 것은 골치 아픈 일이기 때문이다.

2. 도전적 목표를 달성하도록 지원한다

자기효능감을 높인다

듀크대학교 경영대학원 교수 심 시트킨 교수는 목표 달성에 결정적인 역할을 하는 요인으로 최근의 성과, 여유 자원, 높은 목표의 성공 경험 등을 들었다. 높은 목표에 성공적 경험을 한 사람은 더 높은 목표를 설정하고 더 끈질기게 노력하고 부정적인 피드백에도 긍정적으로 반응한다. 특히 역경을 극복한 경험이 있는 이들은 더욱 어려운 목표를 수립하고 이를 기회로 인식한다. 이러한 신념을 자기효능감이라고 한다.

반면 자기효능감이 낮은 직원은 달성이 어려운 높은 목표를 도전이 아닌 위협으로 생각한다. 학습된 무력감을 통해 부정적 감정이 일어나고 이는 소극적 대응으로 이어진다. 도전적인 목표를 수립하고 실패한 경험이 있는 구성원은 더 보수적이고 부정적일 수밖에 없다. 목표 미달성에 따른 질책으로 스트레스를 받게 된다. 이와 반대로 너무 쉽게 달성할 수 있는 목표를 세우면, 마인드부터 안이해지면서 더 나은 성과를 위해 노력하지 않게 된다. 목표 달성을 쉽게 할 수 있는 과제를 수행하면 문제를 해결하면서 성취감, 자부심, 자신감 등을 느낄 수 없게 된다. 이 과정에서 자기효능감이 낮아진다.

자기효능감을 높이기 위해서, 리더는 팀원들의 능력과 역량이 맞게 과제나 프로젝트를 제공해야 한다. 역량 있는 팀원에게는 어려운 과제를 제공하며, 역량이 부족한 직원에게는 쉬운 과제부터 시작해 성공하면 점점 더 어려운 과제를 부여한다. 역량이 부족한 직원은 처음부터 너무 어려운 과제에 도전하면 성공하기 힘들다. 심리적으로 큰 부담이 되어 실패했을 때 "난 안 돼!"라며 부정적 생각이 들 수 있다. 쉬운 과제에서의 성공 경험을 통해 성취감을 느끼고 점차 난이도를 올려 성공 경험을 쌓아 가는 것이 좋다.

반면 자기효능감이 높은 직원에게 단순히 목표를 높이고 이를 달성하라고 요구하는 경우, 반발이 일어날 수 있다. 단순히 목표를 높게 잡는다고 그러한 목표가 저절로 달성되는 것이 아니기 때문이다. 자기효능감이 높은 직원들이 이미 최상의 성과를 달성하고 있는 경우, 다시 높은 수준의 목표를 제시하면 번아웃되거나 좌절을 겪을 수 있기에 적절한 지원을 함께 제공해야 한다.

적절한 지원, 방법, 자원 등을 함께 제공한다

자원은 돈, 설비, 재료, 인력, 시간, 전문성 등 사업 운영에 필수적인 것으로, 필요 수준을 초과한 여유분이 있어야 한다. 여유 자원이 충분한 기업은 여러 가지 새로운 아이디어를 실험하고, 실패하더라도 다시 일어날 수 있다. 반면, 자원이 충분하지 않은 기업은 실험을 실행하기 어려우며 실패로 인한 손실이 더 크다. 저조한 실적이 이어질 경우, 위기를 극복하고자 도전적이고 높은 목표를 설정하지만, 그것이 역효과로 이어질 수 있다.

팀 리더의 고민은 한정된 자원을 어떻게 배분할 것인가이다. 자원 배분 과정에서는 의견을 수렴하고 협상을 통해 배분할 수 있어야 한다. 먼저 팀원들의 의견을 존중하고 상호 협상을 통해 자원을 배분할 수 있는 우선순위를 정확하게 정한다. 자원 배분은 공평할 수 없기 때문에 우선적으로 핵심 과제, 혁신/도전적 과제에 인력과 예산을 부여한다는 것에 합의한다. 상대적으로 지원받지 못하는 지원자들에게, 물질적인 지원이 아닌 팀 리더의 관심과 배려 등의 비물질적인 자원들을 충분히 전달하여 소외받지 않게 한다.

리더가 지원군임을 알게 해준다

실패에 대해 위험을 감수할 수 있는 환경을 만들어야 한다. 충분한 자원을 제공했는데도 실패를 할 경우 이를 인정하고 다음 성공의 발판으로 활용할 수 있도록 동기를 부여해야 한다. 달성 가능성이 낮은 목표를 스스로 정하고 한번 해 보겠다고 도전하고 달려들어 스스로 몰입한 다음 진행이 순조롭지 않을 때 동료와 리더들에게 도움을 요청하는 과정도 중요하다. 그렇기 때문에 리더는 믿고 도전을 극복할 수 있다는 메시지를 전달한다. 이러한 과정을 통해 구성원 스스로 달성하기 쉬운 목표보다는 더욱 어려운 목표에 도전하고 자신도 모르게 잠재력을 깨닫고 성장하게 된다. 어려움에 직면했을 때 '너라면 할 수 있어!'라는 방식의 긍정적인 언어적 설득이 자기 효능감을 높여 준다. 리더가 팀원의 능력을 인정하고 격려해 주는 대화에서 자신의 필요한 능력과 자원을 파악할 수 있기 때문이다. 스스로 놀랄 만한 어려운 목표를 달성하면 감동이 찾아온다. 이런 성공적 경험은 곧 또 다른 창의적인 행동의 원동력이 된다. 리더는 큰 목표를 달성하는 과정에서 작은 성취를 할 때 인정한다. 리더가 자신의 지원군임을 알게 해 준다. "제가 도와줄 것 없습니까?"라는 질문은 필요한 자원을 확인해 주는 일이다.

학습 목표를 제시한다

성과 목표 대신 학습 목표를 제시한다. 대부분의 리더들은 성과 목표를 정하고 필요한 지식이나 전략적 방법은 스스로 알아서 달성하라는 식으로 지시한다. 성과 목표는 타인과 비교해 자신의 유능함을 보이는 것이 가장 중요한 목표가 된다. 주어진 성과 목표나 과제가 지나치게 어려우면, 과한 긴장 상태를 경험하며, 문제 해결을 위해 노력하는 과정에서 실수를 하게 되면 평판에 손상을 받을까 봐 소극적으로 행동하게 된다. 특히 지식이나 스킬이 부족한 경우에도 도전적 목표를 달성하기 어렵다. 도전적 업무는 대부분 복잡하고 요구되는 지식, 스킬 수준이 높다. 이럴 경우 리더는 결과가 아닌, 학습에 초점은 둔 목표를 설정하도록 한다. 업무 복잡성이 높고 개인이 수행할 지식, 스킬이 부족한 경우 리더가 이를 달성하기 위한 업무 전략을 잘 수립할 수 있도록 지원해야 한다.

학습 목표를 정하는 것은 자신의 능력 향상 및 자기 개발을 위해서이다. 따라서 이를 정하고 다양한 시행착오를 통해 문제 해결의 근본 원리를 이해하려 노력한다. 학습 목표를 세우면 결과 자체보다는, 그 결과를 얻기 위해, 필요한 지식, 스킬, 습득에 집중할 수 있고 결국 이것이 업무 수행으로 이어지기 때문에 성과를 높이게 된다. 특히 성과가 낮은 팀원들에게는 학습 목표를 먼저 정하게 한다. 예를 들어, 품질 기능 개선 10%보다는 품질 향상을 위한 전략적인 방법과 필요한 지식, 기술이 무엇인지, 어떻게 달성할 것인지 학습 목표를 먼저 정한다. 학습 목표를 정한 다음에는 구체적인 성과 목표를 팀원들과 합의하여 정한다. 역량이 부족할 경우, 업무를 통해 실패해도 된다는 메시지를 주면 멘탈이 강화되어 성찰 학습이 일어나게 된다. 일단 이러한 업무에서 성과를 내면, 다른 업무도 조금씩 맡겨 성공 경험을 하게 한다. 자신감이 부족하기 때문에, 작은 성공을 통해 재미와 의미를 찾을 수 있도록 피드백을 해 주는 것이 중요하다.

학습 목표는 어려운 목표를 수립한 사람에게도 유용하다. 새로운 방식으로 도전하고 해결하는 과정에서, 시행착오와 학습이 일어나기 때문이다. 학습 목표를 강조할 경우 새로운 상황에서도 능숙하게 내용을 학습하는 팀 분위기가 형성된다. 학습 목표형 조직문화를 갖춘 팀은 불확실한 상황에서 훨씬 유연하게 대응하고 시행착오를 줄일 수 있다.

CASE 3-4

[팀 리더] 요즘 들어오는 신입사원들은 자기의 존재 가치를 증명하는 주기가 3개월, 길면 6개월이에요. 기존과 좀 달라요. 그 안에 뭔가 프로젝트를 해서 자신의 결과를 계속 증명해야 돼요. 하지만 대학교 때처럼 업무 기간이 딱 떨어지는 것도 아니고, 프로젝트 기간에 따라 1년이나 2년이 되는 경우도 있죠. 그래서 성과를 빨리 내고 싶어 불안해합니다. 근데 신입사원 들어오자마자 성과 낼 게 없잖아요. 현실에서는 반복적이고 일상적인 경우가 대부분이고, 그런 시간과 노력이 축적되어 성과가 나타납니다. 현실과 이상의 간극이 있는 거죠.

[팀원 1] 입사한 지 6개월 정도 되어 가는데 저한테 회의록 작성이나 문서 정리 등 사소한 일만 맡깁니다. 이제는 그런 일들이 반복되니 지루해집니다. 제가 꿈꾸던 그런 일이 아닙니다. 이제 좀 더 중요한 일을 해야 할 것 같습니다. 이런 평범한 삶을 살기 위해 그 힘든 과정을 거쳐 이 회사에 왔나 싶어요. 직장에서 의미 없는 자질구레한 일만 하다가 보니 열정이 점점 사라집니다. 변화가 너무 없는 것이 지루함을 떠나 불안합니다. 일을 반복해서 하는 것은 힘들어요. 다른 동기들은 무엇인가 중요한 업무를 하는 것 같은데, 저는 변화 없이 상사가 시키는 일만 반복적으로 하니 큰 기계의 부속품이 된 것 같고, 일하는 재미를 찾을 수가 없습니다.

[팀원 2] 처음에 입사해서는 모든 것이 새로워서 재미가 있었습니다. 제 손으로 결과물을 만들어 낸다는 것이 신기하기도 하고요. 비슷한 업무를 5년 동안 계속하다 보니 이제는 익숙해졌습니다. 문제는 매일 반복되는 일이 지루해지기 시작했어요. 더 발전하기 위해 이 일을 계속할지에 대해 고민도 하고 팀 리더에게 다른 새로운 일을 하고 싶다고 부탁드렸습니다. 지금 하는 일이 제가 제일 전문가라고 1년만 더 하라고 합니다. 그리고 또 1년이 지났지만, 바뀐 것은 거의 없어요. 이제는 그 한계치에 왔다고 생각해요. 요즘은 일보다는, 회사 밖의 일에 관심이 더 많고 회사가 주는 성과급이나 복지에만 집중하게 됩니다. 새로운 것에 도전하기보다는 저에게 주어진 목표 달성만 신경 쓰게 됩니다. 그냥 현재 생활에 안주하는 듯합니다.

일의 가치를 높여 줍니다

1. 일이 지루하고 의미가 없이 반복된다

사람은 다른 동물에 비해 엄청 큰 뇌를 갖고 있다. 전두엽의 발달은 단순히 먹고 사는 것이 아니라, 그 이상의 것을 원하기 때문이다. 사람들이 이렇게 일에 매달리는 것은, 먹고 사는 것 이외에 남아도는 뇌를 사용할 무엇인가가 필요하기 때문이다. 우리의 타고난 생물학적 특징은 환경을 탐험하고 실험하며 학습하고 의미를 부여한다. 우리의 뇌는 호기심을 갖고 세상을 학습하라고 자극한다. 단순하고 반복적인 과업을 수행하는 대신 새로운 것을 학습하고 능력을 활용할 새로운 방식을 찾으려 한다.

런던비즈니스 스쿨의 대니얼 스미스 교수는 사람에게는 탐색 시스템이 존재한다고 했다. 탐색 시스템이란 뇌의 어떤 곳으로 그것이 활성화되면 더 큰 동기를 갖게 되고 실험, 탐색, 학습하며 열정적으로 목적을 추구한다고 한다. 그러나 일이 지루하고 그 일에서 의미를 찾지 못한다면 스트레스를 받고 고통을 느낀다. 특히 의미 없고 반복적인 업무를 하면 전뇌를 사용하지 못해 지루해진다. 억지로 일을 하다 보면 당연히 한눈을 팔게 된다.

스웨덴 룬드대학교 사회학과 폴센 교수는 근무시간에 인터넷 서핑이나 예약, 메신저 등 딴짓을 하는 행위를 '공허 노동(empty labor)'이라고 이름 붙였다. 폴센은 하루에 절반 이상 극단적으로 빈둥거리는 직원들을 인터뷰하여 빈둥거림의 이유를 알아냈다. 폴센에 따르면, 직원들은 업무를 의미 없고 지루한 일이라고 여길 때 더욱 빈둥거린다는 것이다. 일을 적게 하고 삶을 즐기려는 바람도 있지만, 일 자체에서 의미를 찾지 못하기 때문이라고 설명한다. 그들도 생산적인 일을 하고 싶은데 업무가 개인의 욕구뿐만 아니라 조직의 요구도 충족시켜 주지 못하기 때문이다. 그렇기 때문에 공허 노동은 따분한 업무시간에 활력소가 되기도 한다. 리더 입장에서는 업무태만으로 비쳐질 수 있지만, 공허 노동은 직원들에게 소소한 즐거움이 될 수 있다. 그렇기 때문에 강력한 관리 감독이나 인터넷 사용 조회와 같은 통제로 공허 노동을 축소시키는 것이 최선은 아니라고 한다. 대신에 일에서 의미를 찾을 수 있도록 지원해 주는 것이 더 중요하다고 주장한다.

새로운 경험을 하면 이를 알아 가는 과정에서 화학물질인 도파민이 나오는데, 뇌가 어떤 경험을 익숙한 것으로 받아들이기 시작하면 더 이상 도파민이 나오지 않는다. 또한 자기 뜻대로 할 수 없고 재량권도 거의 없이 억지로 일하게 되면 스트레스가 증가하고 번아웃의 원인이 된다.

실제로 대부분의 직원이 하는 일이 매일 거의 비슷하다. 아무리 좋아하는 일을 한다 해도 반복되는 일이 지겨울 수 있다. 그러나 잠재적인 행동이 의식적인 뇌에 영향을 주어 반복을 기억하고 심리적으로 편안함을 느끼게 되는 장점이 있다. 그러한 일이 반복되면 컴포트존에 빠지게 되고 새로운 시도를 하기 귀찮아진다.

중요하고 가치 있는 업무란?

많은 직원은 새롭고 도전적이며 중요한 일을 하기를 원하지만, 실제로 그런 일을 하고 있다고 여기는 직원은 매우 적다. 구성원들이 생각하는 중요하고 가치 있는 업무는 무엇인가?

첫째, 도전적이고 가치 있는 중요한 일이다. 가치 있고 중요한 일이란 본질적으로 업무에 내재된 가치가 높은 일이라는 뜻이다. 일 그 자체로 중요하고 조직의 성과 향상에 크게 기여할 수 있는 일이다. 예를 들어, 조직의 신사업, 핵심 사업, 혁신 업무, 전략사업, 기획 업무 등이 있다. 모든 직원이 가치 있는 업무를 할 수는 없다. 업무 자체가 조직 성과 향상에 기여하는 정도가 상대적으로 낮은 일상적인 업무들이 더 많이 있기 때문이다. 어느 연구에 따르면, 그런 일상적인 업무가 전체 업무의 60% 이상을 차지한다고 한다.

둘째, 아무리 중요한 일을 맡았다고 하더라도 자신이 하고 싶지 않거나 자신의 강점에 어울리지 않는 않는다면 일에서 의미나 재미를 찾을 수가 없다. 동일한 업무를 해도 사람에 따라 그 의미가 다를 것이다. 일에 대한 개인의 니즈는 지향 가치, 향후 경력 경로, 함께 일하는 동료 성향, 보상 같은 근무 조건에 따라 다양하게 나타난다. 예를 들어, 분석적인 업무를 좋아하는 사람이 영업과 같은 활동적인 업무를 맡는다면 자신의 업무에 재미를 느끼지 못할 가능성이 크다.

셋째, 자신이 하고 싶은 일이며 본질적으로 중요한 업무라고 해도 권한 위임이 되지 않으면 그 일에서 가치를 느끼지 못한다. 누군가의 지시에 따라 업무를 처리한다면 자신의 업무가 아닌 보조적 업무로 인식하게 된다.

사람들은 적절한 권한과 책임이 주어졌을 때 주도적으로 여러 방식으로 문제를 해결하기 위한 시도를 한다. 실패를 해도 그것에 책임감을 가지게 된다. 그러나 권한과 책임이 있을수록 그만큼 일에 몰입하고 자신이 한 일의 결과에 대해 자부심을 가지게 된다. 팀원들이 자신의 업무에 대해 자유롭게 이야기할 수 있도록 하며 그 규율 안에서 자신의 개성을 발휘해 의미 있는 역할을 할 수 있다. 하지만 직장에서는 이러한 타고난 개성을 발휘하지 못한다. 창의성을 발휘했다고 질책당하는 부정적인 경험이 쌓이다 보면 입을 다물고 그저 받아들이는 것이 최선이라는 것을 알게 된다.

2. 어떻게 일의 가치를 높여 줄 것인가?

현실적으로 현장에서의 일은 지루한 것으로 가득하다. 이런 일들 덕분에 조직이 제대로 굴러간다. 하지만 이런 일들은 재미가 없다. 리더는 이런 일도 인내심을 갖고 꾸준히 해야 한다고 설득하지만 그들의 마음에 닿은 것 같진 않다. 어떻게 이런 일들을 잘할 수 있도록 동기 부여할 것인가가 리더의 고민이다.

CASE 3-5

[팀 리더] 직원들은 자신의 성장에 도움이 되는 업무를 하려고 합니다. 현실적으로 업무가 반복적이고 일상적인 경우가 많습니다. 모든 일이 창의적이거나 자기 개발에 도움이 되는 것은 아닙니다. 그런데 조금만 신경을 써 주면 태도가 달라집니다. 그 친구가 하고 싶은 일과 전공이라든지 이전까지 해 왔던 것들이 연계되게 업무를 주려고 노력합니다. 반복적인 업무라도 그 안에서 개선할 수 있는 점을 찾아보라고 합니다. 자신 있는 분야이다 보니 적극적으로 의견도 내고 주도적으로 하려고 합니다. 굳이 걱정하지 않아도 그들이 도전적으로 해 볼 만하다고 생각하고 작은 성과를 인정해 주면 스스로 알아서 달려 주더라고요.

조직 기여에 대한 전략적 필요성을 알려 준다

가장 먼저 리더가 해야 할 일은 주어진 일의 가치를 구성원에게 이해시키는 것이다. 기업은 전략적 필요성에 따라 조직을 구성하고 업무를 설계하고 이를 구성원에게 부여한다. 그러나 구성원들은 이런 전략적 필요성을 제대로 이해하는 경우가 많지 않다. 회사도 리더도 조직의 비전, 목표와 운영 방식에 대해 충분한 설명해 주지 않기 때문이다. 본인이 하는 일이 무엇인지 물어보면 대부분 직원들은 대략적으로 대답할 수 있다. 교육 담당자라면 직원들에게 교육하는 일, 영업사원은 제품을 고객에게 파는 일이라고 설명할 것이다. 이런 사람들은 일의 가치를 잘 느끼는 못하는 사람들이다. 조직의 상황을 이해하고 자신의 일이 자신뿐만 아니라 동료와 고객에게 어떻게 기여하는지 알면 자신의 일에 대한 정의가 달라진다.

리더는 현재 하는 일이 사소하지만, 어떤 공헌을 하는지 이해할 수 있도록 설명해 주어야 한다. 특히 신입사원에게 지금 하는 일이 향후 자신의 성장을 위해, 사회와 조직이라는 큰 틀에서 얼마나 중요한지를 알려 주어야 하고 그 일에 대해 인정해 주어야 한다. 예를 들어, 주간 업무를 매일 취합하여 정리하는 일은 귀찮고 반복적인 일일 수 있다. 그 일이 중요하다는 생각을 별로 하지 않을 것이다. 팀 리더는 왜 이런 일이 중요하고 이런 정보가 팀에 어떤 의미가 있는 자세히 설명해 줄 수 있다. 이 일을 하면 전체 팀의 업무를 파악할 수 있으므로, 다른 팀이 협조를 요청했을 때 업무 전반에 대해 잘 파악하고 있는 담당자가 바로 적입자라고 설명할 수 있다. 단순히 업무를 취합하는 것이 아니라 팀 전체의 업무를 두루 살피는 과정에서, 경력 개발과 향후 목표를 알 수 있도록 더 학습할 수 있는 기회 될 것이라는 사실을 설명해 주는 것이다.

　구글이 회사 목표를 "세상의 모든 정보를 모아 온 인류가 사용할 수 있도록 만들자."로 정해 직원들에게 사명감을 불러일으켰던 것도 이와 같은 맥락이다. 작은 배려와 인정으로 직원들이 일에서 의미를 찾게 하고 다양한 직무 기회와 기업관 교육을 통해 소질과 적성을 찾아주는 노력도 하고 있다. 자포스는 그림자 세션을 통해 구성원이 일의 흐름과 자신의 노력이 조직 속에서 어떻게 기여하는지를 이해할 기회를 제공한다. 비록 소소한 업무라도 그들이 무슨 일을 하고 있는지, 어떤 가치가 있는지를 알려 준다. 실제 일의 가치를 느끼는 사람들은 자신의 업무가 회사의 전체 관점인 밸류 체인에서 어떤 의미가 있으며, 시장에서 어떤 의미를 가지는지를 안다. 제품이나 서비스를 만들기 위해 어떤 업무들이 진행되고 그 속에서 우리 팀이 어떤 역할을 하고 내 업무가 어떤 기여를 하는지를 아는 것이다. 단순 반복 업무를 하는 생산직 근로자라도 기업가의 관점에서 시장 안에서 우리 제품이 어떤 차별성이 있으며, 그리고 그 위치가 어디인지, 사회에 어떻게 기여하는지를 이해하면 제품을 만드는 과정에서 의미를 느낄 수 있다.

　제넨텍이라는 바이오 기업은 희귀병 치료제를 개발한다는 사명감에 열심히 일한다. 이 건물의 청소부는 자신이 신약을 만드는 사람들과 함께 일하고 신약 개발랩을 청소하면서 이 회사에 기여한다고 생각한다. 과학자와 엔지니어들이 편하게 일할 수 있도록 한다면 청소부도 신약 개발에 도움이 되는 것이다. 제넨텍은 월별로 사내 직원이 모두 모여 환자나 환자 가족들이 이야기를 듣는 행사를 운영한다. 이 회사에 만든 약이 실제 어떤 혜택을 주는지 고객의 이야기를 듣는 자리이다. 청소부뿐만 아니라 경비원도 이 모임을 통해 스스로 얼마나 의미 있고 중요한 일을 하고 있는지 깨닫게 되었다고 말한다.

결론적으로, 지루하고 반복적인 일상 그 자체에 의미가 있음을 인정하고 격려하는 것이 더 팀원에 대한 리더의 현실적이고 효과적인 접근이 될 수 있다. 주어진 절차를 반복적으로 수행하는 것이 더 중요한 생산, 현장직의 경우 그들의 수행하는 일의 노고나 기여에 대해 자주 인정하고 격려하며 서로의 노고 자체를 공유하는 것이다. 비록 경영진이 관심을 두지 않더라도 자신의 반복적인 일이 회사에 분명히 기여하고 있다고 느끼게 하는 것이다.

3. 잡 크래프팅을 도입한다

동일한 업무를 하더라도 대하는 태도와 목적에 간단한 변화를 줄 수 있는 잡 그래프팅을 활용할 수 있다. 잡 크레프팅 개념은 2001년 미시간대학교의 제인 더턴 교수와 예일대학교의 에이미 레즈네스키 교수가 소개했다. 그들은 잡 크레프팅을 자신의 업무를 능동적으로 해석하고 직장 동료들과 상호작용함으로써 주어진 업무에 자기 나름의 방식으로 변화를 주는 수단이라고 설명한다.

이들은 대학병원에서 청소 일을 하는 사람들을 인터뷰했다. 인터뷰 대상자들은 청소 담당 구역, 근무 시간, 함께 일하는 사람 등 주변 환경에 별 차이가 없었다. 이들에게 매일 어떤 일을 하고 있으며 어떤 느낌을 받는지 물어보았다.

| 인지영역
(Cognitive)
본인의 일에 대한
긍정적 의미 부여 | + | 업무영역
(Task)
업무의 내용/범위 및
수행방식 재창조 | + | 관계영역
(Relation)
고객·동료와의
관계 재구축 |

결과를 바탕으로 청소부들을 두 그룹으로 구분할 수 있었다. 첫 번째 그룹은 청소하는 사람이 할 일을 그대로 이야기했다. 특별하지도 만족스럽지 않고 기술도 필요 없는 돈을 벌기 위한 수단이라는 것이다. 두 번째 그룹은 하고 있는 일은 의미 있고 즐거운 일이며 고도의 기술이 필요하다는 대답이었다. 이들은 본인의 일이 아님에도 자발적으로 해야 할 일을 찾았다. 이렇게 그들은 자신의 일을 스스로 변화시켜 의미 있게 만든 것이다. 이것이 바로 잡 크래프팅이다. 잡 크래프팅은 업무 크래프팅, 관계 크래프팅, 인지 크래프팅 세 가지 유형으로 구분한다.

업무 크래프팅(task crafting)

자기 일을 조정하는 것이다. 업무 난이도와 범위에 따라 자신의 권한 내에서 과제의 개수나 난이도를 조정한다. 맡은 업무의 범위나 성격을 바꾸거나, 추가적인 업무를 맡는 것이다. 자료를 취합하기만 하는 사람이 내용을 요약하고 자기 의견까지 덧붙인다든지, 반복적인 업무를 하는 사람이 이를 자동화할 수 있는 프로그램을 개발하는 것처럼 업무의 범위나 성격을 바꾸는 것이다.

예를 들어 보자. 채용 업무를 하는 사람이 처음에는 다양한 신입사원을 만나는 것을 재미 있어 하다가, 반복적으로 되풀이된 채용 프로세스로 지쳐 있다. 이런 경우 업무 크래프팅을 통해 채용 업무를 조정할 수 있다. 단순히 지원 서류를 평가하고 면접을 보던 역할에서 지원자의 강점을 판별하고 적합한 직무와 매칭하는 방법을 연구하여 코칭할 수 있다. 이를 통해 지원자와 평가자와의 관계가 아니라 직원들의 강점을 찾아주고 커리어를 조언해 주는 멘토가 될 수 있다. 리더는 자신이 하는 일이 의미가 없다고 생각하지 않도록 일에 의미를 부여하고, 스스로 그 의미를 발견할 수 있게 도울 수 있다.

효과적인 잡 크래프팅을 위해서, 개인의 권한 내에서 업무의 난이도와 범위를 조정하도록 권한을 부여한다. 이때 적당한 긴장과 부담이 느껴질 정도로 설정하는 것이 좋다. 업무 난이도와 팀원의 역량이 조화를 이루면 도전 의식과 성취감을 자극해 업무 몰입도가 향상되는 효과를 거둔다. 또 기존에 자신이 맡았던 업무 외에서 소질을 나타내거나 흥미가 생길 수 있어 직업 인생의 새로운 기회를 만드는 계기로 활용할 수도 있다.

스티브 잡스는 하루하루 맡은 일에서 작은 의미를 얻을 수 있도록 잡 크래프팅을 활용했다. 예를 들어, "이 컴퓨터를 과연 얼마나 많은 사람이 사용하게 될까요? 아마 100만 명은 되겠죠. 우리가 부팅 시간을 5초 앞당기면 하루에 백만 번 동안 5초를 절약하는 셈입니다. 이는 50명의 생명을 살리는 것과 마찬가지입니다."라고 부팅이라는 작은 일에 의미를 부여할 수 있도록 잡 크래프팅을 활용했다.

관계 크래프팅(relation crafting)

관계를 조정하는 것이다. 관계의 범위나 성격을 바꾸거나, 조직 내 새로운 인간관계를 만들 수 있다. 선후배 관계를 업무적인 부분으로만 보는 것이 아니라 멘토-멘티 관계로 만들 수 있다. 또 직장 동료들을 공동의 목표를 함께하는 공동체의 일원이자, 같은 목표를 추구하는 동반자로 인식하면 일의 의미와 즐거움을 찾을 수 있게 된다. 고객이나 동료와의 관계를 재설정하는 방법도 있다. 단순히 상품이나 서비스를 판매하는 사람이 아니라 고객에게 필요한 가치를 제공하는 든든한 조력자로 변화하는 것이다. 예를 들어, 금융 상품을 취급하는 은행원이 일회성으로, 상품을 파는 것을 넘어서 재무·인생 설계 상담자로 고객과 오랜 관계를 유지할 수 있다.

인지 크래프팅(cognitive creating)

업무 특성상 내가 하는 일이 마음에 들지 않고 업무 크래프팅이 가능하지 않을 경우 일을 바라보는 시각을 바꾸는 작업이 필요하다. 내가 하는 일의 가치를 찾아서 부정적인 인식을 희석시키고 작더라도 중요한 의미를 부각한다. 목표를 더 크고 깊고 넓게 재정의하는 것이다. 예를 들어, 경동나비엔의 '우리 아빠는요' 광고에서는 엔지니어의 업무가 단순히 보일러를 만드는 일이 아닌 지구 환경을 지키는 일에 적극 참여한다는 서사적 메시지를 준다. 인지 크래프팅은 사고의 전환을 통해 자신이 일에서의 긍정적인 인식을 갖도록 하는 것이다. 디즈니랜드의 청소부는 자신의 일을 퍼레이드 연출을 위한 무대를 만드는 것이라고 정의한다. 실제로 미국 항공우주국(NASA)의 경비원은 자신의 업무를 '달나라로 가는 꿈을 실현하는 사람들의 안전을 책임지는 것'이라고 생각한다.

4. 집중할 수 있는 환경을 만든다

좋은 일이라도 실제 업무가 조직 성과 창출과 거리가 먼 단순하고 반복적인 것들로 가득 차 있다면 업무에 집중하기 어렵다 지속적인 개선과 혁신을 통해 자동화, 전산화, 외주화를 통해 업무의 비중을 줄여 나가야 한다. 4차 산업이 도래하면서 인공지능, 사물인터넷, 빅데이터, 특히 챗GPT 등 IT 기술이 우리 삶을 급격히 변화시키고 있다. 영국의 주간지 《이코노미스트》는 단순 노동을 반복하는 직업이 사라지고 있다고 했으며, MIT 경제학자 대런 아세모글루는 2025년까지 1,000명당 5.25대의 로봇이 고용률을 1.76%, 임금을 2.6%로 떨어뜨릴 것으로 예상했다. 로봇으로 대체 가능한 업무는 스마트하게 처리하며 직무에 집중해 전문성을 높이는 방식으로 단순한 업무를 제거할 수 있다.

UCLA 교수 엘리시아 리버만은 연구를 통해 이탈적 몰입이 지루한 업무를 꾸준하게 할 수 있도록 돕는 역할을 한다는 것을 발견했다. 우리 마음은 근본적으로 몰입 대상을 찾는다. 투입 가능한 주의력에 한참 못 미치는 수준의 일을 하게 되면 지루함을 느낀다. 따라서 지루한 업무와 함께, 또 다른 일을 동시에 수행하게 되면 갈 곳을 찾지 못한 초과분의 주의력을 쏟을 수 있어서 더 꾸준하게 일할 수 있다고 한다. 예를 들어, 단순한 타이핑 작업을 하면서 몰입적인 오디오북을 듣게 하는 것이 몰입하는 시간을 높여 준다는 것이다. 체육관에서 팟캐스트 음악이나 유튜브를 보면 운동에 더 몰입할 수 있는 것은 이탈적 몰입의 사례이다. 지루한 서류 정리나 단순 엑셀 작업을 반복적으로 할 경우 오디오북을 듣도록 권장할 수 있다

또 다른 방법은 핵심 인재에게 반복적이고 단순한 업무를 맡기는 것이다. 최고의 인재일수록 지루한 업무를 싫어한다. 이들이 이러한 업무를 맡으면 창의성을 발휘해 새로운 방법으로 일을 해결하려고 노력한다. 지루한 업무를 맡기면서 이 일을 재미있게 할 수 있는 방법을 찾아보라고 이야기한다. IT 경영컨설팅 회사 베어링포인트는 핵심 인력에게 준법 교육을 담당하게 했다. 기존 준법 교육은 지루하고 재미없는 비디오를 보여 주는 방식이었다. 핵심 인재는 현재 비디오를 시트콤보다 재미있는 교육을 만들겠다는 목표를 세우고 이상한 상사 밑에서 고생하는 직원들의 고충 사례를 수집하고 그 내용을 비디오 상황극으로 만들었다. 비디오가 일반에게 공개됐을 때 폭발적인 반응을 보였다.

CASE 3-6

[경영진] 혁신적인 하나의 제품을 만들기 위해 여러 부서가 협업을 합니다. 품질 문제가 발생하면 어디서 발생했는지 찾아내기가 힘들어요. 문제가 발생해도 숨기만 하다가 상황이 더 악화될 때까지 가는 경우가 자주 발생해요. 품질 회의에서는 해결책을 나누기보다는 자신의 잘못을 부인하는 보고서 발표를 하고, 고성이 오가기도 합니다. 관련 부서에서는 잘못을 인정하지 않고 책임을 회피합니다. 그렇기 때문에 같은 문제가 사전에 방지되지 않고 계속 반복됩니다. 제가 문제 해결을 위해 "대책이 무엇인가요?"라고 물어도 잘못을 인정하지 않고 변명만 난무합니다. 결국 책임자를 찾아 재발 방지를 요청해도 똑같은 문제가 반복되고 있어 답답하기만 합니다.

[팀 리더] 얼마 전에 실패 반성회라는 것을 대대적으로 한 적이 있습니다. 반성회 내용은 대략적으로 "실무자적인 측면에서 최근 동향을 제대로 파악하지 못했고 기술을 잘못 적용해서 실패했다."는 것으로, 전략적인 판단이나 누가 리딩을 잘못해서 실패한 것이 아니라 실무자 레벨에서 반성하는 자리였습니다. 신제품이 성공하면 모든 공이 경영진에게 돌아가는 것과 반대입니다. 실패를 했으며 조직 차원에서 실패 원인을 파악하고 재발 방지를 위한 방안을 찾는 것이 먼저인데 우리 회사는 누가 잘못했는지를 먼저 찾습니다. 주로 프로젝트를 담당한 실무자들에게 책임을 돌립니다. 경영층은 프로젝트 담당자들의

역량이 부족해서 문제가 발생했다고 책임을 실무자에게 전가합니다. 제대로 된 회사라면 어떤 문제들이 있었고 어떻게 개선할 것인가를 논의하고 이런 실패의 경험을 축적해 재발하지 않게 하는 것이 상식 아닙니까? 이러다 보니 책임을 회피하고 떠넘기기만 하는 분위기가 형성되고 있습니다.

[팀원] 일 많이 하고 잘하는 선배들이 뜬금 없이 징계 뜨는 경우가 있는데 이분들의 특징은 본인의 일을 해결하려는 열정적인 타입입니다. 뭔가를 하려고 노력하다가 실패하면 질책당하고 책임을 다 져야 합니다. 연구개발은 99%의 실패를 각오하지 않으면 안 되는 창조적인 실패 과정을 거쳐야만 하는 일인데 뭔가를 하는 사람이 더 불이익을 받습니다. 그저 위에서 시키는 일만 하면 됩니다. 책임질 일을 절대로 하지 않는 보신주의가 판을 칠 수밖에 없습니다. 그러다 보니 업무를 맡는 직원들은 이슈를 공론화하고 메일 보낼 때 참조를 많이 넣고 보냅니다. 여러 사람한테 뿌리고 이슈화하여 본인 책임 줄이고 결재권자인 팀 리더에게 책임을 주는 겁니다. 결재권자의 실패가 있을 경우 징계 안 받으려고 그냥 넘어가는 경우가 많습니다.

실패는 학습의 기회입니다

1. 도전하라면서요, 실패하지도 말라면서요

성과주의 중심의 위계 조직 구조를 가진 한국 기업에서 직원들이 책임을 지려고 하지 않는다고 경영진은 불평한다. 도전하라고 말을 많이 하지만 그 말을 올바르게 실천하고 있는 사람은 많지 않다. 조직적으로 뒷받침하지 않은 과감한 도전은 실패해도 괜찮다는 말을 아무리 들어도 직원들은 쉽게 믿지 않는다. 어떻게든 목표를 낮게 잡고 충분한 시간적 여유를 벌어 실패만은 하지 않으려고 노력한다.

직원들 입장에서는 스스로 나서서 책임을 떠맡을 이유가 없다. 책임을 진다는 것은 결국 처벌을 의미하기 때문이다. 성공했을 때의 보상보다 실패했을 때의 타격이 훨씬 크다. 실패해서 징계를 당할 수도 있기 때문에 최대한 새로운 것을 시도하지 않고 가만히 있는 것이 더 좋다는 분위기가 만연하다. 문제를 발견하더라도 자신이 틀렸을 가능성이 있고, 괜히 내부 분란만 일으킬 가능성이 있기 때문에 문제를 알면서도 침묵하는 것이 낫다고 판단한다. 간혹 도전적인 업무를 맡아 혼신의 힘을 다했지만 결과가 따라오지 않으면 실패자로 낙인 찍힌다. 성과 평가 과정에서 불이익이 반복되는 이런 조직에서는 열정이 있던 인재마저 무기력해지고 실패의 위험이 있는 업무는 기피하게 된다.

성과주의 중심의 위계 조직에서는 또한 고발 증후군을 앓는다. 모든 업무나 문제에서 무언가 잘못되었을 때 물고 늘어질 누군가가 항상 있어야 한다. 문제가 발생한 지점을 확인하고 책임자를 찾지만 대부분 명백하지 않다. 당사자로 지목된 사람은 자신이 잘못이 없으며 억울하다고 토로한다. 문제 해결은 이제 관심 밖의 일이다. 사람들은 잘못된 사람을 찾아내야 문제를 해결할 수 있다고 믿는다. 이런 문화에서는 문제 해결보다는 자신의 잘못이 아니라는 책임 회피가 가장 중요하다. 모두가 협력해 잘못을 바로잡기보다는 누가 잘못했느냐를 우선시한다. 시스템의 어느 부분이 잘못되었는지, 프로세스가 어떻게 잘못되었는지는 논의 밖이다. 잘못을 저지른 죄인을 지목하는 일은 번번이 발생한다. 무엇이 어떻게 잘못되었는지도 알 수 없다. 문제의 대부분의 경우 사람이 아니라 시스템에 있는 경우가 많다. 진범을 찾을 수 없다면 어떻게 해야 할까? 누군가 속죄양을 찾아낼 수밖에 없다.

2. 성공은 무수한 실패의 결과이다

리더십 권위자인 에이미 에드먼슨 하버드MBA스쿨 교수는 하버드대학교 의대의 대학병원에 딸린 8개 병동을 대상으로 일련의 연구를 수행했다. 이 병동들은 인력 구성, 전문성, 업무량 측면에서 모두 비슷하지만, 최고라고 인정받는 병동일수록 투약 실수가 더 많이 발견되었다.

또한 의사나 수간호사 등 관리자의 능력과 리더십이 긍정적으로 평가될수록 투약 실수가 더 잦았다. 이러한 결과를 분석해 보니, 실력이 떨어지고 병동 분위기가 나빠서 투약을 잘못하는 것이 아니라, 실수를 적극적으로 드러내고 그것을 통해 학습하려는 의료진들의 자발적인 노력과 문화 때문이었다. 반면, 투약 실수가 적은 병동은 실수를 보고하거나 의사의 처방에 반론을 제기하면 상급자로부터 질타나 징계를 받을 것이라는 두려움 때문에 되도록 실수를 감추려는 동기가 크게 작용했다. 시끄러울 정도로 실수를 드러내고 반대 의견을 개진하는 조직이 조용한 조직보다 성과가 높고 오래간다. 실수는 환경에 적응해 나가는 진화의 메커니즘 중 하나이다.

새로운 것을 하다 보면 당연히 실패 확률이 높다. 그렇기 때문에 회사나 리더들은 책임을 떠맡는 것이 위험을 감수하는 일이 아니라는 것을 보여 주어야 한다. 실리콘 밸리는 실패에 대해 비교적 관대하다. 실패에 대해 엄정한 결과, 주의를 적용하는 곳이다. 그러나 실패에 대한 책임은 대부분 리더에게 돌아가며 함께 결정한 의사결정의 경우 팀의 공동 책임으로 간주한다. 때문에 개인에 대한 실패 비난은 그리 크지 않다. '당신 때문에, 너희 팀 때문에'가 아니라 '우리가 만든 결정이, 전략이, 가설이 실패한 것'으로 생각한다. 한국의 경우 실패나 비난의 대상이 주로 개인으로 향하는 것과 대조적이다. 그렇기 때문에 심리적 안정감이 사라지고 성과에 부정적 영향을 미친다.

고어는 직원들의 실패를 환대한다. 실수나 잘못을 처벌하지 않고 오히려 고맙게 받아들이는 것이다. 이것은 우리 모두를 위해 저지른 실수다. 우리에게 배울 기회를 준 것을 감사해야 한다고 생각한다. 리더는 "이 실수는 박물관에 보관하고 새로운 시도를 하겠습니다."라고 격려한다. 실수한 사람을 비난하거나 비판하지 않고 오직 실수를 통해 배우려는 의지가 있을 뿐이다.

포춘지가 선정한 2015년 급성장한 기업 100곳 가운데 87곳이 미국 기업이다. 이케다 준이치는 저서『왜 혁신기업은 모두 미국에서 탄생했을까』에서 대부분의 혁신 기업이 미국에서 탄생한 이유를 제시한다. 우선 기존의 것을 비판하고 자유로운 발상을 당연시하는 문화가 중요한 역할을 했다고 주장한다. 의식의 확장과 새로운 관점을 여러 모임 등을 통해 활발하게 주고받았으며, 이런 토론 문화가 긍정적인 방향으로 이끌었다. 또한 새로운 아이디어에 투자하고 지원해 주는 메커니즘의 활성화도 한몫했다. 시장을 선도하는 혁신적인 산출물은 작고 사소한 것부터 남들과 다른 관점에서 의문을 제기하고 기존의 방식에 도전하여 실행한 것에서 나왔다.

구글은 실패한 프로젝트가 많다. '구글 묘지'라고 검색해 보면 수많은 실패한 프로젝트를 볼 수 있다. 실리콘 밸리는 10%도 안 되는 성공 확률에도 투자한다 하나로도 성공하면 손해를 보지 않기 때문에, 실패는 회사가 감당해야 할 몫이다. 실무자들은 자신의 커리어와 명예를 걸고 멋진 프로젝트를 성공시키기 위해 노력한다 실패 확률이 높더라도 회사는 물론 세상을 바꿀 수 있는 프로젝트에 도전하는 것을 선호한다.

실리콘 밸리의 인튜이트는 혁신 아이디어를 신속히 실험하는 곳이다. 창업자는 과거 1년에 7번 실험한다는 원칙을 넘어 평균 140번 넘는 실험을 한다. 새로운 아이디어를 발굴하고 바로 실험해 보면서 가능성을 타진하는 데 근무시간의 10%를 할애한다. 실험 문화를 조직에 정착시킨 인튜이트는 업계를 지배할 여러 혁신을 이루어 내면서 주가 30달러에서 2017년에는 150달러로 성장했다.

성공이나 성장은 노력만으로 이루어진다는 것은 착각이다. 노력과 성과의 관계는 환경, 학습 능력, 전략, 즐거움 및 신념 등 여러 요소에 의해 결정된다. 실패를 극복한 사람들은 긍정적인 사고방식을 기반으로 포기하지 않고 꾸준하게 노력하며, 임계점을 넘어 가시적인 변화를 경험하고 무기력의 늪에서 벗어나 성과를 낸다.

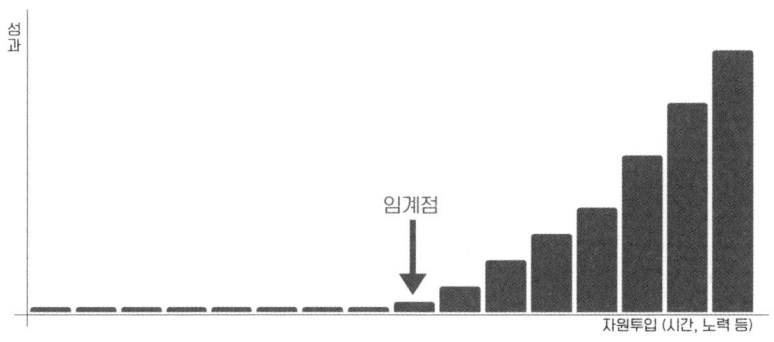

성공한 기업은 한 번 실패했다고 끝이라고 생각하지 않는다. 다양한 방법으로 실패를 극복하려는 노력을 한다. 성공을 위해 수많은 시도와 실패를 경험한다. 여기서 중요한 포인트는 자신을 이해하고 좋은 피드백을 주는 동료나 리더가 주변에 있었다는 것이다. 실패를 하더라도 다시 시도할 수 있도록 격려하는 인간관계가 성공을 이끌어 내는 중요한 요소이다.

3. 리더는 실패를 넘어 어떻게 성장을 촉진할 것인가?

자신이 실패를 바라보는 프레임 점검하기

리더는 실패를 보는 자신의 프레임을 전환시키기 위해 노력해야 한다. 실패를 결론으로 보는 것이 아니라 과정의 일부로 보는 시각은 또 다른 가능성을 보여 준다. 실패는 개인의 무능함이 아닌 공동의 목표를 달성하기 위한 시행착오라는 인식의 전환이 필요하다. 누군가의 잘못이라는 관점에서 그 비난의 화살이 개인에게 향하지 않도록 해야 한다. 위험을 감수한 도전에는 실패라는 시행착오가 필수적이며 프로젝트가 성공적이지 않더라도 개선할 기회로 삼아야 한다. 좋은 아이디어는 한 번에 나오지 않는다. 새로운 아이디어가 성과로 이어지기까지는 반대되는 의견도 정반합을 이루어 새로운 아이템으로 탄생하게 된다.

약점 드러내기

업무를 잘 해내고 성과를 올렸다는 과거의 경험이 지금의 리더를 만들었다. 그러니 스스로 취약함을 드러내면 상급자나 동료들이 어떻게 볼지, 어떻게 생각할까 두려움을 갖기 마련이다. 자신을 하찮은 존재로 만만하게 생각하지 않을까라는 걱정이 든다. 그러기 위해 가장 좋은 방법은 실패를 노출하지 않는 것이다. 문제가 노출되지 않기 때문에 해결되지 않은 채로 존재하게 된다. 상위 리더들은 팀 리더가 조직을 잘 운영하고 있다고 생각한다. 잘하고 있는 부분만 보고하기 때문이다. 그렇기 때문에 팀 리더는 실패에 대한 두려움으로 새로운 방식을 시도하는 것을 꺼려한다. 지금까지 성공을 가져다준 관행이나 업무 방식을 맹목적으로 중시하고 '그건 이미 해 봤는데 효과가 없었다.' '지금까지도 잘되고 있는데 왜 해야 하지?'라며 부정적으로 평가하거나 폄하하는 태도를 가진다. 이렇게 혁신을 이끌 아이디어를 제대로 실행시키지 못하도록 방해하는 것이다.

그렇기 때문에 리더 자신의 취약성을 먼저 드러내는 것이 중요하다. 두려움의 형태인 방어적 자세와 선제적 방어 자세인 공격적 언행을 내려놓는 것이다. 리더가 모든 정답을 아는 것은 아니다. 겸손과 호기심을 바탕으로 구성원들과 함께 배우려는 태도는 구성원들에게 자연스럽게 친근감을 준다. 내가 모든 답을 알고 있지는 않으며 내 말이 곧 정답이 아닐 수 있다는 사실을 인정하는 태도이다. 일의 본질을 정의하고 비전을 제시하며, 그 안에서 자유롭게 의견을 나누고 시도할 수 있는 울타리를 제공하는 것이다. 권위를 유지하되 편함과 친근함의 균형을 이루도록 한다.

심리적인 안전감은 따뜻한 분위기를 의미하지 않는다. 냉정하고 가혹하지만 솔직하고 진정성이 포함되어 있는 분위기이다. 이 안에서 스스로의 실수를 털어놓고 이야기할 가능성이 높아진다. 공감은 상대방을 인정하고 비난하지 않으며 더 나은 방향으로 함께 가는 것이다. 상대방에게 집중하고 관심을 가지며, 답을 주겠다는 욕심을 내려놓는 것이다.

휴스턴대학교 브레네 브라운 교수의 책 『리더의 용기』에 따르면, 성공하는 리더들은 정답을 가진 척하지 않았다. 불편하거나 거북한 대화나 상황도 회피하지 않았으며 자신의 부족함을 솔직히 인정했다. 구글, 픽사, 월트 디즈니의 리더, 오프라 윈프리 등 자신의 부족함을 솔직하게 드러내고 함께 공동의 대안을 찾으려고 노력했다고 말한다. 그는 거짓으로 취약함을 드러내는 것이 오히려 구성원들의 불신을 키운다. 예를 들어, '어느 누구도 이 상황에서 제대로 할 수 없을 겁니다.', '나도 힘들어요.'라는 말들은 거짓으로 자신의 취약함을 나타내는 것이다. 휴스턴대학교 사회복지대학원 브레네 브라운 교수는 거짓된 취약성으로 조종하려는 시도는 구성원들의 화와 짜증을 불러일으킨다고 했다.

좋은 질문하기

리더들은 대부분 질문하는 것을 어려워한다. 이유는 인지적 편견으로 내 생각이 곧 다수의 상식이라는 착각 때문이다. 또한 자신이 무지하거나 나약해 보일까 봐 질문을 꺼린다. 리더는 정답을 모른다는 태도로 질문해야 한다. 간혹 리더 자신이 이미 정답을 알고 있거나 상대방을 실험하기 위해 질문하는 경우도 있다. 자신이 원하는 대답이 안 나올 경우 일장 연설을 하거나 팀원을 무시하는 태도를 보인다. 질문은 상대방의 대답에 진정성 있는 의미를 부여하는 것이다. 긍정이든 부정이든, 상대방의 대답에 제한을 두지 않아야 한다. 서로의 생각을 공유하는 데 도움이 되는 형태로 질문해야 한다. 리더가 의사결정을 하기 전에, 구성원들의 다양한 생각을 종합적으로 고려하고 여러 대안을 검토할 의지를 포함한 질문을 해야 한다. 우리가 놓친 것은 없는지, 다른 방법은 없는지 등을 묻는 것이 좋은 질문의 예이다. 구성원의 지식과 목표를 더 깊이 있게 이해하기 위한 질문도 좋다. '어떻게 그런 생각을 하게 되었나요? 사례를 들어 줄 있나요?' 등의 질문은 상대방에게 자신의 목소리가 충분히 중요하다는 느낌을 받게 한다.

수수방관하는 인내심을 기르기

리더는 구성원들 몇 마디에 자기의 생각을 이야기하는 경향이 있다. 특히 경험이 많은 리더일수록 본인의 경험담, 기대와 당부를 늘어놓는 오류를 범한다. 실패를 편하게 여기는 분위기를 조성하기 위해서는 리더는 어느 정도 팀원들이 스스로 업무를 혼자 처리하도록 내버려두어야 한다. 일이 잘못될 것이 처음부터 분명하더라도 리더는 주머니에 손을 넣고 수수방관하며 인내하는 법을 배워야 한다. 그러나 손해가 뻔히 보이는데 수수방관하기는 쉽지 않다. 배움의 기회와 손해의 위기 사이에서는 정교한 저울질이 필요하다. 업무를 지시할 때 과제나 프로젝트가 다음 원칙에 해당한다면 실패하더라도 주도적으로 일할 수 있도록 한다.

> **원칙1.**
> - 실패하더라도 업무/프로젝트/과제 등을 통해 직원의 성장이 더 큰가?
> - 또는 기업이 입을 수 있는 손해가 더 큰가의 관점에서 판단한다.
>
> **원칙2.**
> - 실패하더라도 원래 상태로 돌아올 수 있는가?
> - 원래대로 돌이킬 수 없는 큰 문제가 아닌 도전이라면 배우도록 내버려 둔다.

리더의 불안감이 커서 지속적으로 개입한다면 실수를 하지 않기 위해 팀원들은 수동적으로 행동하게 될 것이다. 거의 모든 문제에는 해결책이 존재한다. 문제가 발생해도 아이디어만 존재하면 문제를 해결할 수 있다.

이기는 멘탈 만들기

배움은 실수를 허용한다는 말이다. 배움과 성장을 위해 수백 번의 실패를 경험할 수 있도록 리더는 바닥의 고무 매트가 되어 주어야 한다. 아프지 않게 도와주는 지지대 역할이며 팀원이 다시 일어날 수 있게끔 멘탈 완충제 역할을 하는 것이다. 누구에게나 실패는 두렵고 아프다. 성장을 위해 팀원은 새로운 시도를 해야 하고, 실패 후에도 다시 일어나야 한다. 이러한 과정은 팀원에게 새로운 시도를 통해 성장하기 위한 결심과 자기효능감을 키워 준다.

그렇기 때문에 업무에서 어려움을 겪을 때 이야기를 들어주고 공감하는 감정적 서포터가 되어야 한다. 두려움이나 우울한 감정이 생길 때 사람들은 이를 관리하기 위해 많은 에너지를 사용한다. 기분 나쁜 말을 들으면 그 감정을 다스리는 데 많은 에너지를 쓰며 스트레스로 호르몬 분비로 몸의 기능이 제대로 작동하지 않아 에너지 고갈 현상이 일어난다. 반대로 아주 사소한 말 한마디에 부교감 신경계가 활성화되고 옥시토신이나 가바와 같은 안정 호르몬이 분비된다. 리더의 긍정적인 언어 사용은 호의적 반응을 이끌어 내고, 다시 긍정적인 에너지가 몸에 쌓이도록 한다.

팀원이 실패로 힘들어할 때 대화하면서 방향성을 다시 잡아 주거나 '잘하고 있어.' '잘될 거야.' '나는 예전에 더 못했었어.' '이를 통해 많이 성장했네.'라고 응원하고 토닥이면 된다. 특별한 것을 잘하지 않아도 긍정적인 면을 알아봐 주는 인정이 필요하다. 제대로 작성하지 못했던 보고서를 잘 작성했을 때 긍정적인 부분을 찾아내서 '보고서 작성 능력이 많이 늘었네.' 또는 '누구 덕분에 일이 잘되었다.'라고 공을 돌린다. 리더의 칭찬을 받으면 점차 이기는 멘탈이 생기며, 다음에 더 잘하고 싶고 더 잘할 수 있다는 믿음으로 이어진다. 이는 더 많은 업무를 할 수 있다는, 더 큰 성공, 성장을 할 수 있다는 자신감을 심어 준다. 작은 성공은 큰 성공으로 이어지는 기초가 된다.

실패를 통해 성찰하기: 반성적 사고 키우기
실패 유형에 따라 대처하기

실패는 혁신을 위해 꼭 필요한 과정이다. 혁신하는 조직의 전제조건은 활발하게 의견을 공유하는 것이다. 이에 따라 실패를 숨기지 않고 과감히 드러내도록 하는 것이 리더의 역할이다. 그러나 위반행위에 대해서는 강력한 조치를 해야 한다. 누군가 비난받아 마땅한 행동을 하거나 규정된 절차를 위반해서 벌어진 사고, 동일한 실수가 반복되는 행동은 반드시 강력한 조치를 취해야만 반복되는 것을 막을 수 있다.

구글은 실패를 세 가지로 구분한다. 먼저 예방 가능한 실패로, 이미 우리가 올바른 방법을 알고 있지만 실행하지 못할 때 발생한다.

관심을 덜 가지거나 충분히 집중하지 않았다거나, 규정을 무시하거나 검토를 소홀히 할 때 일어나는 실패이다. 두 번째는 피하기 힘든 실패로, 기존에 해 오던 과제와 조금 다르거나 새로운 방식이 추가됨으로써 발생하는 실패이다. 세 번째는 지적인 실패로, 이전에 시도하지 않았던 새롭고 불확실한 것에 대한 도전이다. 기존에 없던 완전히 새로운 것이기 때문에 난이도가 높고, 기존의 지식과 경험이 전혀 사용되지 않을 수 있다.

↑ 비난받는 (Blameworthy)
↓ 가치있는 (Praiseworthy)

일탈
규정된 절차를 위반하거나 도덕적 실수를 범함

부주의
세심하고 주의깊게 처리하지 못해 발생한 실수

능력부족
그 일을 할 수 있는 지식과 기술 부족

} 예방 가능한 실패

부적절한 프로세스
정해진 규정대로 잘 진행됐지만, 시스템 자체가 문제가 있는 경우

높은 도전과제
과제의 난이도가 과도하게 높은 경우

} 피하기 힘든 실패

불확실성
불확실성이 높은 미래사건에 대한 예측의 어려움으로 발생한 실수
(예: 시장의 급격한 변화로 부적절한 제품생산)

실험
가능성을 테스트하기 위해 행해진 과감한 시도
(예: 프로토타입)

} 지적인 실패

	예방 가능한 실패	피하기 힘든 실패	지적인 실패
반응	· 교육, 재교육, 절차 개선, 시스템 개편 · 제도적 처벌(여러 번 실수가 반복되거나 명백한 실수일 경우)	· 다양한 관점에서 실패 요인 분석 · 대책 마련을 위한 위험 요인 식별 · 시스템 개선	· 실패 축하연, 실패 기념상 · 실패에서 교훈을 얻기 위한 철저한 분석 · 새로운 가설 수립 · 다음 단계나 추가적인 실험 논의

에이미 에드먼슨 저 [두려움이 없는 조직]

실패를 통한 반성적 사고 키우기

단순히 실패가 쌓인다고 해서 큰 성공으로 이어지는 것은 아니다. 성찰의 단계가 없다면 실패는 성공의 어머니가 아니다. 무슨 일이 일어났는지,

무엇이 잘못되었는지, 다음에 어떻게 다르게 대처해야 하는지 성찰하는 시간이 필요하다.

미국 에모리대학교 다이워스 교수와 노스캐롤라이나대학교 대들리 교수는 매사추세츠 병원에서 10년 이상 경력을 가진 외과의사 71명이 집도한 6,516회의 수술 데이터를 분석했다. 분석 결과, 과거에 실패를 경험한 의사는 그다음 수술에서 실패할 확률이 매우 높았다. 반면 새로운 수술에 성공한 의사는 그다음 수술에서 성공할 확률이 높았다. 흥미로운 것은 수술 실패 경험을 가진 의사가 다른 의사들의 실패 수술을 관찰한 후 수술 성공률이 높아졌다는 것이다.

수술 실패율이 높은 의사는 실패의 원인을 자신에서 찾지 않고 주변 환경이나 타인에게서 찾는 경우가 많았다. 제대로 된 성찰이나 피드백이 주어지지 않으니 개선책 없이 실패가 실패를 부르는 것이다. 또한 실패 경험이 좌절감으로 이어져 다시 도전할 의지를 떨어뜨린다. 반면 타인의 실패를 목격한 의사는 타인의 실패를 통해 자신을 돌아보고 미흡한 점을 반성하는 계기로 삼았다. 이러한 태도는 다양하게 새로운 방법을 찾아보는 반성적 사고, 즉 성찰이 중요하다는 것을 보여 준다. 반성을 통해 어떤 부분이 통제 가능한 부분이며 어떤 부분이 정말 운이 없었던 부분인지 구별해 낼 수 있다면 다음 도전을 할 때 실패 확률은 조금씩 줄어들게 된다.

리더는 실패 자체에 집착하는 대신 실패를 초래한 문제에 대한 해결책을 찾는 데 집중해야 한다. 해결책을 찾기 위해 팀원들과 협력함으로써 부정적인 경험을 긍정적인 경험으로 바꿀 수 있다. 무슨 일이 일어났는지 살펴봄으로써 왜 그런 일이 발생했는지 성찰할 수 있다. 여기서 나온 지식은 향후 유사한 실수를 방지할 수 있는 명시적 지식으로 활용 가능하며 미래 상황에 적용할 수 있는 새로운 기술과 전략을 개발할 수 있게 한다. 지식의 탐색을 통해 가장 가능성이 높은 주제를 발견하고, 지식의 심화를 통해 전진할 수 있어야 한다. 성찰의 다른 장점은 실패 이유가 무엇인지 조사해서 어디에서 잘못이 생겼는지, 어떻게 개선할 수 있는지 파악하고 성과와 결과를 개선할 수 있는 책임감을 가지게 한다. 개인과 팀의 행동에 책임을 질 수 있게 함으로써 남의 탓을 하는 문화를 개선할 수 있다.

실패를 공유하기

실패를 기록한 문서를 읽으면 간접적인 경험이 쌓인다. 실패 사례를 통해 어떤 실수에 노출되어 있는지 그를 예방하기 위해 어떤 노력을 하고 있는지를 여러 사람이 알수록 좋다. 그렇게 하면 업무 프로세스나 시스템을 개선하기 위해 정보를 공유할 수 있고 협조를 구하기도 쉽다.

실리콘 밸리의 회사는 포스트모텀(postmortem) 시스템을 활용한다. 포스트모텀은 '부검'이라는 뜻으로 시체를 부검하듯 사고 후 어떤 문제가 있었는지를 자세히 분석하는 것이다. 어떤 부분에 문제가 있었는지, 어떻게 발견했는지, 어떤 피해가 있었는지, 문제를 어떻게 처리했는지, 앞으로 이런 사고가 일어나지 않게 하기 위해서 어떻게 해야 하는지를 분석한다. 이러한 제도는 실수한 사람을 문책하는 것이 아니라 가장 근저에 있는 원인에 대한 개선책을 내기 위한 것이다. 실패로 얻은 교훈을 기업 전체에 공유하지 않는다면 실패 경험은 아무 소용이 없다. 프로젝트가 진행되는 중간 사후 점검 및 분석을 실시하고 큰 진전이 있을 때마다 상황을 확인한다. 각

단계에서 어떤 가정을 했고 실제로 어떤 결과가 있었으며 어떤 부분이 계획과 다르게 수정되었는지 어떤 조치를 했는지 의논한다. 잘잘못을 따지는 행위는 지양한다.

실리콘 밸리는 매년 10월 창업자들의 실패담을 공유하는 실패 콘퍼런스인 페일콘(Failcon)을 연다. 페일콘의 모토는 '실패를 껴안고 성공으로 나아가자.'이다. 실패를 사회적 자산으로 인식하는 것이다. 구글은 '구글 공동묘지'라는 공간을 운영하여 유명을 달리한 제품과 서비스를 연도별로 정리해 서비스 종료 시점과 그 이유 등을 솔직하게 공개한다. 구글 공동묘지에 올라온 실패한 프로젝트는 170여 개이다.

구글은 '구글 X'라는 비밀연구소를 운영하며, 제정신이라면 쳐다보지 않을 기술에 주목한다. 이곳에서는 각종 미래의 모습에 대한 연구가 이루어지고 있다. 무언가를 개발할 때는 빠르게 실패를 거듭해 가능한 많은 것을 학습하는 것이 중요하다고 한다. X 연구소에서는 합당한 이유로 실패한 것을 입증한 직원들에게 CEO의 포옹, 성과급, 휴가 등으로 보상한다. 이로써 구글은 실패를 두려워하지 않는 조직문화를 구축했다.

미국의 헤지 펀드 브리지워터는 이슈로그라는 제도를 통해 조직 전반의 문제와 실패를 공개하고, 구성원 개개인이 그 실패에 어떻게 영향을 미쳤는지를 구체적으로 기록하고 직원들과 공유한다. 이러한 제도를 통해 실패의 과정에 직접적인 관련이 있는 사람들뿐만 아니라 다른 구성원들도 실패 속에서 학습의 기회를 얻을 수 있다. 이러한 제도는 구성원 자신의 약점과 실수를 드러내도 괜찮다는 심리적인 안정감을 조직에 퍼뜨리는 역할을 한다. 개인적인 실패나 실수가 조직의 재무적인 성과에 직접적인 영향을 주는 헤지 펀드 투자의 특성을 고려할 때, 이러한 제도를 도입하는 것이 쉽지 않은 일이다. 그럼에도 이와 같은 노력을 통해 조직 문화의 지속적인 성장을 추구하며, 브리지워터는 세계에서 가장 수익률이 높은 헤지펀드사로서의 명성을 유지하고 있다.

3장 요약노트

성장을 지원해주는 리더

1. 성장 마인드셋을 키워라

직원은 리더가 기대하는 만큼 행동하고 성장한다. 성장 마인드셋을 위해 메타인지를 개발해라. 실수를 성장의 과정으로 시각을 전환해라. 직원들의 잠재력을 믿고 인내하며, 공정한 기회를 제공해라.

2. 도전적인 목표 수립을 지원하라

현실을 고려해 목표를 수립하라. 관습적인 규정과 절차를 버려라. 컴포트존을 주의하고, 직원들의 자기 효능감을 높여라. 학습목표를 설정해 재미와 의미를 찾을 수 있도록 하는 것이 중요하다.

3. 일의 가치를 높여 줘라

조직에 기여한다는 전략적 필요성을 알려주고, 전문 영역을 구축할 수 있는 경력 비전을 제시하라. 잡크래프팅을 도입해 일의 가치를 높여 줘라.

4. 실패는 학습의 기회다

성공은 무수한 실패의 결과이다. 리더가 먼저 약점을 드러내고, 좋은 질문을 하라. 인내심을 기르며 이기는 멘탈을 만들어라. 실패를 통해 반성적 사고를 키울 수 있다.

04
CHAPTER

인정을
해주는
리더

CASE 4-1

[팀 리더] 팀원들의 의견을 일일이 다 들어주기에는 일이 너무 많습니다. 상사가 지시하는 일도 그렇고 회의는 왜 이리 많은지 쫓아다니기 벅찹니다. 그래서 그런지 엉뚱한 보고서를 가지고 와서 장황하게 설명하는 팀원들을 보면 화가 납니다. 내 의도를 전혀 이해하지 못하고 만든 보고서를 보면 '그동안 뭐 했나 이 정도밖에 못하나.' 하며 화가 납니다. 팀원보다 나름대로 많은 경험과 지식을 가지고 있기 때문에 보고서를 보면 한눈에 파악이 되거든요. 저도 경험해 봤기 때문에 빨리 결정해 주면 최대한 시간을 절약할 수 있죠. 또한 제 경험을 알려 주면 앞으로 할 수 있는 실수나 실패의 가능성을 최대한 줄일 수 있습니다. 보고는 될 수 있으면 요점만 간단하게 끝내는 것이 여러모로 효율적이라고 생각합니다.

[팀원] 팀 리더는 어느 정도 이 회사의 운명을 결정해 줄 사람이니까, 그분 눈에 들고 싶거든요. 팀 리더 눈에 들겠다고 그동안 열심히 준비한 설명 자료를 잔뜩 들고 왔는데, 한 방에 끝나면 자존심 확 떨어지고 여기 있고 싶지가 않죠. '팀 리더가 나를 싫어하는구나.'라는 생각이 들기도 하고요. "중요한 점은 뭐지? 그래서 말하고자 하는 바가 뭐지?" 하며 제가 뭘 설명하기 전에 중간에 끼어듭니다. 그리고 방향을 다 정해 버리는 겁니다. 물론 팀 리더라 많은 경험이 있으니 정보도 많고 정확하게 짚어내는 부분도 있습니다. 저로서는 그동안 열

심히 고민하면서 만든 것이기 때문에, 설명해 보고 싶었습니다. "열심히 했네." 라는 격려가 필요한 것이고 부족한 부분이 있어도 인정받고 싶은데 그동안의 노력이 물거품이 된 것 같습니다.

인정의 시작은 경청입니다

1. 경청하기 힘들다

　팬데믹은 직장인들의 삶을 재평가하고 보다 의미 있는 일을 찾고자 하는 욕구를 자극했다. 더 이상 나쁜 리더, 번아웃, 불공정, 의미 없는 일을 참지 않는다. 자신의 이야기에 더 귀 기울여 주고 인간적으로 존중하고 일과 생활의 조화를 지원해 줄 수 있는 조직과 리더를 원한다. 리더로부터 자신이 소중하고 가치 있는 존재라는 느낌을 더 받고 싶어 한다. 일터로부터 인간적으로 대우받으며 인정받기를 원하는 욕구가 더 강하다. 그러므로 리더는 직원들이 참여할 기회를 더 많이 제공함으로써 존중받고 인정받는다는 느낌을 더 많이 줘야 한다.

　그러기 위해서는 이들이 원하는 것이 무엇인지를 잘 파악해야 하는데 이는 대화를 통해 가능하다. 그러나 많은 리더들이 대화를 주도하고 상대방의 말을 자르며 끼어든다. 상대방의 말을 제대로 듣지 않고 내가 하고 싶은 말만 하는 리더는 어떤 느낌인가? 리더 입장에서는 제대로 자신의 말이 먹힌다고 생각하고 자신의 권위에 대해 뿌듯함을 느낄 수 있다. 자신이 상대보다 경험도 많고 똑똑하다는 것을 보여 줌으로써 리더의 권위를 가지려 한다. 또한 리더가 된다는 것은 조직에서 영향력이 그만큼 커진다는 것이다. 그렇기 때문에 굳이 들을 필요가 없다. 당장의 결과를 위해 지시와 명령을 하면 일은 순조롭게 진행된다. 하지만 그렇게 하면 직원의 마음은 어떨까? 무시당한다는 느낌을 받아 불쾌해할 수 있다. 어떤 직원은 지고 싶지 않아 더 공격적으로 변하고, 하고 싶은 말을 해 봤자 소용없다고 생각하고 입과 마음을 닫을 수 있다.

경청의 중요성을 리더라면 이미 알고 있다. 어떻게 들어야 하는지, 어떻게 듣지 말아야 할지는 알고 있다. 그런데 생각만큼 듣기가 힘들다. 리더는 항상 바쁘다. 차분히 앉아서 경청해야 하지만 마음이 바쁘다. 의사 결정을 해야 할 것이 많다 보니 시간 절약을 위해 경청 모드보다는 답정너 모드가 되어 간다. 경험이 많기 때문에 가장 많이 알고 있어 상대방의 이야기를 듣는 것보다 내가 지시하는 것이 더 효율적이고 시간이 절약된다고 생각한다. 특히 소위 잘 나간다는 리더는 이런 오류에 자주 빠진다. 상대방을 생각하기에는 자신이 너무 유능하다. 하지만 리더의 눈높이에서 평가하면 힘들게 마음고생한 직원은 너무 억울하다. 나름대로 열심히 준비한 보고서를 리더가 인정해 주기를 바랐는데 무능하다고 핀잔을 주면 직원은 자존심이 많이 상할 것이다.

사람들은 선천적으로 말하기를 좋아한다. 일반적인 사람들도 듣기보다는 말하는 것을 더 좋아하는 본능 같은 성향이 있다. 남의 말을 듣는 것에 더 많은 에너지가 필요하기 때문이다. 하버드대학교 과학자들은 듣기와 관련된 실험하였다. 실험 참가자들은 '나는(자기 자신) ~을 좋아한다.'처럼 나 자신과 관련된 주제를 읽을 때또는 이야기할 때 vs. '나와 상관없는 누구는(타인) ~을 좋아한다.'처럼 나와 상관없는 다른 사람과 관련 주제를 읽을 때또는 질문을 할 때 사람들의 뇌가 어떻게 달라지는지를 관찰했다. 실험 결과 다른 사람에 대해 이야기하는 것을 볼 때 뇌가 별로 즐거워하지 않았다. 그러나 자기 자신에 대한 질문을 받거나 말할 때, 두뇌의 쾌락 중추가 활성화되는 것이 목격되었다. 요즘 MZ세대의 인스타그램, 페이스북 등 SNS는 온통 자기 이야기로 가득 차 있다. 내가 먹은 것, 다녀온 곳, 입는 것 등 내 이야기를 하는 것에 즐거움을 느끼고 행복해하기 때문이다.

이렇게 자기 이야기를 하고 싶은 경향성에 비해 사람들은 듣는 것에는 별 관심이 없다. 보통 사람은 1분에 120단어를 말하고 600단어를 듣는다. 상대방이 120단어를 말하고 남는 여유 시간에 자신의 답변을 준비하는 것이다. 네델란드 막스 플랑크 협회의 심리언어학자 스티브 레빈슨은 상대가 말하는 동안에는 자신이 어떤 말을 할 것인가를 생각한다고 했다. 말할 기회가 오면 그 기회를 빨리 포착하기 위해서라는 것이다. 그러다 보니 말을 건성으로 듣게 된다. 경청은 머릿속에서 끊임없이 떠오르는 생각을 억제하며 상대방의 말을 놓치지 않아야 하기 때문에 매우 어려운 작업이다. 경청은 타고난 인간의 본능이 아니기 때문에 듣기 위해서는 인위적인 학습이 필요하다.

2. 관심의 시작은 듣는 것이다

사람의 근본적인 욕구는 이해받고자 하는 것이다. 자신의 내면에 있는 감정들, 지식, 자랑거리 등을 타인에게 이해받고 인정받고 싶어 한다. 하지만 상대를 이해하려는 동기가 있는 사람은 소수에 불과하다. 자신을 타인에게 이해시키려는 요구는 언어를 통해 이루어진다. 듣기란 결국 타인을 진정으로 이해하기 위한 노력인데 대부분의 사람은 듣기보다 말하기에 집중하다 보니 소통이 자꾸 끊어진다. 존맥스웰은『리더십 불변의 법칙』에서 리더가 먼저 직원들의 마음을 감동시켜야 한다고 했다. 사람의 마음을 감동시키려면 그 마음을 알아야 하고, 마음을 가장 잘 알 수 있는 방법은 듣는 것이라고 했다. 리더 자신의 요구사항을 말하는 것도 중요하지만, 직원들의 이야기에 귀 기울일 때 더욱 신뢰적인 관계를 형성할 수 있다. 그동안의 리더십은 명확한 말과 구체적인 지시를 통해 정확한 방향으로 소통하는 스타일이었다. 그러나 펜데믹 이후 리더십은 조직 문화와 심리적 웰빙을 더 중요하게 생각하는 스타일로 변화되고 있다. 경청을 통해 다양성을 포용하고 심리적인 안정감을 제공함으로써 개개인을 이해하고 공감하여 협업을 촉진할 수 있는 리더십을 더 선호한다.

실리콘 밸리의 리더들은 구성원들에게 항상 '당신은 행복한가?'라는 질문을 한다. 의례적인 질문이 아니라 진심으로 행복한지 계속 묻고 또 묻는 것이 그들의 문화이다. 직원들이 행복해야 조직의 성과 창출에 도움을 줄 수 있기 때문이다. 팀 동료와의 마찰은 없는지, 프로젝트 리더와의 갈등은 없는지, 업무량이 적당한지 등의 질문을 통해 행동의 정도를 파악하고 이를 토대로 갈등 해결이나 업무 재분배를 시도한다. 이런 질문의 목적은 구성원들을 제대로 이해하기 위한 것이다. 조직 내 이슈가 아닌 개인적으로 주말에 행복한 일이나 풀리지 않는 고민에 대해 자연스럽게 이야기 한다.

그때 리더는 주로 듣는다. 공사를 구분하라는 말에서 벗어나는 행동이다. 우리는 흔히 회사에서 개인적인 감정으로 일에 지장을 주지 말라는 말을 많이 듣는다. 그러나 사람인 우리는 일과 개인적인 감정을 완벽하게 나눌 수 없다. 소통은 관심에서 시작되고, 그 관심은 듣는 것에서 비롯된다. 소통은 직원의 업무 성과 향상을 넘어서 정서적인 피로, 스트레스를 해소하고 이 조직이 안전하고 가치 있다는 느낌을 준다. 그럴 때 비로소 구성원들과의 진정성 있는 관계가 형성되고 신뢰감과 소속감이 형성된다.

P&G CEO A.G. 래플리는 직원과 대화할 때 3분의 2를 듣는 데 투자함으로써 반대하는 사람들의 목소리를 가라앉히고 많은 사람을 내 편으로 이끌 수 있다고 했다. 리더와 신뢰관계가 형성된 구성원들은 심리적 안전감을 바탕으로 다양한 아이디어와 더 많은 정보를 제공하고 개선안을 제안하며 협력과 창의력을 발휘하게 된다.

의견을 교환하는 도중에 반대 의견이 나올 수 있으며 언성이 높아지는 경우도 있다. 이때 서로가 정한 선을 넘지 않으면서 서로의 의견을 이해하고 인정해야 한다. 소통은 이해하고 공감하며 설득해 나가는 과정이며, 최종 결정은 상호 간의 협의에 의해 이루어진다는 사실을 기억해야 한다. 논의하는 과정에서 다양한 의견 교환이 이루어지므로 합의를 이루어 가는 과정에서 갈등은 당연히 벌어진다. 상대방의 말을 경청하고 이해하고 인정하고 공감하는 과정을 통해 시간이 좀 걸리더라도 합의에 이를 수 있다. 그러나 대부분의 회사에서는 탑다운 방식의 일방적인 커뮤니케이션을 통해 의사 결정을 한다. 이런 경우 일하는 속도는 빨라질지 몰라도 누구도 의견을 내지 않고 윗사람의 결정만을 기다린다. 업무는 자발적인 업무가 아닌 늘어나는 수동 업무만 우선하여 처리된다. 그렇게 생각하는 순간 수동적인 태도를 가진 이들만 조직에 남게 된다.

3. 어떻게 경청할 것인가?

얼마나 잘 듣고 있는가?

리더십 교육으로 리더들은 경청 기술에 대해 이미 잘 알고 있다. 이들과 인터뷰를 진행하다 보면 리더 자신은 충분히 경청하고 있다고 생각하지만, 상대방은 그렇지 않다고 이야기한다. 듣고는 있지만 진심으로 듣고 있

Check list

- 팀원의 이야기를 듣고 어떻게 대응할 것인가를 먼저 생각난다
- 팀원의 이야기를 들으면서 자신의 과거 경험이나 해야 할 일 등을 생각한다
- 팀원과 이야기를 하는 도중 오는 전화나 다른 사람들이 찾으면 우선 처리한다
- 바쁜 와중에 팀원이 보고를 한다고 건성으로 대답한다
- 스마트폰이나 컴퓨터를 보는 등 다른 일을 하면서 이야기를 듣는다
- 팀원이 말하는 것을 대신해서 마무리 해준다 (그래서 이랬다는 거지?)
- 팀원의 말을 끊고 결론, 요점이 무엇인지 물어본다
- 팀원의 말이 마음에 안 들면 인상을 쓰거나, 한숨을 쉰다

다는 생각이 들지 않는다는 것이다. 먼저 자신이 얼마나 잘 듣고 있는지에 대한 자기 인식이 필요하다. 내 인식 틀과 편견을 내려놓고 자신을 비우는 것이 필요하며, 스스로를 수시로 점검해야 한다.

이런 행동을 얼마나 하고 있는가? 이런 행동을 하나라도 하고 있다면 리더인 당신은 경청하지 않고 있는 것이다. 바쁘다고 해도 팀원의 보고를 들으면서 건성으로 대답하는 행동은 삼가야 한다. 경청을 통해 들은 내용에서도 좋은 신호나 나쁜 신호를 그대로 받아들이지 말아야 한다. 세심하고 체계적인 경청을 통해 조직의 본질과 직원들이 진짜 하고 싶은 이야기나 숨겨진 느낌 등 미묘한 뉘앙스를 감지하는 감각을 점진적으로 개발해야 한다.

인정을 부르는 경청 훈련하기

말하고 싶은 것은 인간의 본성이다. 그렇기 때문에 경청에 훈련이 필요한 것이다. 처음에는 적극적으로 듣는 척이라도 해야만 한다. 본능에 따라 움직이며 말이 먼저 나오는 경우가 많기 때문에 의도적으로 귀를 기울여야 한다.

사람에 대해 호기심을 가진다

경청은 관심 없이 단순히 듣기만 하는 것이 아니다. 상대방에 대한 관심과 호기심이 필요한 일이다. 우리가 연애할 때 상대방에게 호기심을 갖는 것과 같다. 상대방에 대해 알고 싶은 궁금증을 가지게 되고 이는 대화를 이어 주는 물꼬가 될 수 있다. 상대를 향한 마음이 있다면 상대가 무엇에 관심이 있는지 알고 싶어진다. 그 시작이 듣는 것이다. 상대방에 대한 호기심을 가지게 되면 말하는 내용에 공감하려고 노력한다. 그러나 많은 리더는 팀원들에게 호기심이 별로 없다. 특히 일이 많다고 자주 불평하는 팀원에게 공감을 한다는 것은 어렵다. 위로해 준다고 하는 말이 "나 때는 더 힘들었어!" "그때에 비하면 지금은 아무것도 아니야!" 또는 "힘드니까 월급 주잖아"라며 잔소리를 하게 된다. 많은 리더는 오랜 조직 생활의 경험으로 직원들의 속성을 잘 안다고 생각한다. 그냥 참고 들어주기에는 내가 너무 많이 안다. 배려와 경청이 기대에 미치지 못하는 성과를 내는 직원을 용인하거나 부주의로 인한 실수를 덮어 준다는 것으로 해석하기 쉽다. 상대방의 요구를 들어주라는 것이 아니다. 경청을 통해 문제를 명확하게 정의하고 문제 해결 방법 및 역할 분담 등 해결 방안을 함께 풀어가자는 것이다. 그러기 위해서는 호기심을 가지고 상대방을 잘 알아야 한다.

침묵을 견딘다

리더는 답을 주려는 급한 마음을 참고, 팀원이 고민할 수 있는 시간을 주어야 한다. 갓 콤플렉스에 빠진 리더는 모든 것에 반드시 답을 해 주어야 한다는 강박이 있다. 특히 본인이 똑똑하다고 생각하는 리더는 팀원이 고민할 때 바로바로 알려 주는 경우가 많다. 이런 경우 팀원은 자유의지가 사라지게 되며 자기 업무에 대한 책임감을 잃게 된다.

경청을 잘하려면 침묵의 시간을 잘 견뎌야 한다. 경청은 진심을 다해 듣고 실천하는 것이다. 경청을 잘하려면 일단 자신이 말을 줄이고, 상대방이 말을 많이 하도록 해야 한다. 상대방이 말을 많이 하게 하기 위해서는 질문을 던진다. 그다음에 그 사람의 말을 잘 들으면 된다. 좋은 리더는 말을 잘하는 사람이 아니라 질문을 잘하는 사람이다. 그러나 대화가 끊기면 그 시간이 어색해서 기다리지 못하고 리더가 말하는 경우가 많은데 이런 경우 상대방의 진심을 듣지 못하게 된다. 따라서 리더는 침묵 시간을 어느 정도 허용해 주어야 한다. 이럴 경우 직원들은 자신이 생각하는 시간을 갖고 더 좋은 아이디어를 이야기할 수도, 주도적으로 이야기를 해 나갈 수 있다. 상대방이 말이 다 끝난 후에도 몇 초간의 여유를 가지고 말을 한다. 사실 팀원이 힘든 문제를 가지고 와서 이야기를 해도 해답은 그 사람이 더 잘 알 수 있다. 리더가 도와주는 것은 질문을 잘 던지고 잘 들어주는 것이다. 그 사람이 이미 해답을 가지고 있기 때문에 해답에 도달할 수 있도록 여유를 가지고 기다려 주는 것이다. 애플은 일대일 회의를 할 때 10분간 아무런 말 없이 조용히 상대의 말을 들어준다. 팀 리더가 어떤 말을 하면 직원들은 팀 리더가 듣고 싶어 하는 말만 하게 된다. 리더가 자신의 생각을 드러내지 않고 조금 여유를 가지고 기다려 주면 팀원들은 자신의 생각을 더 많이 이야기한다.

중간에 말을 자르지 않는다

우리 머릿속에는 자동으로 옳다, 그르다는 생각이 떠오른다. 중간에 말을 끊거나 가로채고 싶은 마음이 든다. 팀원이 말하는 것에 충분한 가치가 없다고 생각할 경우 더욱 그렇다. 그러나 끝까지 들어야 한다. 끝까지 다 듣고 나서야 상대방에게 도움이 될 내 생각을 전달할 수 있다 예단하면서 듣다 보면 인내심의 한계를 느낀다. 또한 우리는 자동적으로 상대방에게 어떻게 반응할지를 생각한다. 리더로서 권위를 보여 주기 위해 어떻게 반응해야 할 것인가를 생각하면 진심으로 듣지 못한다. 생각의 초점이 상대방이 아닌 나를 향해 있다. 이를 바꾸기 위해서는 먼저 마음을 비우려고 노력해야 한다. 휴대전화를 치우고 말하는 사람에게 집중하며, 듣는 것에 방해되는 요소를 제거하자.

리더의 경청은 때로 직원들의 문제 해결력을 키워 준다.『초격차』저자인 삼성전자 권오현 회장은 인내를 가지고 상대방의 말을 끝까지 경청한다고 한다. 상대방이 먼저 자신의 의견을 말할 수 있도록 중간에 말을 자르지 않는다. 대신 질문을 통해 생각을 유도한다. 상대방이 대답하는 시간이 길어지면 논리의 약점이 생기게 된다. 질문을 통해 그 사람의 이전 사고를 확장할 수 있게 한다. 또한 상대방이 문제의 원인을 외부 요인에 전가하는 것이 아니라 스스로 돌아보며 탐색할 수 있는 계기를 만들어 준다. 문제의 원인이 자신과 무관하다고 생각하는 사람에게 때로는 자신이 문제의 중심에 서 있다는 것을 깨닫게 함으로써 문제 해결 접근 방법 자체를 변화시키도록 유도한다. 자신의 의견을 충분히 제공하고 그 해결할 수 있는 기회를 부여받은 구성원은 자신의 책임하에 역할을 수행함으로써 자발적으로 몰입하게 된다. 자발적인 업무 개발보다 지시형 업무에 익숙한 한국 기업에서는 직원들의 말에 귀를 기울이고, 책임과 권한을 위임하여 동기를 유발하는 것이 직원들의 업무 몰입을 위한 첫걸음이다.

경청을 부르는 기술

패러프레이징(paraphrasing)

구성원의 이야기를 진심으로 듣고 인정하고 리액션을 하며 구성원들의 다양한 이야기를 끌어 낼 수 있는 분위기를 조성하기 위해서는 중간에 들은 것을 요약해 주는 패러프레이징 기술과 질문을 적절하게 사용한다. 예를 들어, "그러니까 당신이 한 이야기는 이러이러한 것이지요. 맞나요?" 같은 질문을 할 수 있다. 제대로 이해하고 간단하게 이를 정리하면 상대방의 이야기를 적극적으로 듣고 있다는 신뢰감을 줄 수 있다. 또한 육하원칙에 따라 상대방의 이야기 전체를 이해한다. 그래야 상대방이 처한 상황을 더 구체적으로 알 수 있고, 그 사람에 대한 상황과 감정을 이해할 수 있다. 마지막으로 상대방이 원하는 것이 무엇인지를 파악한다.

비언어적 의사소통

피곤하거나, 말하는 사람이 답답하게 말하거나, 흥미 없는 이야기를 할 때 자연스럽게 얼굴이나 몸에 나타나게 된다. 미간을 찌푸리거나, 다른 곳을 응시하는 것들이 포함된다. 그렇기 때문에 자신이 어떤 자세로 서 있고 앉아 있는지 의식적으로 인식해야 상대방의 이야기에 집중하고 있음을 보여 줄 수 있다. 완전히 집중하면 얼굴이나 발끝이 말하는 사람 쪽으로 향하게 된다.

CASE 4-2

[팀 리더] 전 팀 리더는 직원을 모욕하고 말을 심하게 하는 것이 최고의 동기 부여라고 믿었던 것 같았어요. 보고를 하려고 하면 조그마한 실수에도 인간적으로 듣기 힘든 말을 했습니다. 이제 저는 예전 팀 리더의 실수를 반복하지 않기 위해 최대한 배려심을 갖고 팀원들에게 친절하게 대합니다. 문제는 넘쳐나는 배려심 때문에 쓴소리를 잘 못합니다. 팀원이 작업한 결과물이 기획안과 너무 다르고 기대에 미치지 못해도 팀원의 기분이 상하지 않도록 부드럽게 에둘러 표현합니다. "음, 잘 만들어 주신 것 같은데 몇 군데 좀 수정하면 나아질 것 같아요. 다시 작업해 주실 수 있을까요?" 진짜 하고 싶은 말은 하지 못하고 조금씩 살만 붙여서 하는 식입니다. 때로는 제대로 작성하지 못한 보고서를 제가 수정해 주곤 합니다. 저는 좋은 팀 리더가 되고 싶은데 솔직하게 이야기하면 질책하는 나쁜 팀 리더라고 욕할까 봐 걱정됩니다.

[팀원] 우리 팀 리더는 다른 사람들에게 싫은 소리를 못해요. 잘못을 해도 크게 질책하지 못하고, 위험 부담이 큰 경우에는 윗분의 의사 결정을 기다리며 자신감 없이 우유부단한 태도를 보입니다. 대충 만든 보고서라도 상대방이 강하게 나오면, 의견을 강하게 이야기하지 못하고, 의사 결정을 번복하는 경우가 많아요. 그렇게 팀원들이 일을 조금 안 해도 대충 넘어가서 그런지 전체적으로 팀이 느슨한 분위기인 것 같아요. 이 팀에 새로 왔을 때, 팀 분위기가 너

무 느슨한 것 같아서 선배들에게 불만을 이야기했더니 "너도 대충 해~."라고 조언합니다. 처음에는 이렇게 하는 것이 맞나 고민했는데 점점 저도 그 분위기에 빠져들게 되더라고요. 현실에 안주하는 분위기가 만들어졌어요. 이제는 적당히 일하면서 제가 하고 싶은 일도 합니다. 회사에 다니는 것이 즐겁지는 않더라도, 몸이 편하고 스트레스가 별로 없으니까 나름 괜찮아요.

착한 리더 콤플렉스 = 싫은 소리도 잘해야 합니다

1. 솔직한 피드백이 힘들다

 진실을 솔직하게 말하는 것은 어렵다. 쓴소리를 들으면 이것이 좋은 피드백이라 할지라도 감정이 먼저 앞서기 마련이다. 사실을 받아들이기보다는 억울한 마음이 들 때도 있다. 진실된 말을 거부하고 싶어지며, 그 과정에서 관계가 어색해지고 어떤 진실도 소용이 없게 된다. 그렇기 때문에 착한 리더는 상대방의 감정을 다치게 할까 봐 걱정한다. 기존에 문제가 많았던 상사들을 반면교사 삼아, '절대 저렇게 하지 말아야지.' 하고 다짐한다. 괜한 쓴소리로 솔직하게 피드백했다가 나쁜 리더라는 이미지를 얻고 싶지 않기 때문이다. 하고 싶은 말이 있어도 제대로 하지 못한다. 자신을 좋게 봐 주기를 원하고, 관계가 나빠지는 것을 원하지 않기 때문에, 팀원의 부족함이나 미흡함을 지적할 용기가 없다.

 요즘 젊은 세대에게는 위계적이고 권위적인 리더가 아닌 수평적인 좋은 리더가 되어야 한다는 인식이 '착한 리더 증후군'을 불러일으킨다. 상사로서 좋은 이미지에 지나치게 집착하게 되면, 타인에게 좋은 소리만 하며 온화한 태도를 유지해야 한다는 강박관념에 사로잡히기 쉽다. 대신 칭찬이 중요하다고 상대를 기쁘게 하려고 공허한 쓸데없는 말을 한다. 칭찬받을 상황이 아닌데 칭찬을 받는 상대방은 어색하다. 지적을 하기로 마음을 먹을 때도 무슨 말을 할 것인가 많은 고민이 생기고 긴장하게 된다.

리더가 모든 팀원과 좋은 관계를 유지하려고 할 때, 직원들과는 어떻게든 갈등을 피하고 쉽게 지적을 하지 못한다. 지적을 하지 못하고 친절함을 우선시하는 업무 환경이 조성될 경우, 실질적인 성과 개선은 어려워지고 현실에 안주하는 분위기가 만들어진다. 적당히 일하면서 자기 하고 싶은 대로 하고, 큰 변화를 주기 어려운 상황이 된다. 팀원들은 회사에 다니는 것이 즐겁지는 않아도 편하게 계속 이렇게 일하면 좋겠다는 생각을 가지게 된다. 이러한 리더와 일하는 팀원들은 몸은 편하지만, 시간이 지날수록 클 수 있는 기회를 놓치게 되며, 결국 정체되어 다른 동기들과의 경쟁에서 밀려나게 된다.

좋은 리더의 정의를 내린다

착한 리더는 좋은 리더가 아니다. 나쁜 리더를 두려워하는 리더에게 착함을 재정의하는 것이 도움이 된다. 단기적인 평화로움보다는 장기적인 관점에서 직원들의 성장을 목표로 한다면 착한 리더로서의 역할은 한계가 있다. 좋은 리더는 착한 리더와 다르게 팀원들의 성장을 위해 참지 않고 솔직하게 표현한다. 잭웰치는 부하직원과의 관계에서 가장 중요한 덕목을 절대적인 솔직함이라고 했다. 팀원들에게 호감을 사고 편하게 해 주면 존경받는 좋은 리더라는 착각에서 벗어나야 한다. 사실 부정적인 피드백을 할 때 상대방은 큰 충격을 받을 수 있다. 누군가에게 쓴소리를 하는 것은 기본적으로 불편하고 어렵다. 그러나 리더는 팀원에게 올바른 말을 해 주어야 한다. 피드백은 상대방의 기분을 고려하여 전달하는 것이 아니라 개인이 발전과 조직의 성장을 위한 것이다. 솔직한 피드백을 하는 과정이 힘들더라도 올바른 것이라면 반드시 해야 한다. 팀원의 기분을 배려한다는 핑계로 쓴소리를 안 하면 좋은 방향으로 개선하고 변화시킬 수 있는 기회를 놓치게 된다.

사람은 자극을 통해 성장하고, 리더는 이러한 자극을 올바른 피드백을 통해 줄 수 있다. MZ세대 직장인에게 "착한 성격으로 솔직하지 못한 리더와 직접적으로 지적하는 리더 중 누구를 선호할 것인가."라라고 질문하자, 착하고 무능한 리더보다는 차라리 악하고 유능한 리더와 함께 일하고 싶다고 대답한 사람들이 많았다. 구체적인 업무 관련 피드백을 전달함으로써 더 나은 결과를 가져올 수 있음에도 솔직하지 않다면 리더는 자신의 책임을 다하지 못하는 것이다. '상처가 될 것 같으니 말하지 말자.'보다는 '어떻게 하면 상처를 주지 않고 솔직하게 피드백을 줄 수 있을까.'를 고민해야 한다.

2. 어떻게 솔직한 피드백을 할 것인가?

솔직한 피드백 전에 신뢰하는 분위기를 만든다

진정성을 확보한다

솔직한 피드백은 순간적으로 사람의 마음을 상하게 할 수 있다. 특히 리더가 팀원들과 신뢰를 구축하지 못한 상태에서 솔직한 지적은 더 나쁜 결과를 가져온다. 물론 불쾌한 지적은 단기적으로 좋은 결과를 얻기도 하지만 장기적으로 팀원들과의 관계를 파괴한다. 팀원들의 발전을 위한 것이 아닌 화남을 주체하지 못해 상처를 준다면, 아무리 좋은 이야기도 불쾌한 공격으로 인식된다. 리더라는 직책에서 오는 권력이 무의식적인 차원에서 팀원을 무시해도 된다고 생각하거나 자신보다 열등한 존재로 보게 하는 경우가 있다. 이러한 상사와 일하는 팀원들은 리더를 맞서 싸워야 할 악마로 본다. 이러한 분위기가 조성되면 솔직한 지적은 개선을 위한 도구가 아니라 상대를 해치는 무기가 된다.

    쓴소리를 어떻게 하는가는 스킬 문제가 아니라 조언하는 사람의 진정성에 달려 있다. 말하는 사람이 진심으로 말하는 것이라면 아무리 욕을 해도 기분이 나쁘지 않다. 팀원이 잘되길 바라며 해주는 말은 화법과 상관없이 누가 들어도 금방 티가 난다. 진정성을 갖추기 위해서는 팀원들이 나에게 어떤 존재인지 생각해 봐야 한다. 이 사람이 나와 같이 일하면서 조금이라도 발전했으면 좋겠고 지금 내가 해 주는 말이 나의 성과를 위해서가 아니라, 이 사람이 앞으로 5년 후 10년 후보다 괜찮게 성장하는 데 긍정적인 영향을 미쳤으면 좋겠다고 진심으로 생각한다. 이런 마음이 생기면 그 사람에게 도움이 되는 솔직한 말을 할 수 있다. 이런 마음으로 팀원들에게 솔직하게 피드백할 경우 팀원들은 자신을 위해 진심으로 꾸짖는다는 것을 느낄 수 있다.

    리더가 팀원 개개인의 성공적인 목표를 달성하도록 도와주기 위해서는 개인적으로 팀원을 잘 알아야 한다. 팀원 개개인의 업무 현황과 사정을 세세히 살펴보고 이들이 최고의 성과를 낼 수 있도록 도와주어야 한다. 개인적 관심이란 비즈니스 관계를 넘어선 개인적인 깊은 관계를 말한다. 팀원의 업무에 관심을 기울이는 것을 넘어 팀원이 자기 모습을 그대로 드러

낼 수 있도록 관심을 가져야 한다. 개인적 관심은 팀원들이 불편하게 여길 수도 있다. 지극히 개인적인 질문이나 상대방이 불편해하는 것에 관심을 가지라는 의미가 아니다. 팀원들에게 동기를 부여하는 것이 무엇인지, 그들이 회사에서 최종적으로 하고 싶은 것이 무엇인지, 그러기 위해 어떤 힘든 것이 있는지 등이 개인적인 관심의 예이다.

지적하기 전에 먼저 피드백을 요구한다

솔직한 피드백을 제대로 전달하기 위해서는 상호 신뢰가 필요하다. 어느 날 갑자기 개인적인 이야기를 듣고 싶다고 하면 팀원들이 속내를 드러내지 않는다. 리더가 먼저 개인적인 이야기를 해 주는 것이 팀원의 마음을 여는 데 도움이 된다. 특히 자신이 생각하는 단점을 드러내고 다가가는 것이다. 실패담이나 상사에게 혼난 이야기 등을 자랑삼아 이야기하는 것이 아니라 솔직하게 그 당시의 실망감, 낙담, 좌절 등을 이야기한다. 그리고 리더 자신에 대해 솔직한 피드백을 요청한다. 자신도 종종 실수를 저지른다는 사실을 인정하고 그럴 때마다 조언을 듣고 싶다는 태도를 보여 준다. 실제로 이런 피드백을 통해 많은 것을 배울 수 있다. 팀 리더보다 팀원의 수가 더 많으므로, 이들이 가까이서 관찰하다 보면 리더 자신보다 더 잘 볼 수 있다. 물론, 지적을 받는다는 것은 리더 입장에서 좋은 감정이 들지 않을 것이다. 솔직한 피드백에 방어적 자세를 취하거나 화를 내면 안 된다. 솔직한 지적에 주의를 기울이고, 그에 보상한다. 팀원의 지적을 받아 리더의 행동이 수정된다면, 팀원들은 솔직한 피드백이 어떻게 전달되는지를 예상할 수 있게 되고 리더를 신뢰하게 된다.

솔직한 피드백을 주는 것은 즐거운 일은 아니다. 감정이 상하거나 고통을 줄 수 있다. 가장 중요한 것은 팀원들이 리더를 어떻게 생각하는지이다. 평소 리더는 팀원들에게 개인적인 관심을 가지고 리더 자신의 취약점을 드러내고 솔직한 피드백을 요구하고 이를 받아들일 때, 그 사람을 신뢰하게 된다. 이럴 때 팀원들도 피드백은 받아들이며 고마워한다. 반대로 신뢰가 형성되지 않는 상태에서의 피드백은 사실이라도 불쾌하고 짜증을 유발하며 상처로 남는다.

솔직하게 피드백하는 방법
솔직한 피드백도 배려가 필요하다

팀원에 대한 배려는 리더에게 꼭 필요한 덕목 중의 하나이다. 인간적인 예의는 지위를 떠나 우리 모두의 의무이다. 리더가 아무리 좋은 의도를 가지고 피드백한다고 해도, 구성원이 받아들이지 않으면 아무런 소용이 없으며 관계만 악화시킬 뿐이다. 솔직한 피드백이란 무례하고 불쾌한 지적과는 다르다. 피드백은 구체적인 사실에 근거해 짧고 담백하게 해야 하며, 비난이 아닌 성장에 초점을 맞추어야 한다. 솔직함은 불쾌한 공격과 명확히 구분되어야 한다. 리더가 하고 싶은 말을 무조건 쏟아내고 자신에게 뒤끝이 없다고 하는 것은 솔직함이 아니다. 상대방을 배려하지 않는 솔직함은 불쾌한 공격으로 느껴질 수 있다. 자신의 감정을 I-Message 관점에서 솔직하게 표현하는 것이지 감정적인 것과는 다르다. 배려란 노력하지 않고 지속해서 기대 이하의 성과를 창출하는 것을 허용하거나 부주의로 인한 실수도 감싸 주는 것이 아니다. 상대방에게 잘못된 기대를 심어 줄 수도 있다.

상대방을 배려한다는 것은 성장할 수 있도록 도와주는 것이다. 애매모호한 표현으로 핵심을 알 수 없는 피드백을 주면 오히려 혼란을 키울 수 있다. 객관적인 사실에 근거하여 직접적으로 이야기해야 한다.

문제를 개인화하지 않는다

피드백을 할 때 성격적 특성이 아니라 행동에 기반하여 지적해야 한다. 개인적인 관심을 충분히 기울이지 않은 채 지적하면, 불쾌한 감정을 유발할 수 있다. 성격을 공격하면 팀원들의 행동 수정을 끌어 내기 어렵다. '선천적으로 게으르다.' '이기적이다.'와 같은 평가는 행동 개선에 도움이 되지 않는다. 이런 언급을 하면 문제를 개인적으로 차원으로 몰아가며 해결이 더 어려워진다. '당신이 성실하지 않아서'라고 말하기보다는 '당신의 부주의로 인해 업무가 엉망이 되었다.'라고 말하는 것이 낫다. 또한 그 이유에 대해 설명해 주어야 한다. 업무 처리가 충분하지 않다는 점을 명확히 지적하는 동시에, 그의 역량에 대한 믿음은 여전하다는 확신을 주는 것이 중요하다. 하지만 그런 느낌을 전달하기는 쉽지 않다. 리더가 바라는 것은 행동의 변화이다. 이를 위해서는 변하지 않는 성격을 비난하기보다는 행동이 미치는 영향에 초점을 맞추어 피드백한다. 누구의 어떤 행동 때문에 어떤 결과가 발생했다는 것을 명확히 하고, 이런 결과가 생기지 않도록 다른 행동을 할 것을 권장하는 방식으로 조언할 수 있다. 행동에 대한 결과를 명확히 지적한 뒤, 그 결과를 변화시키기 위한 방법도 함께 제시해야 한다. 예를 들어, 맞춤법을 자주 틀리는 팀원에게 '성격이 왜 이렇게 꼼꼼하지 않아?'라는 표현보다는 '실수를 반복하는 것 역시 실력 부족의 일부이다. 작은 실수도 반복하면 그만큼 자신의 경쟁력도 떨어질 수 있다.'라는 방식으로 개인의 성장을 돕는 피드백을 해야 한다.

정확한 사실관계를 먼저 확인한다

상대방을 지적할 때는 정확한 사실관계를 확인한다. 추측에 근거하여 판단하고 있는지 자신에게 물어봐야 한다. '저 사람은 이러이러해서 안 될 거야.'라는 식으로 자신의 추측이 개입되지 않도록 한다. 이 행동을 계속해도 되는지(지지적 피드백), 하면 안 되는지(교정적 피드백)를 명료하게 알 수 있는 솔직한 피드백은 구성원들의 성장을 돕는 것이어야 한다. 때로는 잔인할 수 있지만 객관적 사실에 근거하여 팀원에게 잘한 것과 못한 것을 정확하게 전달해야 한다. 물론 칭찬할 때도 사실관계를 파악하는 데 많은 시간을 투자해야 한다. 동시에 감정적 대립이 아닌 목적 중심의 대화, 배려와 존중이 전제된 솔직함이 있어야 한다. 문제나 갈등은 서로 다른 기대치로 인해 발생한다. 따라서 기대하는 수준을 미리 정하고 서로 동의하는 것이 중요하다. 이를 바탕으로 주관적인 요소를 피하고 객관적인 기대치에 기반하여 이야기할 수 있다.

말로 하기 어려운 심각한 피드백일 경우, 문서나 이메일로 전달할 수 있다. 다시 말해 전달하기 어렵고 중요한 피드백일수록 대면으로 먼저 전달하고 이를 글로 정리해 문서로 남긴다. 꼭 개선해야 하는 부분에 관한 큰 피드백일수록, 피드백 내용과 향후 개선 방법에 대해 기록해 준다. 기록을 통해 견해나 가치관으로 인해 서로 다르게 해석했는지 스스로 자문해 본다. 예를 들어, 젊은 세대이기 때문에, 성별이 다르기 때문에, 특정 대학 출신이기 때문에, 내가 다른 사람보다 이 사람에게 더 부정적인 감정이 있는지, 좀 더 엄격한 잣대를 들이대는 건 아닌지 등 자신의 편견을 확인해 봐야 한다. 생물학적으로 자기와 비슷한 사람들에게 동조하는 경향이 크기 때문에 남성끼리, 여성끼리 편안함을 느낀다. 생존을 위해 자신과 다르게 생긴 사람을 보면 위협을 느끼도록 진화했다. 이로 인해 편견이 생길 수밖에 없다. 이러한 편견을 인정하고 상대방을 이해하려는 노력을 의도적으로 해 나가야 한다.

즉각적 피드백 VS 지연적 피드백

문제 행동을 했을 때 즉각적인 피드백이 행동 개선에 효과적이라는 것은 여러 연구로 증명되었다. 그러나 지연적 피드백이 바람직한 경우도 있다. 상대방의 감정이 불안정해 피드백을 받아들일 심리적 상태가 아니거나, 객관적 자료수집이 더 필요할 경우 피드백을 연기하는 편이 낫다. 또한 스스로 충분히 자신의 실수를 성찰하고 대안을 세울 수 있는 직원에게는 지연적 피드백이 더 나을 때도 있다. 젊은 세대일수록 피드백의 빈도와 적시성이 더 중요하다고 응답했다. 적절한 타이밍을 고려할 때 피드백의 수용성을 높일 수 있다. 꼭 형식을 갖추지 않아도 되며, 가볍게 즉시 피드백을 해도 좋다. 지나가는 길에 '수고 많았어. 이런 점을 추가하면 더 좋을 것 같아.'라는 따뜻한 한마디가 사람의 마음을 움직인다.

나아질 기미도 보이지 않은 팀원 피드백하기

먼저 팀 리더는 평소에 자신이 이런 팀원의 일과 삶에 많은 관심을 보여 주었는지 확인해 본다. 관찰된 것을 바탕으로 개선을 위한 조언을 솔직하고 투명하게 제시했는지, 이러한 피드백이 해결책 발견에 직접적인 도움을 주었는지, 지속적으로 오랜 시간 동안 피드백을 했는지, 형식적으로 한두 번만 반복했는지, 그럼에도 불구하고 팀원이 개선의 여지가 없는지 확인한다.

두 번째 성과가 낮은 팀원이 팀에 어떤 영향을 미치는지 파악해야 한다. 팀에 부정적인 영향을 미치는 것으로 파악된다면 이미 그는 썩은 사과일 것이다. 많은 리더가 자신의 팀원이 나아질 것이라는 기대를 갖는다. 구체적으로 어떻게 나아질까, 어떤 변화를 시도했나, 어떤 차이를 보여 줄까, 업무 환경을 어떻게 바꿀 것인가 등에 대한 대답이 떠오르지 않는다면, 다른 방법을 취해야 한다. 또한, 성과가 낮은 팀원을 해고하기 꺼리는 이유는 조직에 공백이 생길 것을 두려워하기 때문이다. 새로운 사람을 채용하기에는 오랜 시간이 걸리고, 없는 것보다는 조금이라도 업무에 도움이 되지 않을까 생각한다. 이런 태도는 그들이 일을 마무리하지 않거나 적당하게 처리해도 되겠다는 생각을 갖게 한다. 그런 태도는 다른 사람들의 업무를 방해하고 팀 분위기를 저해한다. 이런 팀원은 인사적인 방법을 고려해 봐야 한다. 토스는 트러스트 리빌딩 프로그램이라는 제도를 도입했다. 업무 태만이나 팀워크를 해쳐 저성과자로 지목될 경우 위원회를 구성해 3개월간의 개선 여부를 지켜본다. 개선이 안 될 경우 3개월을 더 연장하여, 최종적으로 개선이 되지 않으면 권고사직이 가능하다.

CASE 4-3

[팀 리더] 알아서 잘해 주면 좋을 것 같은데, 보고서를 보면 오탈자투성이입니다. 조금만 신경 쓰면 될 것을 자기 업무에 대한 책임감이 떨어지는 것 같습니다. 책임자는 자신의 업무에 대해 자세히 알고 있어야 하는데, 물어보면 제대로 대답을 하지 못합니다. 믿고 맡겨야 하는데, 팀원들의 수준을 보면 그럴 수가 없습니다. 모든 일을 세세히 살피지 않으면 보고서가 윗선으로 바로 올라가 결국 팀 리더인 제게 부정적인 영향을 미칩니다. 일이 잘못되면 팀 리더가 다 같이 책임져야 하기 때문에 완벽하게 업무를 살펴봐야 합니다. 팀원들에게 어떤 일을 맡겨도 영 믿음이 가지 않으니, 제가 신경 쓸 일이 많습니다.

[팀원] 우리 팀 리더는 재경 출신이라서 그런지, 꼼꼼하고, 실수하지 않는 까칠한 사람으로 소문이 났습니다. 기대 수준이 높다 보니, 보고서를 비롯한 각종 서류에서 틀린 숫자나 글자를 발견하면 화를 냅니다. 매사 실수를 잡아내기 위해 집중하다 보니, 늘 신경이 날카롭습니다. 또한 자신이 지시한 내용을 꼼꼼하게 기록하고 있어, 팀원이 지시한 내용을 기억 못하거나 보고서를 다르게 작성해 오면 화를 냅니다. 또한 사소한 실수나 디테일하게 캐묻고 대답을 못하면 인격적인 모독을 합니다. 이제는 보고하려고 가는 것이 겁이 나고, 소리를 지르면 머릿속이 하얘지고 아무런 생각이 나지 않습니다. 모든 것이 제 능력이 부족해서 일어난다는 자책도 생깁니다. 여유가 없으니 실수를 자주 하게 되고, 잦은 실수와 잦은 수정에 점점 자신감이 떨어집니다.

CASE 4-4

[팀 리더] 보고서를 보면 분명히 내가 원하는 방향이 아닌데, 요즘 팀원들은 뭐라고 하면 오히려 역효과가 나거든요. 처음 팀 리더가 되었을 때는 이 정도밖에 못하나 답답하고 짜증도 났어요. 짜증을 낸다고 일이 빨리 진행된다거나 더 잘하는 것은 아니더라고요. 이제는 핵심이 되는 중요한 이것만 더 추가를 하자라고 하고 나머지는 이야기 안 합니다. 이렇게 핵심만 있으면 전체적으로 사족이 많이 있어도 뭐라고 이야기는 안 합니다. 열심히 작성한 보고서인데 부정적 피드백을 주면 오히려 상처를 받는 듯하더군요. 열심히 한 일인데 난도질당하면 감정적으로 상처를 입을 수도 있기 때문에 그냥 큰 틀에서 몇 가지만 더 추가하고 정말 아닌 것은 삭제하라고 합니다. 보고서가 중요한 것이 아니라 실행이 중요하잖아요.

[팀원] 팀 리더는 프로젝트를 왜 해야 하는지 설명하고 언제까지 해야 하는지 물어보고 합의를 하면 별다른 지시 없이 그대로 방치하는 느낌입니다. 머리를 싸매고 수정에 수정을 거듭해도 좋은 결과물이 나오지 않았어요. 팀 리더는 지나가면서 일이 잘 진행되고 있는지 물어보고 무심하게 이런저런 아이디어를 던져 주는데 절대로 이렇게 해라, 저렇게 해라 지시는 안 하는 것이 답답하더라고요. 차라리 명확하게 지시하면 일하기가 훨씬 수월할 텐데요. 거의 마감 기간이 되어서 제 자리로 와서 제 보고서를 보고 이런저런 조언을 해 주시더라

고요. 결국 만족할 만한 결과물을 얻을 수 있었어요. 당시는 몰랐는데 그 프로젝트를 하면서 제가 실력이 많이 쌓인 것 같아요. 끝까지 지시하지 않고 기다려 주고 고민하게 해 주시는 바람에 힘들었지만 내공이 커진 것 같아요.

인내심이 필요합니다

1. 인내하기 힘들다

좋은 리더가 완벽한 리더는 아니다. 리더가 되었다는 것은 한 분야에서 전문성을 인정받았다는 것이다. 목표 달성과 성과에 전념했기 때문에 리더로 승진했다. 이들은 주로 일에 몰입하는 리더로, 추진력이나 카리스마가 강하며 높은 기대 수준을 가진다. 꼼꼼함, 치밀함, 주도면밀, 성과 위주, 목표관리 중심 등이 이들을 대표하는 말이다.

심리학적으로 완벽을 추구하는 사람에게는 불안감이 있다고 한다. 이러한 불안은 대체로 성장 과정에서 성과를 강요받거나 과도한 경쟁을 경험했던 사람들에게서 나타난다. 인정받고 싶고 사랑받고 싶은 심리로 인해 자기 자신에게 매우 높고 엄격한 기준을 적용한다. 작은 실수만 해도 타인을 만족시키지 못하고 버림받을 것 같은 심리가 작동하는 불안한 상태이다. 이러한 사람들은 자신에게 높은 기준을 적용해 끊임없이 노력함으로써 탁월한 성과를 내는 경우가 많다. 내 업무뿐만 아니라, 내 업무에 영향을 주는 다른 사람의 업무까지 엄격하게 관리함으로써 위기 상황 능력도 뛰어나다. 완벽한 리더일수록 자신의 오랜 경험과 지식을 바탕으로 올바른 해결책이라 믿는 방법을 유지한다. 자신의 논리에 빠져 새로운 해결책을 무시하는 오류를 범하기 쉽다. 이런 사람들은 과도한 압박감과 번아웃을 쉽게 느낀다.

팀원들에게도 높은 기준을 적용하여 높은 강도의 업무를 맡기거나 우선순위와 관계없이 모든 일을 잘하리라 기대한다. 자신이 가지고 있는 완벽함에 준하지 않으면 모든 것이 부족하다고 생각한다. 본인이 뛰어나다고 생각해서인지, 웬만한 일에는 칭찬을 하지 않는다. 항상 왜 이렇게밖에 못할까 하고 실망감만 느낀다. 실패에 대해서도 지나치게 가혹한 태도를 보인다. 지나간 실패들까지 반복해서 언급하여 팀원들의 자존심을 떨어뜨린다. 팀원들의 잘못을 일일이 들춰 책임을 추궁하며, 실패에 대한 모멸감을 준다. 대부분의 리더는 자신의 지적 및 사회적 능력을 과대평가하는 경향이 있다. 이런 행동은 팀의 심리적인 에너지를 소진하고, 낙인찍히지 않는 사람들의 심리적 안정을 해친다.

사람은 실수하게 마련이다. 중요한 것은 실수에 대한 리더의 태도가 구성원의 성장을 가져온다는 점이다. 실수에 맞는 격려를 해 주면 그들도 조금씩 기대에 부합하는 행동을 하게 되고 그 기대가 결국 실제로 이루어진다. 이를 피그말리온 효과라 한다. 그 반대로 리더가 낮은 기대감을 보여 줌으로써 낮은 수준의 성과와 행동을 얻게 되는 경우를 '스티그마(실패증후군) 현상'이라고 한다. 사람들이 제대로 맡은 일을 수행하지 못하는 경우 실제 능력보다는 리더의 스티그마 현상 때문일 가능성이 높다. 완벽을 추구하는 리더일수록, 기대에 못 미치는 결과물을 가져왔을 때 다른 사람에 비해 능력과 성과가 떨어진다고 생각하는 경향이 크다. 이때 리더는 부족한 점들을 꼼꼼하게 지적해 준다. 리더가 완벽하게 챙기면 결과물이 좋아지는 것은 사실이다. 그러나 팀원들의 노력이 무시되는 경향이 있다. 과정에서 보여 주는 팀원들의 노력을 간과하게 된다. 결과 기준에서 벗어난 사람은 무능력하고 역량이 부족한 사람으로 평가하기 쉽다. 이런 리더 아래에서 일하는 직원들은 자주 번아웃을 경험한다. 이러한 관리 방식은 불신의 골을 깊게 만든다.

　리더가 자신을 믿지 못하거나 능력이 없는 사람으로 여긴다고 느낀 팀원은 조바심을 가지거나 자신감을 상실하게 된다. 리더가 질책하면 잘못을 빠르게 인정하고 리더의 반응에 순응하는 상사 의존적 성향이 된다. 변명을 하거나 잘못을 다른 곳으로 돌리는 회피 반응, 인정받기 위한 과도한 목표 지향 행동 등을 하게 된다. 다른 한편 낙인찍힌 구성원은 불만족을 표시하거나 조직행동을 거부하게 되고, 리더는 이 때문에 심리적인 에너지를 소진한다. 그리고 낙인찍히지 않은 사람들은 일의 과부하 현상 발생하여 팀워크를 깨뜨린다. 스티그마 현상은 능력 없는 구성원만의 문제가 아니다. 팀원을 위해 참고 기다려주지 못하는 리더에게 책임이 있다. 이런 리더는 조직의 문화에도 영향을 준다. 조직에 문제가 발생해도 능동적으로 대처하기보다는 수동적으로 책임을 회피하려는 분위기를 만들어 낸다. 이런 리더 밑에 있는 사람들은 몸을 사리는 것이 습관이 되어 스스로 나서지 않는 문화가 조성된다.

인내와 긴급 사이에서 줄타기

　중요도와 긴급도를 기준으로 미래에 시선을 두고 오늘을 철저하게 관리해야 하는 리더에게는 인내할 줄 아는 태도가 필요하다. 그러나 리더는 늘 인내와 긴급의 균형에서 어려움을 겪는다. 특히 단기 성과에 집중하는 리더가 인내하기 더 힘들다. 좋은 성과를 위해 시간 투자가 필요하다는 것을 모르지 않지만, 결과를 빨리 내야 자신의 상사와 조직의 신뢰를 얻을 수 있기 때문이다. 단기간의 결과에 집중하다 보면 다음 단계를 대비하는 직원들을 조급하게 만들어 의사 결정력이 현저히 떨어진다. 많은 사례들이 리더십을 발휘할 때 중요한 것이 인내심이라고 한다. 새로운 직원이 온보딩하거나 새로운 작업을 위임할 때 인내심은 더욱 필요하다. 신입사원이나 새로운 팀원의 경우 학습 속도가 느리고 이해하기 어려운 습관이나 비생산적인 방식으로 업무를 대할 때 인내하는 것이 더 힘들다.

당장 완료해야 할 일이 있는데 맡겨 놓고 기다리는 것도 힘든 일이다. 더욱이 일의 완성도가 리더의 기대 수준을 충족시키지 못할 때가 많다. 이는 당연한 일이다. 기대 수준을 충족하려면 구성원의 업무 역량을 리더와 같은 수준으로 개발해야 한다. 구성원의 업무 역량이 어느날 갑자기 좋아질 리 없다. 그럴 경우 리더가 직접 일을 도맡아 하게 되며, 팀원들은 배울 기회가 사라진다.

좋은 리더는 업무 목표 합의 후 일이 진전되지 않았다고 일을 빼앗는 것이 아니라, 믿음을 가지고 인내하여 자신이 도와줄 수 있는지 물어보고 기다릴 줄 안다. 그런 리더와 일하는 팀원들은 일을 하면서 고민하게 된다. 물론 개인차가 존재한다. 기대 수준을 낮추고 업무 완성도가 잠시 떨어지는 것도 감내해야 한다.

CASE 4-5

[팀 리더] 역량이 부족한 팀원들에게도 그냥 믿고 맡기면 됩니다. 리더는 조급함을 버려야 합니다. 믿고 맡기는데 명확한 업무 지시를 안 한다고 불만을 토로하는 팀원들도 있어서 결국에는 다 해오게 되더라고요. 시간이 오래 걸리더라도 기다려줘야 합니다. 대신에 이 팀원이 못할 경우를 대비하여 플랜B를 준비해야 합니다. 그 팀원이 그때까지 할 수 있는지 없는지를 판단하여 어디까지 해야 할 것인지, 안 되더라도 데드라인이 언제까지인지를 정해 놓아야 합니다. 저도 나름대로 전문성이 있으니까, 정 안 되면 여기서 이만큼만 하라고 말하거나 옆에서 세심하게 챙기면서 같이 일을 할 수도 있습니다. 안 찾아봐서 그렇지 방법은 많아요.

2. 인내심을 키우는 것이 가능한가?

아이를 키워 본 부모라면 인내심이 얼마나 필요한지 알 것이다. 어린아이들은 뭐든 혼자 해 보고 싶어 한다. 마음이 급한 부모는 속이 터지지만 아이는 제대로 하지 못하면서 스스로 밥도 먹으려고 하고 옷도 입고 신발도 신어 보려 한다. 부모가 대신 해 주게 되면 의존적인 아이로 클 가능성이 높다. 그러므로 자신의 일을 스스로 해결해 내기 위해서는 기다려주는 인내심이 필요하다.

산업화 시대에서는 운영의 고도화를 통해 경쟁사와 차별화하였다. 성과 지향적 리더들이 높은 점수를 받기도 했다. 그러나 4차 산업 시대에는 디테일을 생기는 것보다는 빠른 환경에 유연하게 대응하는 것이 더 중요하게 되었다. 그러기 위해서는 구성원들에게 권한을 위임해 현장에서 빠르게 결정하게 해야 한다. 리더가 팀원에게 자율성을 부여하기 위해서는 그들의 성과를 낼 때까지 조금 답답하더라고 인내심을 가지고 기다려줄 수 있어야 한다. 나와 다른 방식으로 업무를 처리한다는 이유로 참지 못하고 팀원들의 업무에 개입하기 시작하는 순간 팀원들에게 권한을 위임할 수가 없다. 권한 위임 과정에서 발생하는 조직 내 혼돈을 잘 참아내고 팀원들의 관점을 이해해야 한다. 자율권을 부여하면 초기에 실패 가능성이 높아질 수밖에 없다. 실패를 통해 학습을 장려함으로써 반복되는 실패를 최소화할 수 있다. 인내가 없으면 자율적이고 창의적인 환경을 만들 수 없다. 어느 정도 수준의 업무 수준에 도달하기까지 답답함을 참는 것을 인내 비용이라고 한다. 인내 비용의 대표적인 요소가 실패 비용이다. 실패는 리더 입장에서 두려운 존재이다. 이를 감당하기 위해 실패를 관리하고 그를 통한 학습을 장려함으로써 실패를 최소화할 수 있다. 픽사는 경영진이 위험을 회피하거나 최소화하고자 하는 본능을 이겨내야 자율적이고 창의적으로 일할 수 있는 분위기가 형성된다고 했다.

완벽한 사람은 없다는 것을 인정한다

메타인지는 자신이 모른다는 것을 인지하는 능력이다. 잘난 사람일수록 완벽주의가 강하게 나타난다. 이런 사람일수록, 메타인 능력이 부족하다. 좋은 리더는 자신의 단점을 인지하고 극복함으로써 부정적 영향력을 최소화하기 위해 노력한다. 자신의 기분, 습관, 기준, 역량 등이 팀원들의 실적 및 정서에 미치는 영향을 이해하기 위해 많은 노력을 기울인다. 스스로 완벽한 사람은 없다는 것을 인정하고, 끊임없이 질문을 던지며 답을 찾아보고자 노력한다. 편안함을 느끼는 영역에서 벗어나 다른 방식으로 보려고 노력한다. '나라면 이렇게 했을 텐데.' 하며 질책하기 전에 내가 모르는 제도나 트렌드의 변화가 있는지, 내가 몰랐던 사실은 무엇인지 등을 확인해 보는 것이 메타인지 능력을 높이는 방법이다.

언제 흥분하고 인내심을 잃게 되는지를 파악한다

자신이 흥분한 순간에 어떤 행동을 하고 어떻게 생각하는지를 알아야 한다. 자신의 습관을 기억하는 것이 중요하다. 이러한 인식과 생각을 통해 어떤 상황에서 어떤 행동을 해야 하는지를 상기한다. 인내심을 잃을 것 같은 상황이 오면 몸과 마음을 진정시키는 것이 중요하다. 호흡하는 것이 인내심을 기르는 데 도움이 된다. 호흡은 건강한 정신과 감정을 가질 수 있게 하는 비결이다. 뇌에 산소를 공급함으로써 감정을 안정시킬 수 있다. 하루에 세 번 이상 심호흡을 하는 습관을 키운다. 눈을 감고 아무것도 생각하지 않는다. 우리 몸에 들어오고 나가는 공기에 집중한다. 하루 이틀 만에 습관화되는 것이 아니므로 지속적인 노력이 필요하다.

몸과 마음이 안정된 상태에서 인내심을 잃는 원인을 찾는다

이 단계에서 스스로에게 물어봐야 한다. 나는 왜 조급함을 느꼈는지, 구체적으로 무슨 일이 있었는지 자신에게 질문을 한다. 사람들은 무엇인가를 제어하고 싶은데 그렇게 할 수 없을 때 조급함을 느낀다. 통제하지 못하고 흥분하게 된다. 제어할 수 없다면 놔두고 바라볼 수밖에 없다. 그런 상황을 스스로 흘러가게 한다. 다음은 어떻게 해결할 것인지를 결정한다. 리더 자신이 현재 겪고 있는 상황에서 관찰자의 입장이 되는 것이다.

눈높이 리더십이 필요하다

리더는 자신의 기대 수준을 팀원들의 수준까지 맞추는 눈높이 리더십이 필요하다. 부모가 아이의 눈높이에 맞추기 위해 무릎이나 허리를 굽히고 이야기하는 것처럼 말이다. 목표 설정이나 평가 피드백을 할 때 팀원에게 기대하는 사항, 요구 수준을 분명하게 제시하고 서로 협의하는 과정을 거쳐야 한다. 작은 성과에도 칭찬하는 습관을 가질 필요가 있다. '이렇게밖에 못할까?'라는 생각이 들 수 있다. 그럼에도 매로 다스리기보다는 칭찬으로 다스려야 성장의 효과가 더 크다. 이런 리더는 하루 일상에서 업무를 놓는 것보다 하나씩 업무를 부여하여 책임을 지도록 하고, 성공했을 때 다른 일을 맡기는 방법으로 진행한다. 리더는 직접 일하는 사람이 아니다. 다른 사람을 통해 성과를 내는 사람이며, 구성원이 성과를 낼 수 있도록 도와주어야 한다. 서로에게 요구하는 기대치에 합의해야 하며, 현실적인 기대치를 설정한다. 한 걸음 물러서서 상황을 평가해 본다. 주어진 상황에서 합리적으로 달성할 수 있는지 스스로 물어본다. 해당 구성원에게 맞는 현실적인 기대치를 설정함으로써, 인내심을 갖고 작업에 집중할 수 있다.

에비스 전 CEO 로버트 타운젠드는 감사 인사야말로 가장 쉬우면서도 강력한 인정이자 보상이라고 하면서, 많은 리더들이 이를 간과하고 있다고 지적했다. 최고의 리더들은 프로젝트의 성공 여부와 상관없이 수고한 사람들에게 감사를 표현한다. 특히 실패했을 경우 좌절감이 팀 분위기를 압도할 수 있기 때문에 격려와 인정, 지원이 더욱 절실하다. 팀원들을 진심으로 격려하고 지원할 수 있는 감사 인사는 혼동과 실패 속에서도 교훈을 얻을 수 있는 분위기를 조성한다.

CASE 4-6

[팀 리더] 신상품 설명회에서 본부장에게 '다른 본부에서 출시한 제품에 대해 어떻게 생각하느냐?'는 질문을 받았습니다. 실은 우리 팀에서 출시한 제품에 신경 쓰느라 그 제품에 대해 정확하게 알지 못했습니다. 그때 내적으로 갈등이 되더라고요. 대충 아는 척 이야기를 하고 주제를 다른 쪽으로 돌릴까? 아니면 모른다고 솔직하게 이야기할 것인가? 고민했습니다. 저는 나름 회사에서 능력 있는 팀 리더로 인정받고 있었기 때문에, 모른다고 이야기하면 무능한 사람으로 치부될까 겁이 났어요. 참석한 사람들이 저의 답을 기다리고, 모두가 경청하려는 어색한 분위기가 부담스러웠습니다. 마침 그 자리에 우리 팀 차석이 참석해 있어서 질문을 그 친구에게 넘겼습니다. 다행히 그 친구가 잘 설명해서 상황을 넘겼습니다. 지금 생각해도 화끈거리는 순간입니다.

[팀원 1] 우리 팀 리더는 자신의 잘못된 의사 결정으로 문제가 생겨도 자신의 잘못을 인정하지 않습니다. 팀 리더가 지시한 대로 고객의 컴플레인을 처리했는데, 중요 거래처에서 더 이상 우리 회사하고 거래하지 않겠다고 합니다. 팀 리더가 저에게 불같이 화를 내며 저 때문에 중요 거래처가 다 끊겼다며 책임지라고 합니다. 그러고는 바로 거래처에 전화해서 직원이 무능해서 일을 이 지경까지 만들었다고 한 번만 더 기회를 달라고 하면서 손바닥 뒤집듯이 자신의 의사 결정을 번복합니다. 그리고 제가 잘못한 일을 본인이 바로잡았다고 허풍스

럽게 다른 팀원에게 말합니다. 문제가 생기면 항상 희생양을 만들고 팀 분위기를 공포스럽게 만듭니다. 이런 식으로 대우받으면서 이 회사에 남아 있을 이유가 있을까요?

[팀원 2] 팀원들은 개인 연구, 논문, 스터디 등 변화하는 환경에 적응하기 위해 열심히 공부하고 있는데 팀 리더는 사내 정치에 더 많은 시간을 보내는 것 같아요. 광 팔기, 임원 칭찬받기 등. 제가 보고한 부분에 대해 설명을 해도 못 알아듣거나 전문 용어가 나오면 아예 들으려고도 하지 않습니다. 스스로 모르는 분야는 공부하려는 의지도 없어서 이렇게 작성하면 윗분이 알아듣지 못한다고, 알아듣기 쉽게 정리해 오라 합니다. 며칠 동안 작성해 주고, 보고 시간에 본인이 이해 못한 것을 공부시켜 주느라 힘들어요. 기술이 너무 빨리 변해 저도 따라잡기 힘든데, '우리 팀 리더는 예전에는 어땠는데.'라고 꼰대 같은 소리만 합니다. 잘 알지 못하면 제가 하도록 그냥 내버려두면 되는데, 적합하지 않은 업무 지시를 하니 정말 힘듭니다.

모르는 것, 잘못을 인정합니다

1. 모른다는 것이 두렵다

리더 자신의 잘못된 의사 결정으로 문제가 발생한다면 어떻게 대처할 것인가? 윗선이 모르게 조용히 덮거나 희생양을 찾아서 그 일에 대한 책임을 물을 수 있다. 글로벌 리더십/세일즈 개발 컨설팅 회사인 The Forum Corporation이 진행한 글로벌 연구 결과에 따르면, 일이 잘못된 경우 정식으로 사과하는 리더는 단지 19%에 불과했다. 나머지 81%는 사과 자체가 자신을 약하고 경쟁력이 떨어지는 것처럼 보이기 때문에 사과하는 것을 두려워한다고 했다.

하버드대학교 경영대학원 레슬리K. 존 교수 등은 다양한 조직 리더에게 자신을 어떻게 예비 직원에게 소개할 것인지 글로 작성해 달라고 요청했다. 실험에 참여한 대부분의 리더는 장점만을 기술했다. 자신의 이미지 손상을 두려워해 약점을 언급하는 사람은 거의 없었다. 리더는 자신이 모든 것을 안다고 생각하여 모르는 것을 모른다고 말하는 것을 두려워한다. 무시당하거나 자신의 권위가 떨어질 것 같은 두려움 때문이다. 최악의 경우, 모르는 것을 아는 척하면서 과감하게 지시하고 의사 결정을 내린다. 이럴 경우 조직이 엉뚱한 방향으로 나아가게 된다. 리더라면 누구나 잘해 내고 싶은 욕심이 있다. 자신의 부족함이나 실수로 일이 잘못되었을 때 자신의 잘못을 인정하는 것이 더 어려워진다. 수치심이라는 감정에 사로잡혀 자신을 하찮게 생각하게 되고 자신이 결함투성이라는 기분을 느낀다.

리더가 존중받아야 하는 것은 직급에서 오는 권력 때문이 아니라 전문성과 경험 때문이다. 이런 성공 경험으로 리더의 자리에 오른 것도 사실이다. 그러나 이런 리더의 경험이 조직 성과를 예측할 가능성이 점점 줄어들고 있다. 때에 따라서는 이런 경험이 오히려 성과에 장애 요인이 되기도 한다. 경영 환경이 급변하면서 과거의 성공 경험으로 점차 통하지 않게 된다. 지식 반감기란 우리가 알고 있는 지식의 가치가 반토막 나는 기간을 말한다. 특히 IT분야의 지식과 기술의 경험은 더욱 짧아졌다. 리더가 지속적으로 자신의 정보와 지식을 점검하고 학습하여 역량을 향상시키지 않고 과거에 학습했던 지식에만 의존하면 실패하기 쉽다. 동시에 지식 변화에 쫓아가지 못하는 리더는 불안감을 가지게 된다. 변화해야 하는데 후배들이나 동료들에게 밀리면 끝이라는 불안감 때문에 변화를 거부하기도 한다. 팀원들은 영리해졌고 조직은 냉정해졌다. 리더가 아무리 직급에서 오는 권력을 사용한다 하더라도, 더 이상 팀원들은 리더를 존중하지 않게 된다.

2. 모른다는 인정은 성장의 기회이다

레슬리 K.존 교수와 그의 연구진들에 따르면, 리더가 자신의 약점을 스스로 공개할 때 구성원들에게 진정성 있는 사람이라는 인식을 줄 수 있다고 한다. 특히 약점을 드러냈을 때의 효과는 직위가 높을수록 더 컸다. 리더가 약점을 공개한 경우 유능하지 않거나 따뜻하지 않은 사람이 아니라 진정성 있는 사람으로 느꼈다는 것이다. 그러나 공개하는 약점은 인간이라면 누구나 가질 수 있는 것으로 국한한다. 특히 무례하게 대우하거나 비윤리적인 행동을 한 것 등 범법 행위를 솔직하게 공개하는 것은 긍정적인 결과로 이어지지 않았다. 또한, 약점을 자발적으로 공개해야 진정성을 느낀다. 들켜서 어쩔 수 없는 상황에서 약점을 공개한다면 의도가 퇴색한다는 것이다. 다시 말해 리더라는 이미지가 아닌 진정성이 전부라는 마음가짐으로 인간적 공감이 되는 약점을 스스로 개방할 때 그런 리더들을 오히려 정직하고 신뢰할 수 있는 리더로 본다는 것이다. 또한 다른 연구에서도 리더가 자신의 진정한 모습을 그대로 행동한다고 믿을 때 구성원들은 더 큰 행복을 경험하고 조직을 신뢰하며 더 큰 성과를 낸다고 했다. 또한 진정성을 가진 리더가 윤리적으로 옳은 결정을 내릴 가능성이 높았다.

    모른다고 말하는 데는 상당한 용기가 필요하다. 무언가를 모른다는 것은 배울 수 있는 기회가 있다는 의미이며, 또 다른 성장을 위해 나아갈 수 있다는 의미다. MS의 사티아 나델라는 "저는 이 기술을 몰라요, 설명해 주세요."라고 자주 말한다. 소크라테스도 자신이 모르는 것을 알고 있다고 했다. 자신이 모른다는 것을 인정하는 것이 중요하다. 자신이 모른다는 것을 모르는 사람은 배우려 하지 않기 때문이다. 자신이 모른다는 것을 아는 사람만이 배우려 한다. 미국 휴스턴대학교 브레네 브라운 연구교수는 전 세계 기업 대상으로 진행한 연구에서 위기를 돌파할 수 있는 힘은 리더 자신의 취약성을 인정하는 것에서부터 나온다고 밝혔다. 대담하게 자신의 취약성을 인정하는 리더는 주변 사람들로부터 더 많은 지지와 도움을 끌어낼 수 있다고 설명한다. 자신의 취약성을 드러내고 겸허하게 도움을 청하는 리더들은 진심으로 도와주고 싶은 마음이 생긴다.

자신의 욕심이나 두려움을 내려놓고 진정한 자신과 마주하기는 어렵다. 리더에게는 자기 인식이 필요하다. 자신의 강점은 물론 약점까지 객관적으로 인식하고 자신의 약점을 인정하고 실수하거나 실패할 수 있다는 점을 받아들여야 한다. 그리고 그것을 팀원들과 가감 없이 이야기하는 것이 좋다. 좋은 리더는 모든 문제의 답을 알고 있는 자신감 있는 사람이 아니라, 비전을 분명히 제시하고 자신의 약점을 솔직히 드러내고 배우려는 사람, 사람들과 유대감을 쌓고 사람들이 잠재력을 발휘할 수 있게 만드는 인간적인 사람이다. 오늘날의 비즈니스 환경은 빠르게 변화하여 점점 예측할 수가 없게 되었다. 우리가 직면한 복잡한 문제, 환경, 건강, 사회적 위기들을 해결할 완벽한 답을 알지 못한다. 그렇기 때문에 자신의 부족함을 드러내고 함께 문제를 해결해 나가는 모습의 리더에게 더 인간적인 매력을 느끼게 된다.

CASE 4-7

[팀원] 팀 리더는 자기가 모르는 분야에 대해 공부를 많이 하려고 합니다. 저한테도 많이 물어보고 어떤 결정을 할 때 본인이 결정할 수 있는 상황인데도 팀원들의 의견을 다 물어보고 결정하세요, 모르는 것은 모른다고 말하고 제게 물어보고 배우려고 합니다. 그래서 저도 팀 리더에게 도움이 된다는 자부심도 생기고, 팀 리더와의 관계가 가깝게 느껴지기도 합니다.

실패 경험을 기록한다

실패한 경험을 적어 보는 것도 큰 의미가 있다. 남에게 보여 줄 필요는 없다. 실패의 경험을 대개 혼자만 마음에 간직하지, 다른 사람에게 말하는 경우는 거의 없지만, 여전히 머릿속에 남아 있다. 실패한 과거를 돌아보는 것은 괴로움을 털어버리기 위한 것이 아니다. '실패를 통해 성장했고, 그 덕분에 더 나은 리더가 되었다'며 실패가 성공을 가져다주었다고 팀원들에게 교훈을 들려주려는 것이 아니다. 본인의 리더십에 어떤 영향을 미치고 있는지, 특히 그런 실패가 취약함을 드러내는 데 어떤 영향을 미치는지, 좋은 리더가 되기 위해 어떤 것이 방해되었는지 등을 알아보기 위한 것이다.

성장하기 위해 듣는다

리더가 배우려 하지 않고 팀원들에게 잔소리만 한다면, 팀원들이 리더를 얼마나 신뢰할 수 있을까? 특히, 배우려 하지 않으면서 실패가 발생했을 때 팀원에게 책임 전가를 한다면 어떻겠는가. 리더가 성장하는 모습을 먼저 보인다면, 그 영향을 받아 팀원들도 성장하려고 노력할 것이다. 실패를 최소화하기 위해서는 상사, 동료, 팀원들의 피드백을 듣는 것이 좋다. 내가 생각하는 나의 모습과 다른 사람의 생각하는 나의 모습을 객관적으로 확인하기 할 수 있다. 직원들과 함께 성장하는 리더가 되기 위해서는 자신의 부족한 부분을 파악하고, 이를 채우기 위한 방안을 고민해야 한다. 문제가 발생했을 때 그 원인을 외부에서 찾는 것이 아니라, 실패를 인정하고 부족했던 점과 약점을 파악한 뒤, 이를 개선하기 위해 팀원들에게 도움을 요청하는 것이다.

겸손한 질문으로 시작한다

건설적인 비판과 반대 의견을 스스럼없이 말하는 포용적인 문화를 조성해야 한다. 그래야 실수를 해도 자연스럽게 받아들일 수 있는 분위기가 된다. 리더가 아는 것과 모르는 것을 팀원들과 공유한다. 리더가 자신의 약점을 솔직하게 말하는 것으로 시작하고, 다른 사람들로부터 도움을 요청한다. 이런 분위기 속에서 팀원들은 더 많이 헌신하고 좋은 아이디어를 발산하여 당면한 문제를 해결할 수 있다. 에이미 에드먼슨은 『두려움 없는 조직』에서 구성원들이 마음 놓고 질문하고 답변하는 문화를 만드는 것이 조직의 역량을 향상시킬 수 있는 가장 중요한 요소라고 강조했다. 이런 문화를 만들기 위해 리더는 겸손한 태도로 질문하는 것이다. 겸손한 질문은 '내가 모든 것을 알 수 없으니, 당신의 도움이 필요하다.'라는 마음가짐에서 비롯된다. 겸손한 질문은 자신의 부족함을 인정하고 질문하고 상대방의 발언을 경청하는 것이다. 복잡한 의사 결정을 하기 위해서는 팀원들의 정보와 통찰에 의존해야 한다. 겸손한 리더의 질문은 양방향의 관계를 만들어 리더에 대한 동료의식을 불러일으킨다. 정보가 넘쳐나는 현 시대에서 모든 정보를 리더가 다 알기는 불가능하지 않을까.

실수했을 때 인정하고 진정으로 사과한다

자신의 잘못했을 때, 이를 바로 인정하는 것이 중요하다. 이때 가장 중요한 것은 상대의 마음을 이해하는 공감과 적절한 소통의 기술이 있어야 한다. 베벌리 엥겔(Beverly Engel)은 『사과의 힘』에서 사과할 때는 세 가지 R이 필요하다고 했다. 유감(Regret), 책임(Responsibility), 보상(Remedy)이다. 사과할 때 상대에게 피해를 주어서 미안하다는 유감을 표현하고 자신에게 책임이 있다는 것을 인정하며 마지막으로 실수나 잘못에 대한 대책이나 보상을 제시하는 것이다.

'내가 잘못했다면 사과하겠다.'라는 말은 사과가 아닌 공격이다. '내가 뭘 잘못했는지 모르겠지만, 당신이 잘못했다고 느끼면 내 잘못을 찾아보겠다.'라는 뜻이다. 그리고 '미안하다.'라는 말만 하고 아무런 책임을 지지 않는 것도 진정한 사과가 아니다. 특히 사과할 때 변명이나 핑계를 대면서 합리화하지 말아야 한다. 자신의 잘못이 무엇인지 명확히 밝히고, 그것이 어떤 영향을 미쳤는지 인정해야 한다. 문제의 원인을 제대로 파악하고 설명하며, 이에 대한 분명한 대책을 제시해야 진정한 사과가 된다.

리더의 실수로 팀이 실패했을 때 팀원들은 두려움에 빠지게 된다. 팀원들은 이번 실패가 자신의 경력에 악영향을 미칠까 우려한다 이럴 경우 리더는 팀원들의 불안감을 완화하기 위한 시도를 해야 한다. 더 많은 일대일 대화를 갖거나 조직 성과를 점검하며, 문제 해결의 진전이 있다는 것을 이메일이나 팀 회의 등을 활용하여 알려 준다. 개인 실수가 회사에 미치는 영향력을 최소화하는 방안에 대해 함께 고민한다. 데이터, 서버, 재무, 개인정보 등의 개인의 실수가 대형 악재로 이어지지 않도록 시스템을 점검하고, 대비책을 회사 차원에서 함께 마련해야 한다.

4장 요약노트

인정을 해주는 리더

1. 인정의 시작은 경청이다

경청은 타고난 인간의 본능이 아니기 때문에 인위적 학습이 필요하다. 경청하기 위해 사람에 대한 호기심을 가지고 진짜 하고 싶은 의도를 파악해라. 비 언어적인 의사소통 기술을 적극 활용해라.

2. 솔직한 피드백이 중요하다

좋은 리더는 팀원의 성장을 위해 싫은 소리를 잘해야 한다. 솔직한 피드백을 하기 전 진정한 관계 형성과 리더 자신에 대한 피드백을 요청해라. 솔직함에도 배려가 필요하다. 문제를 개인화 하지 않고 사실 관계에 기반해라.

3. 인내심이 필요하다

완벽한 사람은 없다. 자신이 언제 인내심을 잃게 되는지 파악하고, 안정된 상태에서 그 원인을 찾아라. 모든 것엔 시간이 걸린다는 것을 인정하고 조바심을 내지 말아라.

4. 모르는 것, 잘못을 인정하라

모른다는 인정은 성장의 기회이다. 자신의 실수나 실패를 기록하고, 다른 사람의 의견을 듣고 겸손하게 질문하라. 실수했을 때는 진정으로 사과하라.

05
CHAPTER

자율성을 부여하는 리더

CASE 5-1

[팀 리더] 내년도 매출 목표를 회사 차원에서 나름 분석하면 대표와 임원들이 경영전략 회의에서 매출 목표를 정합니다. 미래를 정확하게 분석하고 우리 조직의 역량에 기반한 매출 목표라기보다는 우리 이번에는 이만큼 해보자는 구호성 목표에 가깝습니다. 이렇게 만들어진 목표가 사업부별로 배분되고 다시 팀별로 배분됩니다. 이렇게 할당된 매출 목표가 저희 팀 목표가 되는 거죠. 별도로 팀 목표를 정할 필요가 없는 거죠. 이렇게 할당된 목표는 다시 개인 목표를 할당합니다. 팀원들은 할당된 목표를 달성하기 위해 KPI를 만들어 연말에 몇 퍼센트를 달성했는지 평가를 받습니다. 이런 상황에서 가슴을 뛰게 하는 팀 미션/비전을 수립하는 것이 적절한가요?

[팀원] 우리 회사는 미션과 전략적 방향성을 명확히 제시하지 못하고 매년 매출 목표만을 잡습니다. 올해에도 매출 목표가 왜 그렇게 설정했는지 공유 없이 사업부, 팀별로 목표가 내려옵니다. 오랫동안 굳어 버린 업무 관행, 매번 반복되는 유사한 업무, 할당되는 목표 등 습관적으로 개인 목표를 세웁니다. 팀 방향성이나 우리 팀의 존재 이유에 대해 전혀 관심이 없어요. 기계적으로 저에게 주어진 목표만 달성하면 좋은 평가를 받습니다. 그러다 보니 팀 전체가 새로이 부과되는 업무에 방어적이고 도전적인 업무는 누구도 하겠다고 나서지 않아요.

팀 방향성을 설정합니다

1. 우리 팀 목표가 뭐죠?

조직의 성과를 결정하는 것은 팀원들의 능력과 동기이다. 성과를 내기 위해서는 일을 할 수 있는 능력을 키워 주거나, 일하고 싶은 마음을 생기게 해야 한다. 일하고 싶은 마음이란 어떤 대가가 주어지지 않아도 스스로 일을 잘하고 싶다고 생각하거나 재미를 느끼는 것이다. 하버드대학교 심리학과 대니얼 길버트 교수는 사람은 통제력을 행사하는 데 만족감을 느낀다고 했다. 무언가를 변화시키려는 영향력을 행사하고, 어떤 일이 일어나도록 만드는 유능한 존재가 되는 것은, 인간의 뇌가 원하는 기본적인 욕구라고 설명한다. 자율성은 스스로에 대한 통제권을 행사함으로써, 일에 대한 자긍심을 가지게 한다는 것이다.

MIT 경영대학원 롯트 베일리 교수는 리더에게는 전략적 자율성을 주며, 직원들에게는 일의 방식을 자율적으로 결정할 운영적 자율성을 주어야 한다고 했다. 전략적 자율성을 가진 리더는 경영진이 제시한 회사의 명확한 목표를 팀원들에게 이해시킨 후, 회사의 목표에 부합하는 팀의 구체적인 목표를 주도적으로 수립한다. 리더 스스로 팀 목표가 무엇인지 고민하고 명확하게 방향성을 수립하여 조직이 한 방향으로 에너지를 집중시킬 수 있도록 팀원들의 목표를 연계해 주어야 한다.

다른 한편 리더가 팀 목표를 세우더라도 대부분의 목표는 팀원들의 내적 동기를 자극하지 못한다. 조직에서 Top-down 방식으로 하달된 목표는 팀원들의 의지를 좌절시킨다. 예를 들어, 우리 팀의 목표를 '매출 50억 달성'이라고 하면 팀원들의 가슴을 뛰게 할 수 있을까? 오히려 '회사 이익을 위해 우리를 쥐어짜는구나.'라고 생각할 수도 있다. 아무런 대화 없이, 내 생각과 전혀 다른 목표를 팀에 부여하고 개인들에게 주인의식을 가지고 달성하라고 한다. 왜 이런 목표를 달성해야 하는지 이해하지 못하거나 동의하지 않으면 몰입을 기대할 수 없다. 팀원들은 그저 기계와 같이 주어진 목표를 채우기 위해 일한다. 이런 상황에서는 목표에 대한 의미나 보람 대신에 달성 수준에 따른 외재적 보상에 매몰되고 일은 점차 삶에서 분리되어 일은 억지로 해야 하는 것이 된다.

또한 목표를 세우더라도 매일 해야 할 업무가 쏟아지고, 긴급하게 다루어야 할 예상치 못한 일을 처리하느라 목표를 잊고 지낸다. 우선순위 목표는 뒷전이고 긴급한 일부터 처리하다 보니 목표는 머릿속에서 금방 사라진다. 주변을 보면 팀 목표를 생각하고 일하는 경우는 많지 않다. 팀의 목표와 상관없이 내 업무를 처리하는 데 바쁘다. 목표가 중요하다고 말은 하는데 팀원들의 업무를 보면 팀 목표와 분리되어 있는 것처럼 보인다. 팀의 목표와 개인 목표를 잘 연결해 주지 않았기 때문이다. 내 업무가 어떻게 팀의 목표에 기여하는지 모르기 때문에 목표와 상관없는 일에 많은 시간을 보낸다.

팀 방향성이 팀 성과를 이끈다

만약 팀 분위기도 좋고 리더로서 좋은 평가를 받는데도 성과가 나지 않는다면, 직원들의 근무 태만이 아니라 전략적 의사결정을 하는 리더 자신이 팀의 방향성을 올바르게 설정했는지를 성찰해 봐야 한다. 구글 내 연구조직에 따르면, 팀의 목표가 있는 팀은 그렇지 않은 팀보다 높은 성과를 낸다고 한다. 팀 목표의 역할은 한 방향에 집중하여 나아갈 수 있게 한다. 비전이 없으면 방향성이 잃게 되고 그에 따른 추진력을 잃게 된다. 특히 일정한 범주 내에서 유사한 과제를 매년 반복해서 수행하는 조직은 당장 목표 달성이 문제가 아니라 팀의 미션/비전을 고민해 봐야 한다. 조직이 어디로 가야 하는지도 모르는데 에너지를 쏟아부을 수 없다. 팀에 기여하고자 하는 일의 목적이 구체적이고 비전이 명확할 때 자연스럽게 일에 몰입하게 된다. 구글의 아리스토텔레스 프로젝트에서 고성과 팀의 특징 중 하나는 팀 구성원이 팀의 분명한 목표와 필요성에 대해 알고, 팀원들 간의 역할이 명확하고 자신의 역할을 잘 알고 있다는 것이다.

조직심리학 분야의 선구자인 리처드 해크먼 교수는 40년간의 연구를 통해 원활한 팀워크를 위해 필요한 세 가지 조건을 발견했다. 가장 중요한 조건은 팀이 명확한 방향성을 가지고 있어야 한다는 것이다. 각기 다른 배경을 가진 팀원들은 팀의 목표를 서로 다른 관점에서 바라보기 쉽다. 팀원 각자가 생각하는 비전이나 목표가 다를 경우, 갈등을 일으킬 수 있다. 팀의 목적이나 가치가 명확하지 않은 상태에서 갈등이 발생하면, 끊임없는 소모전이 될 가능성이 높다. 예를 들어, 고객을 위한 서비스가 팀의 목표라면, 이것이 의미하는 바가 팀원마다 다를 수 있다. 어떤 팀원은 최상의 품질을 제공하는 것일 수 있고, 어떤 팀원은 최상의 품질보다는 신속한 해결안을 제시하는 것이 더 나은 서비스라고 생각할 수 있다. 이러한 갈등을 해결하기 위해 팀원들과 충분한 대화를 통해 목표에 대한 합의를 도출해야 한다.

CASE 5-2

[팀 리더] 조직이 어디로 가야 하는지도 모르는 상황에서 에너지를 쏟아부을 수 없다고 말합니다. 그런 상태에서 팀의 미션과 목표에 공감을 얻기가 어려운 것 같아요. 개인별로 미션을 설정하면, 어떤 상황이 발생해도 그 일을 누가 해야 할지를 알려 주는 기준이 됩니다. 저는 미래가 없다는 친구들에게 이 회사를 퇴직하기 전까지 최고가 되라고 합니다. 우선은 자신의 실력, 역량을 키우고 개인의 브랜드를 만들라고 합니다. 자기 역할을 완벽하게 처리할 수 있는 실력과 역량 속에서 개인의 미래가 만들어진다고 설득해요. 그렇기 위해 제가 먼저 우리 팀의 미션과 비전을 고민하고, 팀원들과 팀 미션을 명확히 설정하고, 이를 달성하기 위한 개인의 역할과 도전적 성장 목표를 설정하도록 합니다. 그러다 보면 함께하는 동료들이 좋아서 그대로 회사에 남아 있는 친구들이 많더라고요.

2. 팀 방향을 함께 설정한다

좋은 리더는 확고한 미션과 비전을 가지고 팀원들을 이끄는 사람이다. 리더는 팀원들이 매일 하는 일이 어떤 방향으로 흘러가는지를 이야기해 줄 수 있어야 한다. 팀원 자신의 목표에 맞는 방향으로 제대로 가고 있는지 불안해하지 않도록 지원해야 한다. 팀 목표를 수립하고 관리하는 방법은 MBO, BSC, KPI, OKR 등 여러 가지가 있다. 그러나 더 중요한 것은 목표가 업무의 의사결정의 기준이 되어야 한다. 목표를 수립하고 우선순위가 결정되면 특정 상황에서 어떠한 의사결정을 해야 하는지 명확한 기준이 되기 때문에 팀원들이 스스로 업무를 판단할 수 있다.

팀 목표를 수립하기 위해 리더는 조직이 원하는 팀 목표를 대략적으로 작성한다. 업무 수행을 통해 기대되는 결과물에 대한 전체적인 그림을 팀원들과 토의하다 보면 시간이 오래 걸린다. 시간과 자원을 낭비하지 않기 위해 리더는 팀 미션/비전, 운영에 대해 기본적인 가이드를 설정해야 한다.

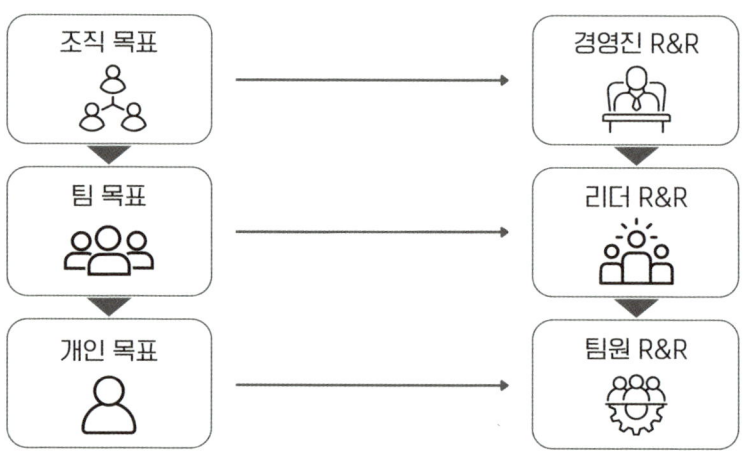

전략적 팀 목표 설정 워크숍

팀원들은 회사의 비전, 중장기 목표와 팀의 목표가 어떻게 전략적으로 연계되는지 잘 모르기 때문에 리더가 워크숍을 통해 이를 설명한다. 이 과정에서 목표 달성을 위한 개인의 역할과 책임을 구체화한다. 우선 팀 목표의 내재화를 통해 구성원의 실행 의지를 불러일으켜야 한다. 그러기 위해

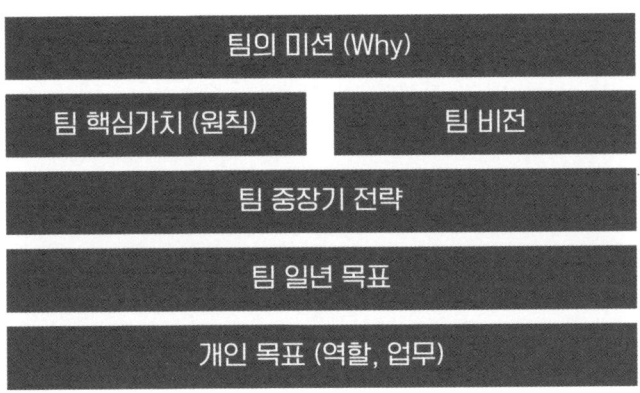

서는 우리 팀이 왜 존재하는지(Why), 우리가 무엇을 해야 하는지(What), 무엇을 어떻게 할 것인지(How)를 명확히 해야 한다. 팀 목표 체계는 팀 미션, 비전(중장기 목표 및 전략), 연간 목표, 실행 전략, 과제 등으로 구성된다. 팀 미션은 팀이 존재하는 이유이며, 비전은 중장기적인 목표로 연간 목표 수립의 기반이 된다.

회사가 특정한 팀을 만들고, 특정한 직무를 정하며, 특정한 과업을 부여하는 모든 과정에는 그 나름의 이유가 있다. 회사가 우리 팀에게 기대하는 바가 무엇이며, 우리 팀이 회사에 기여해야만 하는 바를 담는 것, 그것이 바로 미션과 비전이다. 워크숍 전에 팀 리더는 우선 회사나 상위 조직 차원에서 팀에 부여된 특별 과업을 위해 팀이 수행해야 하는 미션, 비전, 전략, 목표, 과제가 무엇인지를 전체적으로 가늠해야 한다.

다음은 팀 미션을 수립하기 위한 구체적인 가이드가 될 수 있는 질문들이다.

- 회사의 미션/목표가 무엇인가?
- 우리 팀은 왜 존재하는가?
- 우리 팀에서 하는 업무들 중에 가장 중요한 이해관계자(고객)는 누구인가?
- 이해관계자(고객)은 우리 팀의 업무를 통해 가장 제공받기를 원하는 가치는 무엇인가?
- 그런 가치를 제대로 제공해줄 경우 우리 팀에 어떤 좋은 성과가 발생할 수 있는가?

미션은 존재 이유나 지향점으로 달성했다고 말할 수 있는 개념이 아니다. 미션을 이야기할 때 가장 많이 실수하는 것이 숫자로 쓰는 것이다. 예를 들어, '매출 1조를 달성한다.' 등이다. 이런 미션은 구성원들의 동기를 자극하지 않는다. 예를 들어, 애견용품을 파는 회사의 온라인 영업팀이라면 팀 미션은 '반려동물을 키우는 사람들에게 온라인으로 가장 믿고 쓸 수 있는 제품을 제공한다.'라고 정할 수 있다. 기업 문화팀이라면, '행복한 기업 문화를 구축하여 구성원 삶의 질을 향상시킨다.'로 표현 가능하다. 비전은 미션을 향해 나아가며, '5년 후, 10년 후 이런 모습이 되고 싶다.'라는 시간적 요소를 포함하는 중장기 목표이다. 이러한 '미션과 비전을 이루기 위해 올해는 어디까지 가고 싶은가?'가 팀의 단기 목표가 된다.

OKR 방법을 사용하여 목표 체계를 만드는 회사는 미션, 비전, 목표가 정성적인 문장으로 기술되어 있어 목표를 얼마나 달성했는지 알지 못한다. 이를 위해 Key Results(KR)라는 측정 기준이자 피드백 지표를 설정한다. 성과 목표의 진척도는 Key Results로 측정하기 때문에 측정 가능한 지표로 잡는다. 예를 들어, Key Results를 '신규 Z 세대 회원 수를 20% 이상 확대한다.'라고 정할 수 있다. 이런 Key Results는 혁신 KR(실패할 가능성이 높음), 도전 KR(60~70% 달성), 필수 KR(100% 달성) 구분하여 설정할 수 있다. KR를 정했다면 다음은 R그것을 달성하기 위해 무엇을 할 것인가를 위한 전략적 과제나 활동들을 정한다. 예를 들어, Z세대 회원 수를 현재보다 20% 늘리기 위해 지역별 MZ 시장 심층 요구 조사 분석, Z세대 맞춤형 제품 개발 등의 활동을 하는 것이 될 수 있다.

3. 팀의 목표와 개인 목표/역할을 연계시킨다

팀 목표를 설정했다면 리더는 팀원들과 구체적인 개인 목표 및 역할을 함께 논의하고, 그 목표에 합의를 이끌어 낸다. 회사, 상위 조직, 팀 목표와 연계된 구체적인 개인 목표는 팀원들에게 주체성과 자율성을 주기 위한 조건이다. 자신의 목표 또는 역할이 명확할 경우, 팀원은 어떻게든 상황을 분석하고 자료를 수집하며 의사결정을 한다. 오늘 무슨 일을 해야 하고, 그것을 어떻게 실행할 것인지 스스로 결정하고 책임진다.

일단 팀 목표와 연계된 개인별 목표, 역할, 또는 배분된 업무를 가지고 워크숍 이후 개인별 목표 설정 미팅을 진행한다. 팀 리더는 팀원들이 각자 무엇으로 동기를 얻는지, 그들의 장기적 목표가 무엇인지, 현재 역할이 어떻게 조화를 이루는지 확인해야 한다. 왜 업무를 하는지, 어떤 경력을 통해 무엇을 얻고 싶은지, 지금 어디에 있는지를 이해해야 한다. 그래야 올바른 사람을 적합한 자리에 배치할 수 있다. 예를 들어, 어린아이를 키우는 부모인 팀원은 고용 안정성에 대한 요구가 많을 것이며 아기를 조금 더 일찍 보기 위해 안정적인 업무를 더 선호할 것이다. 이처럼 리더는 팀원이 갖는 기대를 가지고 개인의 업무를 조정해 주는 역할을 한다.

일단 목표 역할에 합의하면 팀원에게 구체적인 실행 방법, 실행 행위에 대해 자율권을 부여한다. 리더의 역할은 팀원들이 자유롭게 일할 수 있도록 돕는 것이다. 각자의 특성과 상황에 따라 자기다운 업무 방식을 찾도록 도와주는 것이다. 업무 권한에 대한 자율은 자신에게 주어진 목표나 역할에 최선을 다하기 위해 어떻게 일할 것이고, 조직의 자원을 어떻게 사용할

지에 대해 담당자가 스스로 의사결정을 하도록 하는 것이다. 물론 이런 일을 하기에는 전문성이 필요하다. 리더는 팀원을 담당 업무를 해낼 수 있는 전문가로 인정하고 일을 지시하지 않겠다는 믿음을 가져야 한다.

그러나 리더들은 자율을 허용하면 이를 남용할 것을 우려한다. 완전히 틀린 말은 아니다. 실제로 초기에 자율을 주면 자율을 남용하거나 의심하는 사람들도 생긴다. 개인적 편의를 위해 일찍 퇴근하고, 재택근무를 하면서 다른 일을 하거나 책임지기 어려운 프로젝트인 줄 알면서 자신의 능력과 맞지 않더라도 욕심을 부려 시작하는 사람도 있다. 하지만 이는 그동안 지시와 관리에 익숙했던 팀원들이 자율성을 배워 가는 과정에서 나오는 과도기적 모습이다. 시간이 흐르면 자율이 일시적인 것이 아니라고 것을 믿게 되고 자신의 선택에 따른 책임을 경험하게 된다. 그러는 과정에서 일을 제대로 하는 직원과 그렇지 않은 직원이 나타난다. 그렇기 때문에 구성원들에게 자율에는 반드시 책임이 수반된다는 것을 알릴 필요가 있다. 권한부여란 각자가 알아서 처리해도 좋은 한계를 규정하고 한계 내에서 자유를 주는 것이다.

CASE 5-3

[팀 리더] 사람의 성향에 따라서 다르더라고요. 어떤 팀원은 일이 많아도 불만이 없는데 어떤 팀원은 다른 팀원들보다 업무도 적고 역량도 떨어지는 데 불만이 더 많아요. 업무 수용성이 높은 팀원들은 성과도 높아요. 주는 일을 무조건 다하는 것이 아니라 당위성을 설명하면 이해하고 일에 대해 책임감을 느끼더라고요. 업무 수용성이 낮은 팀원은 자기주장이 강하고 업무가 많다고 불평이 많아요. 이런 팀원은 개인의 저변에 깔려 있는 기본적인 습성 때문에 발생하는 것 같아요. 잘못된 방법인데 자기 방식대로 업무를 처리하려고 합니다. 때때로 업무를 지시하면 "왜 저한테 시켜요. 저는 다른 일을 하고 있는데."라고 합니다. 이런 팀원들은 물론 결과도 안 좋아요. 설득하는 노력을 해도 잘 안 바뀌는 스타일이죠. 이런 팀원들을 어떻게 믿고 업무를 맡길 수 있을까요? 역량의 문제도 있지만 태도가 더 큰 문제입니다.

[팀원] 얼마 전에 팀 리더가 바뀌면서 갈등이 생겼습니다. 그전까지 인정받으며 나름대로 만족하면서 회사 생활을 했습니다. 새로 온 팀 리더는 저를 믿지 못하고 안 좋은 감정을 가지고 있는 것 같아요. 프로젝트에 관해 끊임없이 보고를 요구하고 사사건건 트집을 잡습니다. 가장 힘이 빠질 때는 제가 낸 의견이나 보고서 등이 뚜렷한 이유 없이 무시되었을 때입니다. 제가 보기에는 업무를 더 효율적이고 효과적으로 처리할 수 있는 좋은 제안인데 말도 안 되는 이

유로 거절합니다. 제가 생각하기에는 그럴 경우 문제가 발생할 확률이 높아 팀 리더에게 제 의견을 강력하게 주장해도 안 들어요. 결국 상사의 잘못된 의사결정으로 비효율적인 업무를 따라야 할 때 가장 힘듭니다. 좋아하는 분야였고 일 자체도 재미있는데 아무런 결정권이 없이 일하다 보니 나도 모르게 내 업무 영역을 정하고 시킨 일만 하자라고 수동적으로 변하게 됩니다.

CASE 5-4

[팀 리더] 모든 팀원이 제 마음처럼 일을 잘하지 못합니다. 한 팀원은 능력이 있는 것 같은데 충분한 노력을 하지 않는 것 같아요. 제가 일을 시키면 "그 일은 제 일이 아닙니다."라고 자기 바운더리를 정합니다. 경력사원으로 온 팀원인데 입사해서는 무슨 일이든 열정적이고 나서서 팀 분위기를 띄우려고 이것저것 시도도 많이 했어요. 그런데 어느 순간부터 태도가 변한 것 같아요. 이제 중간관리자가 되기 위해 공부도 하고 어려운 과제도 수행해야 하는데 현재 업무만 열심히 하고 있어요. 다른 동기들은 엄청 뛰쳐나가는데 "너도 함께 가야지."라고 이야기를 하면 "굳이 내가 왜 쫓아가야 합니까?"라고 답하죠. 동기가 부족해서 그런지 자신감이 부족해서 그런지 모르겠어요. 처음에는 안 그랬는데, 그걸 어떻게 끌어갈지 잘 모르겠어요. 어떻게 하면 팀원이 내가 원하는 만큼 몰입하여 주도적으로 업무를 수행할 수 있을까요?

[팀원] 저는 다른 곳에서 이직한 경력사원입니다. 처음 이곳으로 왔을 때 개선할 것들이 많이 보였어요. 때마침 조직문화팀에서 팀별로 변화 에이전트(change agent)를 모집한다고 하더라고요. 제가 자진해서 팀 CA가 되었습니다. 적극적으로 팀원들 인터뷰도 하고, 개선 과제를 발굴하며 나름대로 열심히 하려 했습니다. 그런데 팀원들이 다들 가만히 있는데 왜 저렇게 일을 벌여서 피곤하게 하냐며 "오지랖도 넓다."는 불평불만을 하는 것을 들었습니다. 아

직 우리 문화를 제대로 이해 못해서 그런다고 생각해요. 주도적으로 일하다가 실패하면 다 본인 책임인데, 가만히 있으면 중간이라도 간다고들 합니다. 그리고 처음에는 팀 리더도 열심히 하라고 했는데, 나중에는 자기 일도 제대로 못하면서 무슨 다른 일을 열심히 하느냐고 달갑지 않은 시선으로 저를 보더라고요. 의욕에 차서 열심히 하려고 하는 데 부정적인 시선들이 부담됩니다. 그러면서 내가 왜 이런 대우를 받으면서 열심히 하지 하는 회의감이 들고 점점 더 소극적인 모습으로 변화되더라고요.

맞춤형 자율성을 줍니다

1. 왜 수동적으로 행동할까?

조직 문화적 차원

알아서, 스스로, 내 일처럼 적극적으로 일하는 것을 바라지만, 수동적으로 시킨 일만 딱 하는 직원들을 보면 답답할 뿐이다. 대화도 해 보고 야단도 쳐 보지만 쉽게 바뀌지 않는다. 회사의 경영진들은 구성원들이 주도적 적극적으로 행동해 주기를 바라면서 한편으로 실수를 하거나 회사가 추구하는 방향과 다른 제안을 하는 구성원들을 불평자로 간주하며, 주도적 행동에 불이익을 준다. 동료들도 주도적으로 일하는 직원에게 "다들 가만히 있는데 왜 저렇게 솔선수범해! 괜히 일 벌여서 우리들만 피곤하게 만들고!"라고 불평하면서, 주도성이 높은 구성원들을 문제 유발자로 취급한다. 상사도 "시키는 일이나 제대로 하지, 자기 일도 제대로 못하면서 무슨 다른 일까지 하려고 하지?"라며 달갑지 않은 시선으로 본다. 자기 주도적 구성원은 이런 부정적인 시각으로 '내가 왜 이런 대우를 받으면서 주도적으로 일해야 하는가?' 하는 회의감으로 점차 소극적인 태도를 보이며 수동적인 사람으로 변해 간다. 이런 현상을 주도성 패러독스라고 한다.

조직심리학자 에드워드 데밍 교수가 제안한 85/15 법칙에 따르면, 저성과의 85%가 시스템적인 문제로 발생하고, 단 15%만이 구성원 자체의 문제로 발생한다고 한다. 저성과자의 발생은 구성원 개인의 문제뿐만 아니라 인사 시스템, 리더십, 문화적 특성 등과 같은 환경적 요인들이 복합적으로 작용한다는 것이다. 환경적인 요인들 대부분은 구성원들을 일하게 만드는 동기 유발 요인이다.

주도적인 직원은 상사가 지시하기 전에 스스로 목표를 세우고 아이디어를 제안하고 먼저 실행에 옮기고자 하는 성향이 강하다. 이런 문화에서 리더가 제안을 무시하고 일방적으로 자신의 생각과 목표를 강요하거나 하지 못하도록 저지하는 경향이 높다. 실패에 대해서도 너그럽지 않다. 새로운 것을 시도했다가 실패하면 대가가 크다. 특히 마이크로 매니징하는 리더라면 갈등을 일으키기 쉽다. 팀 성과에 조바심이 난 리더는 자신도 모르게 업무를 계속 확인하고 간섭하며 주도적으로 업무를 하지 못하도록 방해한다. 팀원들에게 일단 시도해 보라고 하지만 결과에 대한 책임을 묻는다. 실험 정신이 중요하다고 하지만 괜한 짓을 했다가 결과가 나쁘면 잘릴 수도 있다는 생각에 팀원들은 몸을 사린다.

이런 문화에서 주도적인 팀원들은 승진이나 인사고과에서 부정적인 결과를 얻는다. 실제로 적극적으로 나서는 직원일수록 승진이 늦고 연봉도 낮다는 연구 결과가 있다. 이런 직원들은 자신이 시도한 행동들이 성공하지 못하고 다른 사람이 불평불만 하는 것을 보고 욕먹는 것보다는 입 다물고 시키는 일만 잘하자는 수동적인 태도로 변한다. 특히 위계적 조직에서 의사결정 권한과 책임이 없는 구성원들은 스스로 고민하지 않고 생각하지 않는다. 상사나 조직에 점점 의존해 가면서 독립적으로 생각하지 않고 창의력도 발휘하지 않는다. 권한이 없으니, 책임을 지지 않으려는 것이다.

마이크로 매니저가 수동성을 키운다

요즘 팀 리더에게는 관리자의 역할뿐만 아니라 실무적으로 일 잘하는 실무형 리더를 동시에 요구한다. 그렇기 때문에 리더는 실제로 실무를 좀 더 꼼꼼하게 챙기려고 한다. 그러나 실무형 리더는 어떻게 하면 일이 되는지를 고민하고 자신이 해야 할 일을 찾는 반면, 마이크로 매니저는 자신이 해야 하는 일보다 팀원이 무엇을 하고 있는지 감시하고 통제한다. 팀의 방향이 아닌 구체적인 방법까지 알려주고 자신의 시야에 보일 수 있도록 통제하고 '어떻게'에 집착한다. 이러한 이들의 행동은 직원들을 수동적으로 일하게 하는 원인이 된다. 목표에 맞게 주도적으로 일정을 계획하고 구체적인 방법을 정함에 불구하고, 리더는 일정을 점검하고 자신의 시간과 방법으로 팀원을 이끌려고 한다. 팀원들이 결정할 수 있는 것이 아무것도 없다.

이러한 리더의 특징은 직원들의 역량이 너무 떨어진다고 생각한다는 것이다. 팀원은 나 없이 이 문제를 해결할 역량이 없다는 것이다. 역량이 개발될 때까지 기다려줄 여유도 없다. 성과를 당장 내야 하는데, 직원들은 느리고 자신의 생각하는 수준만큼 결과가 나오지 않는다. 어떤 리더는 팀원이 역량 수준이 성숙되지 않아 자율권을 부여하는 것은 매우 위험하다고 말한다. 물론 현실적으로 역량이 부족한 사람에게 일을 전적으로 맡길 수는 없다. 그런 팀원을 믿고 그의 자율성에 맡기는 것은 현실적으로 불가능하다. 특히 급한 업무일 경우 의사결정이 느려지거나 미숙한 결정으로 위험성이 더 높아진다. 자율권을 부여하는 것이 익숙하지 않은 위계적인 조직에서는 이런 위험을 감수하고 싶지 않다. 물론 맞는 말이다. 그러나 당장의 단기적 성과에 치중한 나머지 리더 자신이 하거나 소수의 팀원에게만 업무를 준다면 장기적으로 전체 조직의 역량 발전에는 한계가 발생할 수밖에 없으며 리더도 실무적으로 바빠 조직 관리가 제대로 이루어지지 않는다.

또 다른 특징은 일일이 체크하지 않으면 직원들의 긴장감이 떨어져서 일하지 않는다는 생각을 갖는다는 것이다. 즉 지시하고 통제하는 것이 더 효율적이라는 생각이다. 자율권을 주면 팀원들이 나태해져 일을 열심히 하지 않을 것이라고 걱정한다. 특히 리더 눈에 보이지 않는 재택 근무 시 더 의심하게 된다. 이런 리더는 자신이 업무를 통제해야 한 방향으로 나갈 수 있고 일의 효율이 높아질 것이라고 생각한다. 내가 관리하지 않으면 몰입하지 않고 딴 생각을 한다고 여긴다. 다시 말해, 팀원들이 감시받는다고 느껴야 긴장감을 갖고 일을 한다고 믿는다. 그러나 아무리 철저하게 감시한다고 해도 몰입하지 않는 직원을 몰입시키기 어렵다. 감시가 심해지면 일하는 척하고 보이지 않는 곳에서 딴짓을 한다. 몰입은 누가 시키지 않아도 기꺼이 하고 싶은 감정이다. 몰입은 감시나 위협, 두려움으로 만들어지지 않는다. 리더가 긴장감을 유도하고 수시로 점검하는 것은 몰입을 방해한다. 이런 유형의 전제 조건을 역량이 있다는 것으로 그냥 믿고 맡기는 시도를 한다. 물론 머릿속에 의심이 떠나지 않는다. 나중에 원하는 결과가 나오지 않으면 '내 그럴 줄 알았어.'라는 생각으로 더 철저하게 관리한다.

또 다른 이유는 리더 스스로도 기다려주고 싶지만, 상급자 또는 조직의 성과 압박 때문이다. 리더도 한 명의 직장인으로 생존을 위해서는 좋은 성과를 내야 한다. 한 팀의 성과는 팀 리더의 책임이다. 그렇기 때문에 리더가 책임을 지고 성과를 창출해 내야 한다. 이에 따른 스트레스와 불안감 때문에 팀원들의 일을 직접 확인하고 해결하려 한다. 리더가 마이크로 매니징할수록 팀원들은 조직의 생존에 큰 관심이 없고 성과에 책임지려 하지 않는다. 더 조급해진 리더는 주도적으로 성과를 내기 위해 직접 관리해야 하는 악순환이 이어진다.

개인적인 차원

수동적인 태도를 보이는 팀원들은 개인적인 성향이나 역량 부족 때문일 수 있다. 역량 부족은 주요 역할에 맞는 역량을 실제로 갖추었는지 여부로 판단한다. 업무 수행에 필요한 충분한 자원을 제공했음에도 불구하고 업무의 완성도나 품질이 기대에 미치지 못할 경우, 역량이 부족한 것이다. 이런 직원들은 자신감이 떨어지면서 수동적인 태도를 가지게 된다. 개인적인 성향을 구분하기 위해서는 팀원의 역량과 인성(태도)을 기준으로 영역을 나눠 알아보는 것이 도움이 된다.

첫 번째 유형은 적극적 태도를 가지며 역량도 뛰어난 팀원이다

다른 팀원에 비해 능력도 뛰어나며, 인간관계도 원만하고 일도 잘한다. 일에 대한 욕심이나 열정도 많고, 승부욕도 강하다. 남에게 뒤처지는 것을 싫어하고, 항상 앞에 나서는 것을 좋아한다. 상사나 주변 동료들로부터 인정받아 자신감도 넘친다. 이들은 동기 수준이 높기 때문에 명확한 방향을 설정해 주면 스스로 알아서 업무를 추진한다.

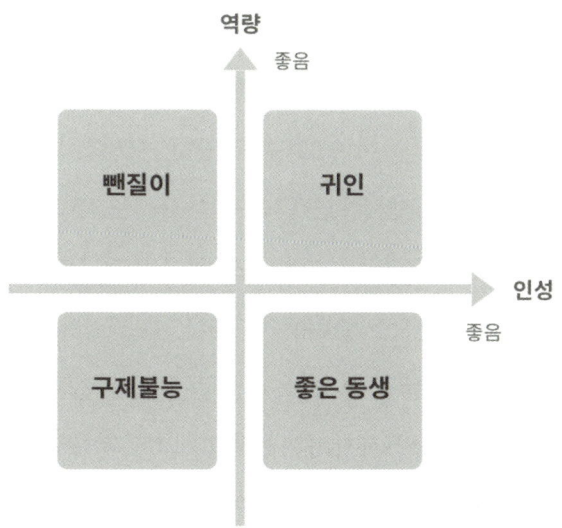

 같은 영역에 속하지만, 역량에 비해 성과가 나지 않는 팀원들이 있다. 인성이 좋고 역량도 있는 직원이라면 내재적 동기에 문제가 있을 수 있다. 역량도 있고 책임감도 강하고 성실하지만, 동기 부여가 되지 않아 성과가 안 나고 무기력하거나 냉소적이다. 이런 팀원들은 번아웃이 되었을 가능성이 크다. 번아웃이란 신체적, 정신적, 정서적 에너지가 고갈된 상태이다. 자신의 일이 가치 없게 느껴지고 부정적인 시각이 강해진다. 공감 능력도 함께 떨어지며 냉소적이거나 까칠한 소통 방식으로 주변인을 당황스럽게 한다. 더 이상 무엇을 하고 싶지 않다고 업무를 등한시하기도 한다. UC버클리대학교 심리학과 매슬라크 교수는 이런 상태를 번아웃으로 규정했다.

두 번째 유형은 역량은 높지만, 인성(태도)이 좋지 않은 팀원이다
 우선 일을 잘하는데 인간관계를 희생해 가며 자신만의 목표를 달성하는 유형이다. 군림하려 하거나, 냉담하고, 폭력적이며, 이기적이거나 오만하다. 타인의 일을 방해하고 공을 가로챌 수 있으며, 직속 팀원과 동료를 깎아내리고 힘으로 밀어붙이며 일할 수도 있다. 이러한 유형의 팀원은 일을 지시받았을 때 "왜 제가 해야 하죠?"라며 까칠하게 대응한다. 내 일만 끝나면 동료나 상사가 아무리 일을 많아도 그들의 문제라고 생각한다. 다른 사람들이 한 일에 대해서는 비판하는 경향이 있다. 스탠퍼드대학교 로버트 서튼 교수는 효과적인 팀을 만드는 것은 긍정을 더 하는 것이 아니라 부정성을 제거하는 것이 훨씬 중요하다고 했다. 워싱턴대학교 경영학과 테렌스 미첼 연구원은 썩은 사과 영향에 대한 연구 논문에서, 부정적인 팀에 긍정적인 팀원을 더하는 것은 의미가 없었지만, 긍정적인 팀에 부정적인 팀원을 추가하는 것이 대략 4배 정도 큰 영향을 미친다는 결론을 얻었다.

또 다른 유형은 역량은 있지만 수동적으로 공격적인 행동을 하는 팀원이다. 이들은 이성적으로 화를 표출하지 않지만, 간접적으로 공격적인 행동을 한다. 이러한 사람들은 타인에게 자신의 감정을 드러내지 않는다. 예를 들어, 이런 수동 공격적인 사람은 먼저 주어진 작업이 마음에 들지 않으면, 싫다는 표현 대신에 의도적으로 일을 지연시킨다. 그렇게 리더를 화나게 만들 수 있는 사소한 오류는 범하지만 큰 위기에 처할 실수는 하지 않는다. 의도적으로 상사를 짜증 나게 만든다. 이들은 직접적인 대결을 싫어하기 때문에 묵묵부답으로 일관하거나 의도적으로 해야 할 과제를 지연시키는 것으로 반항심을 표출한다. 심리학 전문 매체 베리웰마인드는 이러한 행동을 하는 사람은 인간관계에 심각한 결과를 초래할 수 있다고 설명한다. 이러한 수동적인 사람들은 감정을 표출하는 데 어려움을 느낀다. 기분이 나쁘더라도 그렇지 않다고 이야기한다. 이런 사람들은 자신의 감정을 직접적으로 표출하지 못하는 환경에서 자란 가능성이 높다. 공격적인 행동이 사회적으로 장려되지 않을 경우 자신이 화를 수동적으로 미묘한 방식으로 대응한다. 이들의 수동적인 행동은 에둘러 불평하기, 꾸물거리기, 방어적으로 굴기, 의사소통 피하기 등이다. 이들의 행동은 불안함이나 거절당할지 모른다는 공포 등 보다 깊은 문제를 나타내는 것일 수 있다.

세 번째 유형은 태도는 좋으나 역량이 부족한 팀원이다

이런 팀원은 실력은 좀 떨어지지만, 팀원들과 좋은 관계를 유지하고, 행사나 회식에서 주도적인 역할을 담당한다. 이러한 팀원들은 업무적으로 성공에 관심이 없거나 업무에 자신감이 없어 좋은 사람 관계에 초점을 둔다. 이런 유형은 업무 의욕은 높지만, 막상 업무를 맡겨 보면 기대만큼 성과를 내지 못한다. 예를 들어, 신입 사원의 경우 일에 대한 열정도 좋고 기본적인 태도도 좋지만, 무엇을 할지 모르는 경우 엉뚱하게 일을 망칠 수 있다. 역량이 부족하면 자신감이 떨어진다. 특히 자신의 능력을 뛰어넘는 업무를 맡게 될 때 실패와 좌절을 겪게 되고 심한 타격을 받고 열등감에 빠지게 된다. 이럴 경우 소극적인 모습을 보이게 된다.

네 번째 유형은 대인관계에 있어서 문제가 있으며 역량도 부족한 팀원이다

먼저 수동적인 특징을 가지고 있으며 일을 벌이려고도 하지 않고 동료들과 갈등을 일으키지도 않는 유형이다. 존재감을 거의 드러내지 않는다.

여기서 중요한 것은 내적으로 동기화되지 않아서 특정 상황에서 우호적이지 못한 태도를 보이는 직원과 구분해야 한다는 것이다. 앞에서 설명한 수동 공격형 팀원의 일부는 이 유형에 해당한다. 개인적 성향으로 수동적인 행동을 하면서 내적으로 왜 일을 해야 하는지에 대한 동기 부여가 되지 않을 경우 역량을 개발하기 위한 노력조차 하지 않는다.

이러한 유형의 또 다른 형태는 불평불만이 많은 유형이다. 대안과 객관적인 시각도 없이 습관적으로 비교하고 트집을 잡고 비난한다. 감정적이고 충동적이라 조직의 갈등을 유발한다. 모든 것이 불만이고 상대방을 가리지 않는다. 타인들에게 자신의 의견을 동조하기를 바란다. 자신의 약점이나 성향을 인지하지 못하는 특징을 가진다. 게다가 자기 개발을 위한 노력도 없다. 역량도 떨어지면서 자신의 약점을 감추기 위해 불평불만을 합리화하고 특정한 것을 과장한다.

2. 어떻게 자율성을 제공할 것인가?

마이크로 매니징 하는지 성찰한다

수동적인 직원들을 양성하는 리더들은 팀원의 개인적인 성향을 탓하는 경향이 있다. 똑똑한 사람이 멍청한 짓을 하면 그 사람에게 충분한 맥락을 제공했는지 생각해 보라는 말이 넷플릭스 조직 문화 문서에 있다. 리더는 개인적인 성향을 탓하기 전에 그런 행동을 일으키게 하는 환경적인 요인들을 파악할 필요가 있다. 특히 리더 자신의 태도부터 성찰해 봐야 한다.

첫째, 팀원의 역량이 의심스러워 믿고 맡기기 어려운 경우가 있다. 팀원의 역량이 의심스러운 리더는 자신이 가장 잘 알고 있다고 생각하기 때문에 리더의 도움 없이 문제를 해결할 역량이 없다고 생각한다. 리더가 일을 계속해 줄 수 없으며 팀원의 역량도 발전하지 않아 조직이 더 이상 성장하지 못하는 최악의 경우도 발생한다. 리더는 모든 것을 자신이 다 할 수 없다. 팀원들의 업무에 디테일하게 관여하다 보면 자신이 해야 할 의사결정을 제대로 할 수 없다. 일을 올바르게 하는 것은 팀원들의 몫이다. 올바른 일이 무엇인지를 결정하는 것이 리더의 몫이다. 팀원들의 주도성을 살리고 싶다면 팀원의 강점을 찾아보자. 팀원의 강점이 무엇인지 관찰하고 이야기를 나눈다. 팀원들이 잘할 수 있는 역할을 찾아주고 몰입에 방해가 되는 장애물을 제거해 준다.

둘째, 팀원의 업무 과정을 감시하지 않으면 긴장감이 떨어져 업무에 몰입하지 않는다고 생각하는 경우가 있다. 이런 팀원들은 리더가 아무리 철저하게 감시한다고 하더라도 일하는 척하고 보이지 않는 곳에서 딴짓을 한다. 누가 시키지 않아도 기꺼이 하고 싶은 마음이 생기도록 해야 한다. 리더의 감시나 위협, 두려움으로는 몰입하지 않는다. 리더가 매우 깐깐하게 점검하고 감시한다면 팀원들은 긴장감을 가질 수 있지만, 일에 열정을 쏟거나 몰입하지는 않는다. 권한을 위임한다고 해도 다른 행동을 하지 않을까 의심이 머릿속을 떠나지 않는다.

이럴 때는 업무를 지시하고 점검하는 과정을 체계화한다. 일을 줄 때 의도를 명확하게 전달하고, 중간 결과물을 언제 볼 것인지 정한다. 중간에 갑자기 보여 달라고 하지 않는다. 만약 팀원이 진행하는 과정에서 문제를 겪게 되면, 언제든지 일대일 미팅을 할 수 있도록 통로를 만들어 둔다. '어떻게 잘 되고 있어?'라는 질문보다는 '지원해 줄 것이 있어?' '문제가 생기면 어떻게 해결할 수 있을까?'와 같은 질문을 통해 스스로 생각하고 고민하도록 만들어 준다.

셋째, 성과 압박형 리더의 경우 조직에서 원하는 실적을 달성하기 위해 성과 압박을 받기 때문에 이런 상황이 어쩔 수 없다고 생각하는 경우가 있다. 성과 압박이 리더의 머릿속에 가득하면, 좋은 리더도 마이크로 매니저로 변한다. 하지만 이는 단기적으로 만족스러운 결과물을 만들어 낼 수는 있어도, 장기적인 관점에서 조직에 긍정적인 효과를 내지 못하는 경우가 많다. 마이크로 매니징 대신에 전략적 방향성을 명확하게 제시해야 한다. 리더 스스로 목표가 무엇인지 분명히 해야 하며, 조직에서 리더에게 요구하는 목표를 구체적으로 작성하고, 이것을 이루기 위해 스스로 할 수 있는 최선의 대안을 작성해야 한다. 이 목표를 달성하기 위해 팀원들이 어떤 방향성을 가지고 일해야 하는지 소통한다. 구체적인 목표를 위해 팀원을 어떻게 배치할 것인지 고민한다. 이러한 목표를 달성하기 위해 리더가 학습하고 의사결정해야 할 것이 무엇인지 집중한다.

개인별 특성에 따라 자율성 부여하기

역량이 충분하고 인성이 좋고 성과도 좋은 경우

대체로 전문 역량이 뛰어나다. 이들에게는 충분한 자율성을 줘서 성취감을 느끼게 해 준다. 소규모 팀을 관리한 경험이 있다면, 그다음 경력단계에서보다 큰 규모의 팀을 이끌 가능성이 높다. 이런 팀원에게 팀 관리, 관계 구축, 커뮤니케이션 등 리더십 측면에서 어떤 수준인지를 측정한다. 차세대 리더로서 팀을 효율적으로 이끌기 위해서 의사소통 능력이 필수적이다. 결과물과 성취감을 중요시하는 팀원들이 때로는 공감 능력이 무시되는 경우가 종종 있다. 실무자가 아닌 차세대 리더로서 공감 능력이 필요하다. 갈등을 관리하고 다른 사람들에게 동기 부여하는 능력을 키워 준다. 감정 지능의 핵심은 자기 인식과 공감이다. 높은 자리로 올라갈수록, 일을 성사시키려면 주변 사람의 도움이 필요하기 때문이다. 자식 인식을 높이기 위해 피드백, 우수 인재와의 교류, 코칭 등을 제공해 줄 수 있다.

역량이 충분히 있고 인성도 좋은데 성과가 나지 않는 경우

이런 팀원의 경우 동기 부여의 문제일 가능성이 높다. 어떤 원인으로 이 정도의 몰입과 성과밖에 낼 수 없는지 그 이유를 먼저 알게 되면 해결은 쉽다. 먼저 동기를 저해하는 요인이 무엇인지를 파악한다. 팀원이 무기력해지는 요인은 무수히 많다. 인정받지 못한다는 느낌이 들어 불만이 있을 수 있다. 자원이 부족하다고 느낄 수도 있으며, 일이 힘든 경우도 가족 등 사생활 문제일 수도 있다. 때로는 이런 자신의 행동에 문제가 있다는 것조차 인지 못하는 경우도 있다. 이럴 경우 무기력한 원인이 무엇이고 이를 해결하기 위한 방법이 무엇인지를 알아야 한다.

역량이 부족하지만 인성이 좋고 자신감이 부족한 경우

리더가 생각하는 직원의 능력은 어느 정도인가. 일을 위임할 수 있을 정도를 100%로 본다면 교육으로 몇 퍼센트 업무능력을 향상시킬 수 있을까?

교육은 업무 능력 향상의 일부에밖에 도움을 주지 못한다. 역량이 부족한 팀원이라도 실제 업무를 통해 더 많은 능력을 향상시켜야 한다. 업무 수행을 통해 성공 경험을 주는 것이 동기 부여의 실질적인 목적이다. 업무 능력을 끌어올리고 성공을 경험하게 하도록 하는 것이 장기적인 관점에서 더 큰 성과를 가져온다. 믿지 못하면 리더 본인이 모든 업무를 수행해야 한다. 역량이 부족하다고 업무를 주지 않고 방치할 수 없다. "자네는 아직 멀었다." "이래서 무슨 일을 맡기겠어."라고 무시하거나 핀잔을 주어서는 안 된다. 또한 역량이 뛰어난 팀원과 동시에 같은 일을 줘서 스스로 부족함을 깨닫게 하는 것도 바람직하지 않다. 대신 실행 기간을 짧게 나누어 작은 일부터 맡기고 점검하고 코칭해야 한다. 혼자서도 성과를 낼 수 있을 만큼 역량을 키워 주는 것이 우선이다. 역량이 부족한 팀원에게는 하루 단위로 시간을 짧게 나눠 일을 맡기는 것이 필요하다. 정기적으로 면담하여 진행하고 있는 업무 사항을 체크하고 인정하고 지원하고 다음 업무 목표를 이야기하는 방식이 좋다. 어느 정도 수준으로 올라올 때까지 지속해서 면담이 필요하다.

이들에게 스스로 행동하고 생각하는 역량이 부족할 수 있기 때문에 스스로 생각하고 고민하는 습관을 길러 준다. 전략적인 업무를 할 수 있도록 로드맵을 보여 주고 적당한 난이도의 질문을 자주 해서 생각을 확장할 수 있도록 해야 한다. 작은 성공을 맛볼 수 있도록 난이도가 낮은 업무를 제공한다. 특히 자신감이 부족한 사람은 실패에 대한 걱정과 두려움을 가지고 있다. 이는 사고의 유연성 부족과 행동의 경직을 가지고 와 일의 추진을 더 저해한다. 따라서 걱정을 덜어 주고 현재의 일에 생각의 초점을 맞출 수 있도록 실패해도 괜찮다는 메시지를 주어야 한다. 정서적인 지지를 해야 한다. 역량이 좀 부족한 팀원들에게도 어떤 일을 할 것인지, 언제, 어디서, 어떻게 그 일을 마무리할 것인지에 대해 선택권을 준다. 업무를 독자적으로 진행할 수 있는 능력이 70% 이상 된다고 여겨지면 직원에게 일을 위임하고 나머지 30%의 능력은 그 일을 스스로 수행하는 동안 채워 갈 수 있도록 기회를 부여한다.

인성 자체가 나쁜 경우(역량의 유무와 관계없이)

자기 업무에 관심이 없는 팀원, 불평불만을 달고 다니는 팀원, 자기 업무가 많다며 투덜대는 팀원, 자신의 주장을 공격적으로 내세워 협업을 방해하는 팀원, 협업이 되지 않고 혼자서 일을 처리하는 팀원 등 기본적으로 태도(인성)가 나쁜 팀원, 즉 썩은 사과를 골라내는 작업이 필요하다. 리더는 사람의 잠재력을 믿어야 하지만 원래 성향이 나쁜 사람을 바꿀 수는 없다. 타인을 배려하지 않는 무례하고 이기적이며 교활한 행동은 회사 차원에서도 좋지 않다. 그러므로 이런 유형의 팀원들은 조기에 골라내어야 팀을 건강하고 긍정적인 분위기, 서로를 존중하는 분위기로 만들 수 있다. 하지만 특정 상황에서 보이는 부정적인 태도는 다른 상황에서 개선될 여지가 있다. 젊은 세대의 모습은 종종 기성세대인 리더의 입장에서는 이기적인 모습으로 비쳐질 수 있다. 젊은 세대일수록 기존 제도나 관행에 불합리하다고 생각하기 쉽기 때문이다.

썩은 사과의 특징은 함께 일하다 보면 에너지가 빠져나간다는 것이다. 리더는 이런 사람으로 인해 마음의 상처를 받는 일이 흔히 생긴다. 이럴 경우 리더 스스로를 보호해야 한다. 이런 부류의 팀원이 있다면 관찰, 분석, 피드백, 점검 등의 프로세스가 필요하다. 우선 객관적인 사실을 관찰한다. 팀원들에게 물어보는 것도 포함된다. 그의 행동이 팀에 어떤 영향을 주는지 분석한다. 다음은 일대일로 만나 관찰하고 분석한 내용을 토대로 팀원 자신을 객관적으로 돌아볼 수 있도록 한다. 관찰한 인간관계와 부정적 행동 사이에 구체적인 사례들을 제시한다. 하지 말아야 할 행동과 적절한 행동에 대해 정확하게 설명한다. 지금처럼 계속 행동한다면 일이나 승진에 불이익이 있음을 알려 줘야 한다.

가장 중요한 것은 감정적인 반응을 하지 않는 것이다. 개인의 성과가 우수하다면 독자적으로 수행할 수 있는 업무 위주로 배분하거나 비슷한 부류끼리 프로젝트팀을 만드는 것도 대안이 될 수 있다. 처음에는 갈등이 심할 수 있으나 성향이 유사해 기대하는 바를 이해하기 쉽고, 그들만의 합의된 규칙으로 협업을 이어 나갈 수 있다. 가장 중요한 것은 리더의 일관된 도움과 행동이다. 투명한 컵에 맑은 물을 붓고 잉크 한 방울을 떨어뜨리면 물은 금세 탁해진다. 이 물을 다시 맑게 하려면 그 위에 계속 맑은 물을 부어야 하므로, 지속성과 인내가 필요하다.

Tip. 일대일 미팅

구글의 킴 스콧은 매주 팀원들과 개별적으로 대화를 가질 것을 추천한다. 매주 일대일 대화를 통해 개개인의 자율성을 존중하며 도울 방법이 무엇인지 함께 찾아 간다. 일대일 미팅을 위해 리더는 평소 직원들이 성과를 내기 위해 업무에 전념하는지, 적극적인 태도를 보이는지, 현재 처한 상황과 자신이 추구하는 가치나 목적이 불일치하는지, 업무 적성과 맞지 않는지, 더 필요한 역량이 있는지, 사적으로 힘든 부분이 없는지, 다른 팀원과의 갈등은 없는지 등을 관찰한다.

일대일 미팅을 하기 전에 먼저 증거를 수집한다

해당 직원의 성과가 얼마나 미흡한지 명확하게 설명해야 한다. 직원이 충족하지 못한 점과 어떤 방식으로 조직에 부정적인 영향을 미치는지를 파악한다. 태도가 해이해졌다는 사실을 어떻게 알 수 있는지, 직접 관찰, 다른 직원의 의견, 고객 불만 등을 통해 알 수 있으며, 지속 기간 등 문제 발생 시점도 고려할 수 있다. 자신의 행동이 나쁜 영향을 미치고 있다는 명확한 증거를 확보하기 전까지는 직원의 잘못된 행동을 지적해서는 안 된다. 개인적인 성향, 사생활 문제일 수 있지만, 조직 문화의 원인일 수도 있다.

직원과 대화하기 전에 해결 방안을 먼저 찾아본다

해당 직원에게 말을 꺼내기 전에 조직 차원에서 처리할 수 있는 방법을 알아봐야 한다. 건강 관리, 인적 자원 프로그램, 인사 정책, 교육 등 가능한 직원 복지 시스템을 확인한다. 선택지를 다양하게 제공함으로써 직원과 자유롭게 해결 방안에 대해 논의할 수 있다.

일대일 미팅 시 공감대를 형성하는 것이 중요하다

미팅을 할 때는 다면평가 자료, 자기 개발 이력 자료, 업무 분장표 등 근거 자료를 준비한다. 근거 자료 없이 그냥 말로만 면담은 일방적인 잔소리로 느낄 수 있다. 미팅은 직원들이 무슨 일이 있는지 이해하기 위한 목적이므로, 미팅 자리에서 그들을 도울 진실한 의사가 있음을 분명히 드러내야 한다. 잘잘못을 따지기보다는 먼저 질문을 던져 무슨 일이 일어났는지를 경청하고 이에 공감해야 한다. 충분히 인정받지 못한다고 느끼거나 과제의 목표가 무엇인지 모른다거나, 자율성이 부족하거나, 자원이 부족하다거나 개인적인 사정이 있는지를 직접 물어보는 것이다. 그리고 지원해 줄 것이 없는지 어떻게 해결할 수 있는지를 질문한다. 이런 질문은 스스로 생각하고 고민할 수 있는 기회를 주는 것이다.

CASE 5-5

[팀 리더] 팀 리더는 팀원일 때보다 회사의 정보를 더 많이 듣습니다. 리더급 미팅에서, 경영진과의 식사 자리에서, 리더에게만 접근 권한이 주어진 문서에서 더 많은 회사 내외부의 정보를 얻을 수 있어요. 이른바 고급 정보는 회사가 앞으로 나아가고자 하는 방향성에 대한 근거나 계기인 경우가 많아요. 정보의 격차가 있는 건 지극히 정상적인 것이 아닌가요? 팀을 위해 생각하고 결정하고 지시를 내려야 하기 때문에, 팀원보다 더 폭넓고 깊이 있는 정보가 필요한 것은 당연하다고 생각해요. 팀원들에게 주어진 업무에 따라 필요한 정보만을 제공하고 있어요. 전략적인 업무를 많이 하는 고참 팀원에게는 정보를 더 많이 주는 편입니다. 민감하거나 중요 정보를 모든 팀원에게 공유하면 안 됩니다. 민감한 정보는 업무 집중도를 떨어뜨리고 불안감을 야기할 수 있어요.

[팀원 1] 요즘 회사에는 많은 루머가 돌고 있습니다. 어떻게 조직개편이 되고, 어떤 사람이 조직장이 될 것이고, 새로운 팀에 누가 갈 것인지, 특히 임금 인상과 관련하여 확인되지 않은 소문만 무성합니다. 이제는 SNS의 발달로 정보를 통한 통제는 더 이상 가능하지 않습니다. 직원들에게 가십거리만 제공할 뿐입니다. 따라서 회사의 중요한 의사결정, 전략적 투자, 기업 전반에 관한 정보 등 자신의 업무와 어떻게 연결되고 어떤 것을 준비해야 하는지 알고 싶어 합니다. 그런데 팀 리더로부터 관련된 정보를 거의 듣지 못합니다.

팀 리더가 좋아하는 팀원들에게만 따로 메일을 보낸다거나 비공식적인 자리에서 정보를 제공합니다. 그런 정보를 저는 다른 팀 동기에게서 들어요. 요즘에는 정보가 막는다고 해서 막아지는 것이 아닌데 좀 더 투명하고 공평하게 공유했으면 합니다.

[팀원 2] 솔직히 회사에서 우리에게 제대로 된 정보를 제공하지 않으면서 우리에게는 우리의 노하우와 지식을 공유할 것을 권유합니다. 직원들의 머리에 들어 있는 값진 지식들을 제때 뽑아내 지식 저장고에 안전하게 보관하려는 헛된 시도를 하고 있다고 생각합니다. 고급 지식이나 영업 비밀 등은 우리의 몸값을 높여 주는데, 이런 조직에서 자신의 노하우를 공유할 사람이 거의 없습니다. 그러다 보니 지금 회사 지식 시스템에 저장된 지식은 더 이상 노하우가 아닙니다. 경영층은 우리를 불신하고 투명하게 정보를 공유하지 않는 상황에서 아무도 자신의 정보를 나누고 싶어 하지 않아요. 그런데도 회사는 이런 헛된 시도를 하느라 해마다 얼마나 막대한 비용을 낭비하고 있는지 모르겠어요. 전담할 인력, 구축하는 시스템, 이로 인해 다른 프로세스들이 지연되는 등 지원은 한도 끝도 없이 이루어지고 있어요.

가능한 정보를 모두에게 공유해 줍니다

1. 왜 정보를 공유하지 못할까?

기업 내 소수의 리더는 정보를 무기로 사용한다. 정보 독점을 바탕으로 조직 내에서 자신들의 위치를 확고히 다지며 출세의 발판으로 삼는다. 정보라는 무기를 가짐으로써 힘은 커지고 위계질서는 강화된다. 조직에서 CEO가 가장 많은 정보를 알고 있고, 밑으로 갈수록 알고 있는 정보의 양이 줄어든다. 아랫사람들에게는 필요한 정보만을 주어야 한다는 것이 경영진의 일반적인 생각이다. 직원들은 그들의 기능과 주어진 업무에 필요한 정보만 있으면 된다고 여긴다. 이처럼 위에서는 생각하고 결정하고 지시를 내려야 하기 때문에 아래보다 더 폭넓고 깊이 있는 정보가 필요하다는 테일러주의에 여전히 매여 있다.

그렇기 때문에 정보의 격차를 두는 것이 지극히 정상이라고 생각한다. 조직의 시스템은 정보를 위로만 흐르게 하고 사전에 규정한 기준에 따라 정보 접근을 차단한다. 예를 들어, SAP 같은 소프트웨어를 이용해 가능한 모든 정보를 확보하고, 이를 분할하여 각각의 사용자에게 적절히 권한을 부여한다. 이렇게 분할된 정보는 특권에 따라 위계적으로 분배된다. 누구에게 어떤 정보가 허락되고 차단되는지는 매우 중요하기 때문에 항상 보안에 철저히 신경 쓴다. 조직에는 공식적인 권력 이외에도 정보 소유자나 내부의 비공식 권력이 존재한다. 인사, 회계, IT 담당 임원들은 다른 부서에 비해 비밀 정보를 활용할 수 있기 때문에 상대적으로 힘이 있다.

팀 리더가 되면 회사 내외부의 정보를 팀원 때보다 많이 듣게 된다. 이런 정보를 팀원들과 공유하여 한 방향으로 업무를 진행할 수 있으며, 다른 팀과 원활하게 협력을 할 수도 있다. 그런데 일부 팀 리더는 정보를 독점하며 그 상황을 즐기기도 한다. 예를 들어, "내가 없으면 우리 팀이 안 돌아간다." "마음대로 휴가를 쓸 수가 없다." "내가 없으면 타 부서와 협력에 부정적인 영향을 준다."라고 불평하는 팀 리더들도 있다. 팀원들은 정보의 양이 제한되기 때문에 스스로 결정을 할 수 있는 것이 별로 없다. 전체적인 그림을 모르고 방향성에 공감하지 않으면 우왕좌왕할 수밖에 없는 것이 당연하다.

다른 한편, 정보를 자신이 좋아하는 사람에게만 알려 주는 경우도 있다. "내가 너를 아끼고 믿기 때문에 특별히 너에게만 알려 주는 거야."라는 식으로 부분적 공유를 하기도 한다. 정보의 격차를 둠으로써 자신의 통제력을 과시하며 더욱 충성해야 한다는 메시지를 보낸다. 그러나 리더들이 정보를 독점한다고 해도 입소문을 통해 알게 되거나 블라인드 같은 앱을 통해 금세 알게 된다. 아무리 리더가 정보를 독점하고 있다고 생각해도, 정보는 빠르게 퍼진다. 이런 행동은 리더에 대한 신뢰를 떨어뜨리고 팀원들 사이에 적대감을 조성하며 경쟁 구도를 만들어 낼 수 있다.

다른 한편 조직은 정보를 차단하면서도 구성원들에게는 그들만의 노하우를 공유하도록 권유한다. 직원들의 머리에 들어 있는 값진 지식들을 제때 뽑아내 지식 저장고에 안전하게 보관하려는 일관되지 않는 시도를 하고 있다. 이렇게 저장된 것은 더 이상 지식이라 할 수 없다. 불신이 가득한 조직에서는 아무도 자신의 진짜 정보를 나누고 싶어 하지 않는다. 그럼에도 불구하고 해마다 얼마나 막대한 비용을 낭비하는가? 전담할 인력, 구축하는 시스템, 이로 인해 다른 프로세스들이 지연되는 등, 지원은 한도 끝도 없이 이루어진다. 게다가 담당하는 직원들과 억지로 참여하게 되는 직원들은 자신들의 지적 역량을 낭비하고 있다.

정보를 공유하지 못하는 또 다른 이유는 직원들에게 모든 정보를 개방할 경우, 순식간에 경쟁사에 기밀 자료를 팔아넘길 것이라고 두려워하기 때문이다. 이런 마음을 가진 사람은 어차피 그렇게 할 것이다. 보안이 철저한 대기업에서조차 기밀 기술 정보가 유출되었다는 기사를 자주 접하곤 한다. 이는 여건이 되어서 하는 게 아니다. 위계 조직에서는 이런 일들이 더 빈번하게 발생한다. 기밀 정보를 훔쳐서 경쟁사에 파는 사람들은 어차피 이미 해당 정보를 손에 넣을 수 있는 사람들이다. 실제로 정보 사기꾼들은 어느 정도 정보와 인맥을 갖춘 사람으로 주로 중간 관리자와 경영자들이다. 반면, 공장 노동자, 일반 관리자, 영업 사원들은 그런 일에 관심도 없고 인맥도 부족하다. 민감한 정보를 노리는 사람들은 언제라도 그렇게 할 수 있다. 시스템으로는 이를 막을 수 없다. 범죄의 동기를 차단할 방법은 없다. 쓸데없이 애쓸 필요 없이 모든 정보를 전 직원에게 공개하는 것이 훨씬 효과적이다. 그러면 정보는 더 이상 민감한 사안도 아니고, 비밀도 아니게 된다. 정보를 공개하는 순간 매력이 사라진다.

세 번째 이유는 직원들이 일은 안 하고 정보에 대해 끊임없이 떠들고 토론하느라 시간을 다 보낸다는 것이다. 주어진 일에 집중해야 하는데, 오히려 떠들며 생산성을 저하시킨다는 것이다. 실제로 모든 정보가 매력적이거나 토론할 가치가 있는 것은 아니다. 모든 정보가 공개된다면 직원들이 시시껄렁한 정보에 시간을 허비할 필요는 없다. 모두가 아는 정보는 더 이상 가십거리가 될 수 없다. 진짜 폭발력 있는 정보라면 그것에 대해 본격적으로 토론해야 한다. 모든 직원이 해당 문제를 가지고 논의해야 한다. 모든 정보를 직원에게 개방해서 필요한 사항은 모두 규명해야 한다. 그렇게 하면 서로 협력하고 서로를 위해 일할 수 있다. 이런 과정을 통해 조직은 성장하며, 풍부하고 유효한 정보를 바탕으로 더 나은 결정을 내릴 수 있기 때문이다.

2. 정보를 제공해야 하는 이유는?

자율성을 주기 위해서는 사람들에게 정보를 공유하는 것이 중요하다. 사람들은 정보 없이 중요한 결정을 내릴 수 없다. 토스의 이승건 대표는 최고 수준의 자율성은 최고 수준의 정보 공유에서 나온다고 강조한다. 정보가 없으면 직원들은 어떤 방향으로 나아가야 회사에 도움이 될 수 있는지 모르기 때문에 토스는 일부 구성원들만 알고 있는 정보를 만들지 않도록 노력한다. 아주 민감한 정보를 제외한 모든 정보가 구성원 모두에게 공유된다. 이 정보를 바탕으로 직원 스스로 판단해 어떻게 회사에 어떻게 도움이 될 수 있는지 결정할 수 있게 한다.

시장을 정확하게 파악할 수 있다

경영자들은 문제의 근원지로부터 가장 멀리 떨어진 곳에서 내려진 결정이 더 객관적이라고 확신한다. 경영자들은 현장에서 일하는 직원이 현명한 결정을 내린다는 것보다는 사본으로 복사되고 필터로 거른 정보를 더 신뢰한다. 그러나 정보는 골고루 조직 내로 흘러 들어가야 한다. 고어에서는 시장의 정보가 기업 전체를 관통할 수 있도록 네트워크 조직을 만들어 누구나 시장을 직접 볼 수 있게 했다. CEO는 보고가 아닌 눈으로 직접 보고 경험하고 느낄 수 있다. 조직의 모든 구성원은 서로뿐만 아니라 외부와도 밀접하게 연결된다. 권한이 주어지면 생산성이 올라간다. 능력이 있을 경우 일의 성과도 더 크다. 능력이 생기는 까닭은 모든 정보를 알고 있기 때문이다.

통제하지 않아도 통제가 된다

전제조건이 충분하지 않은 상태에서 직원들에게 주인의식을 강요할 수 없다. 필요한 정보로부터 차단된 직원들은 서서히 사고 자체를 하지 않게 된다. 이들에게 능동적으로 사고하도록 주도적으로 행동하라고 요구해도 그들은 순순히 따르지 않는다. 소수만 제외하고 대다수는 계속 바보 상태로 머문다. 직원에게 주인의식을 가지고 그런 행동을 요구하려면 지속적이고 장기적으로 정보를 제공해야 한다. 투명하지 않은 조직에서는 전체를 위한 지적 능력을 발휘할 수 없다. 정보를 투명하게 모두 공개한다는 것이 통제 불능 상태를 이야기하지 않는다. 통제 상실에 대한 두려움은 권력 상실에 대한 두려움과 함께 기업의 투명성을 방해한다. 사실 통제는 반드시 필요하다. 제대로 일하고 있다는 확신을 갖기 위해 좋은 통제가 필요하다. 투명성으로 인해 이런 기업에서는 직원들이 집단적 압력을 행사하고 동료들이 서로를 통제한다. 강요하지 않아도 저절로 그렇게 된다. 모든 정보가 공유되다 보니 돈을 낭비하거나 훔치거나 사기를 치기가 더 어려워진다. 아무 일도 안 하고 빈둥거리기도 힘들다. 정치적으로 행동하거나 음모를 꾸미기도 힘들다. 개인은 상사가 아닌 집단을 상대로 자신을 변호하고 정당화해야 한다. 이 같은 상호 의무로부터 서로에 대한 책임감이 생겨난다.

전략적인 결정을 내릴 수 있다

직원들이 임원들과 동일한 정보에 접근할 수 있다면, 리스크 평가와 기회 발견에 필요한 모든 정보와 데이터를 갖게 되고 어떤 상황에서도 과감하고 합리적인 결정을 내릴 수 있다. 고어는 새로운 정보 기술의 필요성을 깊이 인식하고 국제적인 팀 간의 네트워크를 강화했다. 서로 다른 대륙과 시간대에 사는 다양한 사람들이 협업할 수 있도록 안정된 정보 시스템을 구축했다. 전 세계적으로 활동한 팀들이 형식에 구애받지 않고 지속적으로 정보를 공유할 수 있게 했다. 직원들에게는 각 팀의 규모에 맞는 인터넷 포럼, 위키, 블로그를 개설하기 위한 툴이 제공된다. 이 툴은 팀원들이 메일을 주고받고, 서로의 활동을 직접 볼 수 있으며, 자료를 공유하고, 토론하며, 과제를 공동으로 수행하기 위해 사용한다. 구글의 웨이브는 이러한 네트워크와 권한 부여를 실현하는 대표적인 소프트웨어이다. 이런 툴을 통해 기업은 조직 전체에 필요한 정보를 효과적으로 전달할 수 있다. 예를 들어, 구글의 직원들은 금융시장의 애널리스트보다 먼저 자신들의 분기 실적을 알 수 있다.

3. 어떻게 정보를 공유할 것인가?

좋은 성과는 명확한 목표 인식으로 시작된다. 그러므로 회사는 어떻게 자금을 조달하고, 비용은 얼마나 되며, 어떻게 이익을 창출하는지 이해해야 한다. 회사는 손익계산서, 운영자금 대차대조표를 공유해야 하며, 그 수치가 가지는 의미도 설명해 주어야 한다. 직원들이 이런 숫자에 관심이 없을 수도 있기 때문에, 그들의 업무가 이런 결과와 어떤 관련이 있는지를 설명하는 것이 중요하다. 기밀 정보를 공유하는 것은 회사에 대한 신뢰와 관심을 가지고 온다. 실적 수치의 공유는 현장에 있는 사람들에게 책임을 느끼게 한다.

팀 리더는 모든 팀원에게 정보 제공자의 역할을 해야 한다. 조직 중요 결정, 전략 사항, 팀 리더 회의에서 거론된 내용, 현재의 성과 지표나 문제 등에 대해 정보를 제공한다. 정보의 민감도에 따라 때로는 고참들에게만 전달할 때도 있지만, 전체 팀원들을 회의실에 불러 함께 가능한 모든 정보를 공유하고, 해당 정보가 업무에 미칠 영향 등을 함께 파악하도록 한다. 이런 과정에서 예상하지 못한 실질적인 이슈가 나올 수도 있다. 사람들은 자신이 의사결정에 참여할 수 있을 때 더 많은 책임감을 느낀다. 팀의 정보를 기반으로 한 의사결정이나 업무 수행 방법 등에 직접 참여할 때 자신에게 책임이 있다고 믿게 된다. 또한 모든 팀원이 업무와 의사결정에 필요한 거의 모든 정보를 알고 있기 때문에 어떤 직원이 자리를 비워도 누구든 그 자리를 대체할 수 있다.

팀 리더 역시 의사결정을 할 때 팀원들로부터 많은 정보를 필요로 한다. 충분한 정보, 신속한 정보, 정확한 정보가 양질의 의사결정을 보장해 준다. 세상이 복잡해지면서 의사결정에 필요한 변수가 많아졌다. 기존의 조직 문화는 리더가 답을 알고 모든 의사결정과 방향을 제시할 수 있으며 미래 위험을 관리할 수 있다고 믿었다. 이제 리더 혼자 정보를 지속적으로 수집하고 분석해 의사결정을 하기는 어렵다. 그렇다고 지나치게 자신의 경험에만 의존해서 의사결정을 하는 것은 더 위험하다. 구성원들의 참여와 몰입을 유도하기 위해서는 그들의 말에 귀를 기울여야 한다. 변수가 많아지면서 다양한 관점이 필요하다. 팀원들의 의견에 귀를 기울이면 대안도 많아지고 구성원들은 자신이 인정받고 있다고 느낀다.

물론 공유해서는 안 될 정보도 있다. 모든 정보를 구별 없이 공유하면 예기치 못한 혼란만 초래할 수 있다. 특히 구성원들의 불안감을 야기하는 가십거리 정보는 그 예에 속한다. 예를 들어, 옆 팀원이 퇴사한 이유와 같은 부질없는 가십은 회사에 부정적인 영향을 줄 수 있다. 조직 내 민감한 감사 관련 사유, 개인 사생활 침해 우려가 있는 정보, 인사 관련 민감한 정보 등을 공유하는 것은 조심해야 한다.

CASE 5-6

[팀 리더] 현업으로 누구나 바쁜 상황에서 상사의 지시로 인한 수많은 과제가 갑자기 내려왔습니다. 모든 팀원이 자기 업무에 바쁜 상황에서 제가 모든 걸 할 수도 없고 마감 시간도 촉박합니다. 목표 달성을 생각하는 팀 리더의 입장에서 보면 일 잘하는 직원에게 일을 몰아주고 빠른 시간에 좋은 품질의 성과를 내기를 바랍니다. 업무 처리가 느리거나 업무 성과의 품질이 저조한 직원에게 이를 맡겼다가 성과를 못 내는 일을 여러 번 경험했기 때문입니다. 과거에 유사한 업무를 맡았거나 관련 분야 전문지식이 있는 사람, 일 처리가 빠르고 결과가 정확한 직원에게 우선 업무를 맡깁니다. 일을 잘하는 사람한테 일이 몰리다 보니 일 잘하는 팀원들의 불만이 많네요.

[팀원] 지금 저는 세 명 몫의 일을 하고 있습니다. 업무 분장 다시 해 달라고 팀 리더에게 이야기해도 "너 아니면 잘할 수 있는 사람이 없다."라고 합니다. 나는 화장실 갈 시간도 없는데 다들 여유롭게 웃고 떠들고 간식 먹고 하는 모습에 화가 납니다. 특히 저는 야근이며 주말 특근도 해야 겨우 마감을 마치는데 다른 팀원들은 교육도 가고 일찍 집에 퇴근하는 것을 보면 공평하지 않은 업무 배분에 팀 리더님에게 불평을 해도 아무런 조치를 취하지 않습니다. 너무 공정하지 않은 업무 배분에 번 아웃 됩니다.

CASE 5-7

[팀 리더] 경험이 많은 고참 팀원은 당연히 좀 더 중요하고 책임감 있는 일을 맡아야죠. 저는 제품별로 그룹을 나누어서 그 안에서 자율적으로 업무를 진행하도록 합니다. 그 그룹의 일은 의미 있는 제품을 만들어 내야 하죠. 고참 선배들은 대인관계도 넓고 경험이나 능력도 높기 때문에 시간 효율성을 따지면 더 복잡하고 어려운 일을 담당하는 것이 맞아요. 이런 사람에게 사소한 일을 시키는 것은 회사 입장에서 손해라고 봅니다. 고참 선배들은 책임감을 가지고 있어서 밤늦게까지 일하거나 주말에도 나옵니다. 반면 사원들은 본인 능력이 안 되면서 엄청난 능력을 갖추고 있는 줄 알아요. '딱 준 만큼만 일한다.' '고참 선배들은 돈 많이 받으니까 저렇게 늦게까지 해도 된다.'라는 생각을 가지고 있는 것이 안타까워요.

[팀원 1] 고참이 하는 일 중에서 잡일은 사원들에게 시키는 경우가 많아요. 우리는 개고생을 했는데 사원들이 그냥 날로 먹는다고 생각해요. 사람은 습관을 고치기가 힘든 것 같아요. 그렇게 배워 왔기 때문에 그 사람들은 그게 최선인 줄 알아서 참 힘들어요. 저도 5년차 때까지는 아무것도 모르면서 선배들이 시키니까 그냥 계속 개고생하면서 어느 정도 실력을 키우고 대리를 달았어요. 저는 신입 사원들이 들어오면 잡일을 시키지 않으려고 합니다. 지금 시대에 그게 옳지 않아요. 주도적으로 의사결정하고 그에 따른 실력과 책임을 질 수 있

다면 공평하게 업무를 나누는 것이 맞다고 생각해요. 단순한 자료 정리나 엑셀 작업도 업무의 일부분이기 때문에 고참들도 자기 업무와 관련이 있는 한 해당 업무를 담당하는 것이 맞다고 생각합니다.

[팀원 2] 팀의 막내이다 보니 제가 할 본연의 업무가 있는데 추가로 회의실 세팅, 정리, 복사, 다른 팀 업무 요청 대응 등 업무가 수시로 주어집니다. 복사 업무나 자료 정리하기 등은 후배 사원의 업무로 인식해요. 아무리 선배 사원이라고 해도 각자 수행할 업무가 있는데 후배 사원이라고 무조건 잡일이나 공통 업무를 해야 하는 것은 아니잖아요. 어떤 선배는 엑셀로 자료 분석을 해 달라고 요청하더니, 자료 분석 내용만 봐서는 잘 모르겠다고 해석 보고서 작성까지 해 달라고 합니다. 그리고 보고할 때는 마치 자신이 모든 것을 한 것처럼 팀 리더에게 보고합니다. 이럴 때는 일할 의욕이 떨어져요.

공정한 업무 배분이 가능한가요?

1. 공정한 업무 배분이란 무엇인가?

공정한 업무 배분이란 직원들의 능력을 정확하게 파악하고 적재적소에 잘 배치하는 것이다. 업무 배분의 문제는 직원들의 역량 수준과 경험이 개인별로 다르고 업무 몰입, 즉 동기 부여 정도가 다르기 때문에 발생한다. 그러나 팀 리더 자신도 모르게 업무 성과가 좋은 직원에게 중요하고 긴급한 일을 몰아주고, 업무 처리 속도나 질이 안 좋은 팀원에게는 상대적으로 별로 중요하지도 긴급하지도 않은 일을 분장한다. 특히 단기적 성과가 필요한 급박한 상황에서는 빨리 성과를 내야 한다는 조급함 때문에 성과가 좋은 직원의 업무량 편중이 심각하게 일어난다.

업무 편중에 대한 문제는 우수 직원을 번 아웃시키고 조직을 일탈할 가능성 높게 만든다. 그런 와중에 '나는 이렇게 힘든데 저 사람은 왜?'라는 불만을 가지게 된다. 다른 한편으로는 똑같은 월급을 받는데 최소한의 일만 하는 사람들을 보고, 열심히 일하는 사람이 더 불공정함을 느낄 수 있다. 또한 중요하고 긴급한 업무를 우수하게 수행한 경우 별다른 보상이 없으면 억울함을 느낀다. 일도 못하고 뺀질거리는 다른 팀원들과 동일한 보상을 받을 경우 일에 대한 몰입은 급격히 저하된다. 상대적으로 업무의 중요도가 낮다고 느낀 팀원은 상대적인 박탈감을 가지게 된다. 일을 통한 역량 개발이나 승진 기회 등을 박탈당했다고 생각할 경우 일하는 동기가 저하될 수밖에 없기 때문이다.

수명 업무 또는 긴급 업무는 우수 인재에게?

기존 방식대로 업무가 배분되면 별문제가 없다. 일반적으로 본연의 업무는 사전에 배분되기 때문에 협의가 충분히 있었다면 받아들이기 쉽다. 문제는 수명 업무로 갑자기 떨어지는 업무, 상사가 시키는 업무이다. 특히 회사에 개선해야 할 일이 많거나 의욕이 넘치는 임원이 새로 왔을 경우 일은 더 많아진다. 이럴 때 수명 업무가 균등하게 이루어지지 않으면 팀원 간에 불만이 생기고 팀 전체의 업무 효율성이 떨어지게 된다. 한가한 직원이 있는 경우도 거의 없으며, 있더라도 업무 능력이 뛰어나지도 않는다. 대부분의 수명 업무는 단순 잡무와 다르게 회사에 중요한 영향을 미치는 프로젝트성 업무이기 때문에 상대적으로 우수한 직원에게 수명업무를 맡기게 된다. 하지만 이런 직원은 이미 많은 업무를 담당하고 있기 때문에 수명 업무를 시키는 것이 부담된다. 자신이 생각하기에 자신에게 과도하게 일이 몰렸다고 생각하면 공정성, 형평성을 문제 삼는다.

고참은 중요 업무, 후배는 잡일?

보통 기업들은 구성원의 역량과 경험 차이에 따라 직급이라는 위계로 구성된다. 직급이 높을수록 더 많은 권한과 영향력을 가지고 더 많은 보상과 혜택을 누린다. 이런 조직은 위계 위치에 맞는 역량과 자질을 갖춘 사람이 배치되어 일을 잘 수행한다고 가정을 한다. 뛰어난 역량과 자질을 가진 사람이 위계 구조상 상위 직급에 위치하며 중요한 역할을 수행한다. 승진은 기본적으로 하위 직급보다 더 뛰어나고 향상된 역량을 가지고 있다는 의미로 해석할 수 있다. 그러나 역량과 자질을 갖춘 사람이 그 자리에 있지 못하면 그 자리 아래에 위치한 구성원에게 좋지 않은 영향을 줄 가능성이 높다. 상위 직급에 있는 사람이 역량과 자질을 갖추지 못하고 역할과 책임을 감당하지 못할 때 업무는 아래 직원에게 돌아간다. 위계 상 위에 있는 사람이 자신이 가지고 있는 권한을 사용하여 아래 사람에게 업무를 지시하면 아래 사람은 지시한 업무를 해야 하는 경우가 다수 발생한다. 이런 과정에서 아래 직급에 있는 직원들은 자신의 의견이 묵살당하고 위에서 결정한 방향을 일방적으로 따를 수밖에 없다. 스스로 일을 통제할 수 있는 권한을 충분히 갖지 못하면 하고 싶은 동기가 위축될 수밖에 없다.

지금처럼 미래를 예측하기 어려운 경영환경에서, 상위 직급에 있는 사람이 모든 문제를 해결하고 혁신하기는 어렵다. 팀원 모두가 자신이 현재 담당하는 일을 스스로 계획하고 선행적으로 대응 방안을 마련하는 주도적인 태도가 필요하다. 위계 아래의 사람이라도 윗사람의 관리 통제보다는 스스로 책임감을 갖고 주도적으로 일을 수행하기 위한 기회를 제공하는 것이 일의 주도성을 높이는 방법이다.

2. 어떻게 업무를 공평하게 배분할 것인가?

업무를 구조화시키기

팀의 전체 업무를 정량화하여 분석

추가 업무를 할당할 때 가장 먼저 현재 팀원들의 업무 상황을 파악하는 것이 중요하다. 팀원들이 '일이 산발적으로 너무 많다.' '일정이 촉박하다.'라는 불만을 제기할 때마다 '조금만 참아.'라고 말하며, 업무를 조정하는 식의 처방은 비효과적이다. 막연하게 문제를 인식하기보다는 어떤 업무가 누구에게 배정되었으며 업무를 잘 수행하고 있는지, 일정에 맞게 진행되고 있는지, 조직의 업무를 정량화하여 분석해 본다. 업무가 과도하게 편중된 직원은 누구인지, 업무가 적게 배정된 직원은 누구인지, 현재 어디까지 진행되었고 일정보다 느려진 업무의 이유, 중간 산출물의 품질이 떨어지는 이유, 애로사항과 피드백은 무엇인가를 통해 업무량을 파악하고 업무 배분의 문제를 파악하고 문제가 있는 직원은 일대일 미팅을 진행한다. 리더의 분석한 객관적인 판단을 제시하고 해결책을 논의한다. 팀 업무 중 개선하거나 제거해야 할 일을 논의하고 효율성이 떨어지는 업무는 과감히 없앤다.

업무의 특성과 팀원의 핵심 역량 연결

업무별로 특성을 잘 파악하여 해당 업무를 잘 수행할 수 있는 역량을 가진 직원에게 배분하는 것이 중요하다. 예를 들어, 트렌드 파악을 잘하고 아이디어가 많은 직원은 기획 업무를 맡기는 것이 좋다. 개인의 성장을 고려하여 업무를 분장하고, 구성원이 자신의 역량을 발휘할 수 있는 경험을 제공해 주어야 한다. 신입 직원이 매일 반복되는 단순 업무를 할 경우에도, 이 업무가 우리 팀에 얼마나 중요한지 상기시켜 준다. 또한 조금 더 난이도 있고 중요한 일을 맡겨 개인이 문제를 해결하고 성장하며, 조직 차원에서도 개선 효과를 얻을 수 있다. 개인의 가치관에 따라 업무를 배분하며, 성공 지향적이고 가족과의 관계에 행복의 가치를 두는 직원 모두를 존중해야 한다. 특히 가족과 여가 시간을 중요시하는 팀원을 비난하거나 안 좋은 시선으로 보는 것은 절대 금물이다. 이는 개인의 선택이며 세대별 가치관의 차이에서 비롯된 것이기 때문이다.

배경과 목적 설명하기

일단 업무가 배정되었다면, 팀 리더는 먼저 업무를 배정하게 된 배경과 목적 등에 대해 구성원들과 공유해야 한다. 이는 조직 개편의 배경이나 새로운 조직의 기대 역할에 대한 이해를 돕기 위함이다. 지금의 팀 상황과 목적, 앞으로 조직 운영 방식을 충분히 논의하고 개인의 업무량이 아닌 조직 파워를 늘리는 방향으로 업무를 확장해야 한다. 비즈니스 상황에서 새로운 기능이 필요해졌다면, 그에 따라 기대되는 역할의 변화에 대해 설명한다. 그러나 업무 분장의 필요성에 대해 논의하고 설명해도 대부분 팀원들은 새로운 업무에 대해 방어적인 태도를 보인다. 자신이 남들보다 더 많은 일을 할까 봐 두렵다. 직무 분석이 상세하고 업무 프로세스도 명확하며 팀원들의 인식과 행동 수준이 공유되는 조직이라면 업무 분장이 수월하지만, 비즈니스 환경이나 고객 요구가 끊임없이 변화하는 상황에서 업무 방식이 유동적으로 변화하다 보면 명확한 업무 분장도 어려워진다. 이럴 경우 먼저 보상이 있음을 미리 공지한다. 수명 업무에 대해 평가 때 가산점을 주거나 다른 형태로 보상을 제공한다. 아무 보상도 없는 상태에서의 사탕발림은 통하지 않는다. 수명 업무를 맡은 직원에게는 핵심 성과 지표에 가산점을 줄 수 있다. 또한 휴가를 준다거나, 향후 고급 과정의 교육이나 해외 연수의 기회를 먼저 제공할 수도 있다.

번아웃을 이기게 하는 팀 리더의 말솜씨

일반적으로 리더는 더 적극적이고 일 잘하는 팀원에게 업무를 지시하고 다른 사람에게 도와주라고 하지만, 주로 업무를 맡은 직원이 전적으로 다하게 된다. 이럴 때는 팀원들이 지원해 줄 수 있는 부분을 정확히 지적하고, 자원이 어디에 있는지 조언을 해 줄 선배나 전문가가 누구인지 명확히 하고, 때에 따라 외부 아웃소싱도 고려한다. 또한, 추가로 업무를 줄 때 리더 본인은 아무것도 안 하면서 무슨 일을 할 때마다 꼬치꼬치 물어 참견한다는 느낌을 받게 해서는 안 된다. 가능하면 리더가 팀원과 같이 업무를 나눠 하면서 해당 업무를 하는 사람들을 격려해 주는 것이 좋다.

책임은 리더가, 당신은 최선만 다해 주세요

잘 알지도 못하는 업무나 프로젝트와 관련하여 의견을 내비칠 때 이래라저래라 하는 느낌을 받는다. 이래라저래라 하는 피드백과 더 좋은 아이디어를 주고 방향성을 설정해 주는 것은 한 끗 차이이다. 같은 배에 승선했다는 느낌을 주어야 한다. "책임은 결국 리더의 몫이기 때문에 겁먹지 말고 최선을 다해 주세요."라는 말은 직원들에게 힘이 된다.

혹시 제가 도울 일이 있을까요?

팀원이 전문가이고, 팀 리더가 그 분야에 대해 잘 알지 못할 때는 "혹시 더 일을 잘하기 위해 제가 도울 일이 있을까요?"라고 물어본다. 그런 뒤 팀원들이 요청하는 협업, 기간 연장, 업무 범위의 조정, 추가 자원의 확보 등을 지원하는 방식으로, 다른 리더에게도 필요한 부탁을 하여 잘 들어준다.

이런 부분은 잘했습니다

업무를 배분했는데 결과물이 마음에 들지 않아서 일을 뺏어가는 경우 팀원 입장에서 팀 리더가 자신을 신뢰하지 않는다고 느낄 수 있으며, 몰입도 저하, 실수 증가, 성과 저하로 이어질 수 있다. 결과물이 마음에 들지 않더라도 팀원을 성장시키는 마음으로, "이렇게 하면 더 좋을 것 같습니다."라고 개선할 부분을 코칭한다. 개선된 부분에 대해서는 "이런 부분이 이전보다 좋아졌습니다." 등의 칭찬을 아끼지 않는다.

일부 팀원은 일하는 시간으로 다른 팀원들의 성과를 파악한다. 자신에게 주어진 업무량을 본인이 업무에 투입한 시간으로 평가한다. 업무 난이도나 결과물의 품질이 높지 않더라도 자신이 다른 사람보다 야근도 많이 하고 일하는 시간도 길었다고 일을 많이 한다고 판단한다. 비슷한 수준의 업무를 맡은 동료가 자신보다 일찍 퇴근하면 자신의 업무량이 상대적으로 많다고 오해하는 것이다. 리더는 일찍 성과를 내고 퇴근하는 우수 직원에 대해 불평하는 이런 팀원들을 저지해야 한다. 그러기 위해 아웃풋을 기준으로 보상하는 분위기를 만들어야 한다. 결과물을 공유하여 일하는 시간이 아니라 성과를 중시하고 보상하는 조직으로서의 기준을 충분히 이해시킨다.

자기완결형 업무 제공

리더는 위계 조직에서 나타나는 직급에 따른 업무 배분이 아닌 구성원의 역할을 기반으로 팀의 업무를 구조화시켜야 한다. 명확하게 구분된 업무에 대해 스스로 책임감을 가지고 작업 결과를 명확하게 알 수 있도록 업무를 설계한다. 다시 말해 팀원들이 자신에게 주어진 일을 스스로 통제할 수 있으며 주도적으로 행동하고 결과를 볼 수 있는 자기 완결형 업무로 구조화한다. 자기 완결형 업무란 일의 목표 설정 등 일의 시작부터 결과까지 전체적인 업무 프로세스를 구성원이 스스로 담당하면서 자율적으로 일할 수 있는 업무이다. 책임감을 가지고 자신의 업무 결과를 명확하게 알 수 있기 때문에 스스로 업무를 완수하기 위해, 필요한 역량을 키울 수 있다. 리더는 작은 단위로 업무를 모듈화하거나 프로젝트화하여 팀원들에게 부여할 수 있다. 팀원은 자신의 영역에서 필요한 역량을 키우고 목표 달성을 위한 업무 수행에 스스로 의사결정 권한을 가지게 됨으로써 자연스럽게 전문가로 발전할 수 있다.

P&G는 신입 사원 조기 정착을 위해 자기 완결형 프로젝트를 진행했다. 신입 사원들이 스스로 주제를 선정하여 프로젝트를 수행하게 한 것이다. 작고 사소한 것도 프로젝트로 인정받았다. 예를 들어, 한 신입 사원은 한 할인 매장 선물 코너에서 P&G 제품을 판매하는 프로젝트를 맡았다. 선

물 시장 조사부터 기획안 작성, 각 부서와의 협조 요청까지 직접 진행한다. 자기 책임하에 프로젝트를 수행하고, 중간에 상사의 지시나 간섭을 받지 않는다. 신입 사원 안대로 제품 구성과 판촉 행사도 진행했다. 결과 보고도 경영진에게 직접 했다. 그 결과 신입 사원의 동기 부여와 책임감이 강하게 일어났으며, 스스로 업무를 주도하고 문제 해결 능력이 길러지면서 회사에서 인정받고 있다는 생각에 성취감과 자신감이 생겼다.

신입 사원이 처음부터 일을 잘할 수는 없다. 난이도가 낮은 일부터 시작하여 점차 난이도가 높은 일을 해나가면서 스스로 해 볼 수 있도록 한다. 작은 일부터 시작하여 점차 업무를 확장시키는 것도 방법이다. 자신의 업무가 어느 정도 익숙해지면 다른 업무와 연결 지어 실천하도록 한다. 예를 들어, 채용 관련 업무에서 채용 공고를 잘 수행하고 이후 서류 전형 업무를, 다음에는 면접 진행을 함께함으로써 채용 업무 전체를 담당하도록 하는 것이다. 다음 영역을 보다 확대하여 자신이 가장 잘 알고 있는 신입 사원에 대한 입문 과정 개발이나 교육에 참여할 수 있다. 이런 과정에서 본인 스스로 주도적으로 학습하며 일을 해 나갈 수 있다.

Tip 위계 조직 VS. 역할 조직 알아보기

최근 기업에서는 대부분의 업무가 프로젝트 단위로 시행되고 수시로 추진 방향이 수정된다. 연간 단위가 세팅되는 것이 아니라 시장 환경에 유연하게 새로운 시스템으로 전환이 필요하다. 자기 완결형 업무를 설계하기 위해서는 위계 조직이 아닌 역할 조직으로 팀을 구성해야 한다. 위계 조직은 상명 하달을 기본으로 중앙집권적 의사결정 구조로서 의사결정과 수행이 신속하지만, 변화 혁신에 취약하고, 소수 의사결정자의 능력에 따라 조직의 성과가 좌우된다. 역할 조직은 각 구성원에게 의사결정이 분산되어 있어 자신의 역할과 업무에 스스로 의사결정을 할 수 있다. 이에 따라 변화에 빠르게 대처할 수 있다. 역할 조직에서 리더는 직급에 따라 조직 업무를 구성하는 것이 아니라 구성원의 역할을 기반으로 구성한다.

축구 팀처럼 모두가 공을 쫓으며 자신이 맡은 포지션을 지키지 않는다면 성공적으로 팀을 이끌 수 없을 것이다. 팀원들에게 조금씩 업무를 나누어 주는 것보다는 역할을 알려 주는 것이 더 효과적이다. 실리콘 밸리의 많은 기업들은 역할 중심으로 팀을 운영한다. 역할과 책임을 각각의 개인에게 부여할 경우 각자의 역할에 따라 책임을 지고 의사결정을 하며 업무를 수행한다. 모든 사람에게 의사결정권이 있기 때문에 민주적이고 개개인의 능력을 최대한 발휘하여 혁신하고 변화하는 데 더 용이하다.

역할 중심의 조직에서는 개개인이 전문성을 가지고 있기 때문에 팀 리더가 마음대로 시킬 수 없고, 개인도 시키는 대로 일할 수 없게 된다. 원칙적으로 자기 자신 이외에는 아무런 책임을 져 주지 않는다. 따라서 이런 팀은 전문성을 기반으로 하기 때문에 어느 정도의 경력을 필요로 한다. 자신의 역할에 맞는 전문성을 기반으로 책임을 가지고 자율적으로 수행하는 것이다. 자신의 역할과 임무를 명확히 하고 스스로 수행 방식을 체득하게 되면 리더의 도움 없이 성과를 낼 수 있다. 그러면 리더가 관여해야 할 일을 줄어든다. 대신, 자기 완결형 직무를 팀 단위 전체 목표와 일치시키기 위해 통합하는 역할과 조정하는 역할이 더 중요해진다.

5장 요약노트

자율성을 부여하는 리더

1. 팀 방향성을 설정하라

리더 스스로 팀 목표가 무엇인지 고민하고 팀원을 참여시켜 명확하게 팀방향성을 수립해라. 팀원들과 구체적인 개인목표 또는 역할을 논의하고 합의를 이끌어 내라. 합의 후 구체적인 실행 방법에 대해 팀원에게 자율권을 부여하라.

2. 맞춤형 자율성을 줘라

수동성을 키우는 시스템, 업무 프로세스, 마이크로 매니징 등을 점검해라. 팀원들의 개인적인 역량, 태도, 동기부여 정도에 따라 적절한 자율성을 제공하라.

3. 가능한 정보를 모두와 공유하라

최고의 자율성은 정보공유에서 나온다. 전략적인 결정을 할 수 있도록 아주 민감한 정보를 제외하고 모든 정보를 팀원들과 공유하라.

4. 공정하게 업무를 배분하라

팀 전체 업무 정량화해라. 업무 특성과 팀원의 강점을 연결해라. 자기 완결형 업무를 제공하라. 업무 배정시 배경과 목적 등을 공유해라. 리더의 배려와 존중의 말은 번아웃을 이기게 한다.

06
CHAPTER

상호협력할 기회를 주는 리더

CASE 6-1

[팀 리더] 우리 사업부는 제품별로 팀이 구성되어 있습니다. A 제품을 만들기 위해 팀원들끼리 부문별로 각자 쪼개서 일을 합니다. A라는 제품을 완성하기 위해 각 각자 맡은 업무가 합쳐졌을 때 제대로 작동하는지가 중요합니다. 자기가 할 일을 다했다고 해도 각자의 부분이 합쳐졌을 때 작동하지 않으면 팀의 원하는 목표가 달성하는 것이 아니거든요. 그런데 다른 사람 일에 신경 안 쓰는 소수의 팀원이 있어요. 제가 봐도 자신의 업무는 완벽하게 합니다. 근데 다른 팀원이 문제가 생겨 도움을 요청하면 자신의 맡은 업무는 자신이 책임을 지라고 나 몰라라 하죠. 누구 개인 일이 아니라 모두가 붙잡고 머리 싸매고 같이 해결해야 할 문제인데 '그걸 왜 내가 해야 하지?' 하는 태도를 보이면 안 되는 거잖아요. 다른 팀원들이 같이 일하면 짜증도 나고 진도도 잘 안 나간다고 불만이 많아요. 결과도 안 좋지만 제일 힘든 것은 함께 일하는 팀원들이 일에 대한 의욕을 꺾는 거죠.

[팀원 1] 회사 생활을 하면서 가장 보람 있었던 일은 팀원들과 함께 프로젝트를 힘들게 진행하면서 원하는 목표를 달성했을 때입니다. 목표 달성을 위해 중간에 어려운 점들도 많았죠. 지금 생각해 보면 무척 힘들고 싸우기도 했던 것 같지만 서로에게 많이 배우고 재미있었던 것 같아요. 제품별로 팀이 재구성되고 기존 팀원들이 서로 다른 팀으로 배치되었습니다. 새 팀의 팀원들은 제 일

만 잘하면 된다고 생각합니다. 다른 의견들을 조율해 나가면서 문제를 해결해 내고 그 과정에서 배운 것도 많은데, 의견이 다르면 무조건 파트장이나 팀 리더에게 물어봅니다. 그냥 위에서 시키는 일만 하면 일 잘하는 사람이 되는 거죠. 다른 팀원이 무슨 일을 하는지, 회사가 어떻게 돌아가는지도 알 수 없어요. 팀 리더는 제대로 설명도 안 해 줍니다. 이제는 알 필요도 없다고 생각해요. 제 일만 열심히 하면 중간은 가니까요.

[팀원 2] 저는 돈을 더 많이 준다고 이직할 마음이 없어요. 일단 제가 하는 일이 재미있고 저희 팀원들이 좋습니다. 저희 팀은 서로 존중하는 분위기 속에서 일합니다. 제가 처음 입사했을 때 아무것도 모르고 그냥 아이디어를 던졌어요. 지금 와서 생각하면 진짜 말도 안 되는 아이디어였는데 고참 선배들이 진지하게 들어주시는 겁니다. 그리고 이건 이렇게 해서 어렵고 이렇게 하는 것이 나을 거라는 식으로 가이드라인을 잡아 주시더라고요. 우리 팀 선배들은 모두 각자 능력이 상당히 뛰어납니다. 일을 해 보면 아시겠지만, 너무 똑똑한 분들과 일하는 것이 좋은 것만은 아닙니다. 그럼에도 불구하고 저희 팀원들은 협업이 아주 수월합니다. 일이 안 될 때도 나 몰라라 미루거나 하지 않고 어떻게든 끝까지 해결하려고 해요. 제가 하는 프로젝트에 문제가 생겼을 때도 자신의 일이 아닌데도 우리 팀 일이라고 다 같이 봐주고 서로 도와주려는 분위기입니다.

팀원들과 함께 일하는 것이 좋습니다

1. 내가 맡은 업무만 하면 끝이다?

　같은 팀이지만 무엇을 하려고 하는지 모르겠다. 다른 팀원을 도와주려고 하지 않는다. 각자 자신의 일에만 매몰되어 팀의 성과는 안중에 없다. 대화 자체도 별로 없고 방어적인 분위기이다. 서로를 위해 시간을 할애하지 않는다. 특히 자신의 본연의 업무 이외에 추가 업무가 수시로 주어질 때 어디까지가 제 일인지, 역할 분담이나 책임이 명확하지 않아 서로 미루게 된다. 팀 공통 업무는 팀 후배의 업무처럼 인식하는 경우가 많다 보니 팀 후배에게 몰린다. 선배 사원은 열심히 해도 소용없다고 느낀다. 우리 회사는 비전이 없다며 후배 직원에게 불평하고, 팀의 부정적인 업무 분위기를 조장한다. 무엇이 잘못된 것일까?

　다른 사람과 함께 일을 할 때 중요한 것은 뛰어난 능력, 호감 가는 성격, 성실성, 수려한 말솜씨 등이 아니다. 경영학자 메러디스 벨빈은 그의 저서 『팀이란 무엇인가』에서 아폴로 신드롬을 소개했다. 유능한 인재들이 모인 집단에서 성과가 저조한 현상을 아폴로 신드롬이라고 한다. 아폴로 팀은 서로의 생각을 주장하는 데 시간을 소비하고, 팀원들이 주장하는 약점을 찾는 데 관심을 기울여 합의를 내지 못하고 서로를 비난하는 데 에너지를 소진한다. 최고 역량의 인재들만 있는 팀이라도 관계 품질이 엉망이면 성과는 나지 않았다.

팀이란 소수 구성원의 공동 목표를 달성하기 위해 상호 보완하고 공동 책임하에 문제를 함께 해결하기 위한 공동의 접근 방식을 사용하는 조직의 최소 단위이다. 팀으로 일한다는 것은 개인의 능력뿐만 아니라 동료들과 협력하면서 문제를 해결하고 공동의 목표를 완수하는 것을 의미한다.

좋은 성과를 내는 팀은 먼저 서로에게 업무적인 믿음이 있다. 업무 특성에 따라 차이가 있겠지만 각자의 역할이 합해져 해당 팀이 완수해야 하는 전체적인 목표로 이어지는 경우가 많다. 이런 팀에서는 혼자서 일을 처리하는 것이 아니라 협업을 통해 성과를 낼 수 있다. 서로 기대하는 역할이나 책임을 완수해 줄 것이라는 믿음으로 일을 진행한다. 이런 상황에서 자신의 업무를 다 했는데 다른 동료의 태만이나 무능으로 해당 업무가 미완성으로 남게 된다면 어떤 기분일까? 공동의 목표는 나만 잘한다고 되는 것이 아니라는 것을 깨닫게 된다. 맡겨진 미션을 소화해 줄 동료들로 팀이 구성되어 있어도 다른 팀원이 주어진 업무를 완수해 줄 것이라는 믿음이 사라지면 팀원들은 점점 이기적으로 변한다. 서로에 대한 믿음이 없기 때문에 업무에 태만하거나 자신의 성과를 공유하지 않는다. 자신의 성과를 공유하면 자신의 목표에 기여하는 정도가 약화될까 두려워하기 때문이다.

업무적인 믿음 외에 인간적인 믿음도 필요하다. 인간적인 믿음은 서로가 서로를 배려해 주는 동료애를 의미한다. 일을 하다 보면 실수도 하고 예상치 못한 결과도 나오게 된다. 이런 상황에서 질책이나 비난이 쏟아지면, 감내하기 힘든 서운함과 마음의 상처가 생길 수 있다. 한 번 이런 불신이 생기면 회복하는 데 시간이 걸린다. 사회적인 동물인 우리는 다른 사람들의 지지를 받지 못할 때 스트레스를 받는다. 무의식적인 불안감, 아무도 도와주지 않는다는 느낌, 동료들이 주로 자기 이익만 신경 쓴다는 느낌은 우리 뇌에서 스트레스 호르몬인 코르티솔을 유발한다. 이런 환경에서는 서로 자기 자신만을 최우선으로 생각할 수밖에 없다. 동료나 리더가 자신의 업적을 가로채거나 배신할지 모른다는 생각에 서로 어울리지 않고 안전망 안에 있다고 느끼지 못하면, 코르티솔 호르몬이 흐른다. 코르티솔은 공감 능력을 담당하는 옥시토신의 분비를 억제한다.

2022년 잡플래닛의 설문조사에서 "좋은 회사란 어떤 회사인가?"라는 질문에 응답자 대다수가 '안정된 급여와 복지를 제공해 주는 회사'라고 답했다. 그다음은 '좋은 사람이 많은 회사'가 2위를 차지했다. 워라밸도 중요하지만, 좋은 사람과 함께 일할 때 좋은 회사라는 생각이 든다는 것이다. 일이 많고 야근하는 경우가 생기더라도 좋은 동료들과 함께라면 할 만하다는 것이다. 동료들과 팀워크, 협력을 통해 회사의 가치를 느끼며, 같은 처지에서 공감하고 마음을 나눌 수 있는 동료가 큰 힘이 되어 준다. 그만큼 직장 생활의 행복에서 동료가 차지하는 비중이 크다.

또 다른 연구에 따르면, 행복한 직장인은 평균적으로 약 3.3명의 직장 친구가 있으며, 불행한 직장인은 직장 친구가 1.7명이라고 한다. 이들은 다른 사람에게 도움을 요청하는 것을 힘들어한다. 자신이 의존적인 사람으로 보일까 두려워하기 때문이다. 위의 사례에서 보듯, 직장 내 좋은 인간관계는 중요하다. 힘이 되고 의지할 동료나 선후배가 많은 곳과 월급을 조금 더 주는 직장을 두고 고민하는 경우, 인간관계를 택할 만큼 중요하다. 하버드대학교 하워드 가드너 교수의 연구에 따르면, 다른 사람의 프로젝트에 참여해 도움을 받은 신입 사원은 고립되어 일하는 동료들보다 회사에 오래 머물며 생산성과 수익성을 높일 확률이 최소 65% 높다고 했다.

2. 리더는 팀원들을 끈끈하게 이어 준다

좋은 리더는 나서서 지시하는 것이 아니라 팀원들이 일할 수 있는 신뢰할 만한 여건을 만들고 팀원들을 끈끈하게 이어지게 해야 한다. 게임 회사인 슈퍼셀은 팀을 구성할 때 게임 아이디어를 기반으로 프로젝트팀을 만들지 않는다. 튼튼한 팀을 만드는 것을 최우선으로 보고 팀원을 구성한다. 팀 리더는 구성원들 간 협업이 잘 이루어지는지를 확인한 다음에 구성원들이 스스로 하고 싶은 일을 결정한다. 팀워크가 우선이고 아이디어는 그다음이다. 경영진도 이 순서를 뒤집을 수 없다. 독립성과 책임감은 의무감으로 이어진다. 팀은 성공의 공로를 인정받을 수 있지만, 실패에 대한 책임도 함께 지게 된다. 경영진은 다른 사람이 보기에도 개발팀이 하는 일이 실패할 것이라고 예상되더라도 스스로의 방식으로 부딪쳐 보도록 내버려둔다. 최소한 그 과정에서 배움을 얻을 것이고, 그보다 더 중요한 것은 슈퍼셀의 협업하는 문화를 지속하도록 만드는 과정이라고 믿는다.

대나엘 코일은 저서 『최고의 팀은 무엇이 다른가』에서 성과가 좋은 팀의 비결은 단순히 팀원들이 똑똑해서가 아니라, 팀원들 사이에 안전하고 강력한 유대감이 존재하는 것이라고 했다. 즉, 팀원들이 비전과 가치를 나누고 강력한 교감을 느끼고 있을 때 최고의 성과를 낸다는 것이다. 서로 결속감을 느끼고 약점까지 드러내 스스럼없이 도움을 청할 수 있는 신뢰할 수 있는 팀이 최고의 성과를 보인다.

서로 신뢰할 때 우리 몸에서는 옥시토신이 분비된다. 옥시토신은 우리가 가장 친한 친구들이나 신뢰하는 동료들과 함께 있을 때, 누군가를 위해 좋은 일을 하거나 호의를 받을 때 느끼는 행복 전달 호르몬이다. 옥시토신은 집단 안에서 유대감을 높이고 행복감을 주며, 심신의 긴장을 풀어 주고 혈압을 낮추며, 공포감을 줄여 주고, 생물학적 스트레스 체계를 완화해 준다. 특히 좋은 경험을 함께했던 존재가 우리의 감정적인 기억에 각인되도록 돕는다. 이렇게 해서 신뢰감을 형성되고 기분을 좋게 만들며 다른 사람들을 위해 좋은 일을 하도록 한다. 이것이 선순환되어 더 많은 옥시토신을 만든다.

옥시토신이 넘치는 환경에 있는 직원들은 높은 지위와 연봉이 제안되어도 이직하지 않을 확률이 높다. 단순히 돈을 많이 주는 회사가 아니라 동료들과 함께 있을 때 안정감을 느낄 수 있는 회사, 성장의 기회를 주는 회사, 큰 가치를 추구하는 회사에서 일하고 싶어 하기 때문이다. 『리더 리퍼런스』의 저자 사이먼 사이넥은 리더가 옥시토신을 높이는 방법은 팀원을 소중히 여기는 마음이라고 했다. 이익이나 수치에 치중하지 않고, 팀원에게 인정과 격려, 공감과 칭찬, 경청과 관심을 보이는 것이 구체적인 방법이다.

구글이 수행한 연구에 따르면, 팀 리더가 팀원의 개인적인 사안에 대해 더 많은 관심을 가질수록 성과가 높게 나타난다고 하였다. 서로에게 관심을 보이는 좋은 관계를 형성하면 더 많은 옥시토신이 분비되기 때문이다. 미국의 디자인 회사 아이디오는 사내 게시판에 수많은 요구사항으로 가득하다. 소식지에 가장 많은 등장하는 문구는 "협동하세요." "동료를 성공시키세요." "다른 사람을 돕기 위해 애쓴 것이 성공 비결입니다."라고 서로 돕는 행동을 극대화하도록 분위기를 조성한다.

3. 어떻게 상호작용을 이끌 것인가?

말이 아니라 행동으로 보여 준다

리더와 팀원들이 서로의 관심사와 생각을 공유하고, 열린 마음으로 듣고 피드백과 조언을 구할 수 있는 심리적 안정감을 얻는 것이 신뢰하는 팀의 중요한 요인이다. 또한 팀원들이 인격체로서 지속적으로 존중받고 배려받고 있다는 느낌이 팀 내에 확산되어야 한다. 팀원에게 원하는 모습을 설명하기보다 리더가 행동으로 보여 주는 것이 더 효과적이다.

부족한 점 먼저 밝히기

사람들은 어떤 말을 했을 때 일어날 수 있는 결과에 두려움을 느끼면 침묵하게 된다. 특히 리더가 감정적이고 권위적일 경우, 팀원들은 불안을 느낀다. 하버드대학교 에이미 에드먼슨 교수는 권력의 차이는 심리적 안전성을 가로막는 중요한 장벽이라고 했다. 그렇기 때문에 심리적으로 안전한 팀을 만들기 위해 리더가 먼저 나서서 자신의 부족한 점이나 취약한 부분을 솔직하게 밝히고 도움을 청해야 한다. 버진그룹 창업자인 리처드 브랜슨은 난독증이라는 단점이 있는데 이 사실을 숨기기보다는 드러내기를 선택했다. 그는 자신에게 보고할 때 텍스트 자료가 아닌 구두 혹은 시각 자료로 소통할 것을 주변에 요청했다. 또한 자신의 정규교육을 받지 못해 재무제표, 컴퓨터 등을 다루는 일이 어렵다고 알리고 자신을 도와줄 수 있는 사람에게 권한을 위임했다. 자신이 잘 모르는 영역을 팀에 알리고, 전문 분야가 아닌 일을 다른 팀원에게 맡기고 자신만의 특출한 기량을 발휘할 수 있는 영역에 집중하는 것이 더 타당하다. 팀 리더가 자신의 취약점을 먼저 드러내면 팀원들도 솔직해진다.

팀원들 정보 얻기

직원이 적극적으로 다가와서 먼저 말을 걸기는 생각보다 어렵다. 그렇기 때문에 리더는 적극적으로 상대방에게 다가가 의견을 묻는다. 리더는 듣고 싶지만, 상대가 말하지 않는 경우가 많다. 리더들은 구성원들의 몇 마디 대답에 자기 생각을 이야기하는 경향이 있는데 특히 경험이 많은 리더일수록 본인의 경험담, 기대와 당부를 늘어놓는 오류를 범한다. 질문은 상대방을 이해하는 데 도움이 되는 내용을 물어보는 것이다. 질문을 할 때 사생활 침해처럼 보일까 봐 걱정이 될 수도 있다. 대부분의 사람들은 상대가 물어보면 자신에 대한 관심으로 생각하고 기분이 좋다. 시작이 힘들다. 구성원에게 하는 질문은 우선 조직 생활에서 평소 갖는 공통 관심사에 관해 그들의 생각을 듣기 위한 질문이어야 한다.

조언 구하기

나에게 약점이 있고 도움이 필요하다는 신호를 계속해서 상대방에게 보내고 그들의 조언을 적극적으로 수용하면 팀원들도 자신의 약점도 감추지 않고 드러내며 서로 도와주려 한다. 내 의견은 완벽하지 않다. 무엇을 개선해야 하나? 당신은 어떻게 생각하나? 등의 조언을 구하는 질문은 상대방에 대한 존경심을 보여 준다. 누군가 자신의 견해나 조언을 구하면 우쭐해진다. 누군가에게 조언을 해 주면서 나 자신이 누군가에게 가치 있고 필요한 존재라고 느끼며 자신감을 갖게 된다. 그러나 리더는 상대방이 귀찮을까 봐, 약한 사람으로 볼까 봐, 유용한 조언을 구할 사람이 없어서 등의 이유로 조언을 구하지 않는 경우가 많다. 리더 입장에서 좋은 조언은 상대방과 더 가까워짐을 느끼면서도 값진 무언가를 배울 수 있다. 이러한 과정은 특정한 시점부터 완전히 달라지는 것이 아니라 몇 년에 걸쳐 완만하게 일어난다. 매일같이 새롭게 끊임없이 조언을 구하는 연습을 해야 한다. 그렇기 위해서는 리더들에게 조언을 해 줄 수 있는 직원을 만들어야 한다. 내가 하지 말아야 할 일과 더 많이 해야 할 일은 무엇인지 등을 물어보면 대부분의 직원들은 "딱히 없다. 잘하고 있다."라고 대답한다. 이를 교묘한 충성심 테스트라고 생각할 수 있기 때문에 사실대로 말하기를 두려워한다. 비판하는 말은 리더를 불쾌하게 만들기 때문에 후에 교묘하게 복수할 수도 있다고 생각한다. 그렇기 때문에 정말로 진심이라는 믿게 해줘야 한다. 때로는 팀원의 피드백을 듣고 뒤통수를 얻어맞은 기분이 들 수 있다. 그렇다고 해도 화내지 않으려고 노력하고 조언에 고마움을 표시해야 한다. 그리고 바로잡아야 할 문제가 있다면 행동으로 보여 주어야 한다. 그래서 조언해 주었더니, 주의 깊게 듣고 정말로 문제를 해결했다는 소문이 퍼지면 상호 간의 신뢰가 만들어진다.

경청하기

팀원 각자가 자신의 의견을 낼 수 있도록 듣고 또 듣고 해야 한다. 팀 논의가 시작될 때 자신의 선호나 주장을 드러내거나 다른 사람의 의견을 즉각적으로 평가해서는 안 된다. 팀원이 속에 있는 말까지 다 꺼내도록 하기 위해서는 경계심 없이 편안하게 이야기할 수 있도록 들어주어야 한다. 경청하고 있다는 것은 눈빛, 표정, 말투, 몸짓 등을 통해 알 수 있다. 예를 들어, 고개는 살짝 앞으로 나아가고, 눈은 말하는 사람을 쳐다보며, 눈썹은 살짝 위로 올린다. 말하는 사람 방향으로 몸을 치우친 상태에서 긍정적인 추임새를 덧붙이면서 말꼬리를 이어 간다. 이런 모습은 상대방에게 함께하고 있다는 것을 나타낸다. 긍정적인 제스처는 경청한다는 메시지로, 용기를 내어 내면의 이야기까지 풀어놓을 수 있도록 용기를 준다.

특히 말을 끊지 않는 것이 중요하다. 말을 끊게 되면 본능적으로 경계심이 생겨 말을 이어 가는 데 방해가 된다. 팀원 중에는 초점에 맞지 않거나 중언부언하며 별 의미 없는 말을 늘어놓는 경우도 있다. 속으로 시간 낭비라는 생각도 할 것이다. 그러나 경청하는 자세를 보이면 자신의 속에 있는 이야기를 한다. 다소 힘들더라도 귀를 기울이고 팀원의 이야기를 들어보면 그들의 생각과 수준을 알게 되고 팀원에 대해 더 잘 알게 된다. 그러나 마음이 급하거나 기분이 좋지 않을 때, 스트레스가 너무 많을 때는 집중할 수 없으며 흥미도 가질 수 없다. 그럴 경우 상대방에게 솔직히 말하고 시간을 별도로 잡는 것이 좋다.

작은 일부터 앞장서기

살아 있는 전설로 통하는 수석코치 존 우든은 탈의실에 떨어진 쓰레기를 줍는다. 맥도날드 창립자 레이 크록도 평소 쓰레기를 줍는 것으로 유명하다. 가장 높은 지위에 있는 사람이 허드렛일에 나서는 모습은 '우리 함께'라는 메시지를 전달한다. 이러한 행동이 당장 큰 변화를 주는 것이 아니지만, 공동체에 긍정적인 영향을 줄 수 있는 간단한 방법을 찾는 태도가 중요하다. 인사를 먼저 하는 것도 방법이다. 특히 직원이 먼저 인사를 했는데 리더가 받아주지 않거나 그냥 지나치면, 팀원은 리더가 자신을 무시한다고 생각할 수 있다. 시간이 없는 팀원을 위해 공동 업무를 직접 하는 것도 그중 하나이다. 이런 행위들은 리더이기 전에 한 명의 공동체 일원이라는 강력한 메시지를 준다.

감사 표현 자주하기

소소한 감사의 표현이 팀 문화에 큰 영향을 준다. '첫 댓글의 중요성'이라는 표현은 미국 CBS 전 앵커이자 긍정 심리학자 미셜 길런이 사용한 말로, 대화의 시작을 어떻게 하느냐에 따라 대화의 방향이 설정되는 상황을 표현한 것이다. 대화를 시작할 때 문제에 집중하기보다는 긍정적인 말로 시작하면, 이어지는 대화도 긍정적인 대화로 이어진다. 에비스의 전 CEO 로버트 타운젠드는 감사 인사가 중요한 보상인데 많은 리더들이 이를 간과하고 있다고 했다. 최고의 리더들은 프로젝트의 성공 여부에 상관없이 수

고한 사람들에게 감사를 표현한다. 특히 실패했을 경우 좌절감이 팀 분위기를 압도할 수 있기 때문에 격려와 인정, 지원이 더욱 절실하다. 팀원들을 진심으로 격려하고 지원할 수 있는 감사 인사는 혼동과 실패 속에서도 교훈을 얻을 수 있는 분위기를 조성한다. 하루를 시작할 때 감사를 표현하면, 그 기운이 이어질 가능성이 높다. 각 구성원은 돌아가면서 동료 한 명을 지명하고, 그에게 느낀 감사를 전달할 수 있다. 이는 팀 성과에 기여, 노력, 팀 행동 규칙 준수, 도움을 준 행동 등을 근거로 한다. 칭찬할 일이 별로 없어 보이더라도 긍정적인 행동이나 자질을 더욱 예민하게 포착하여 그때마다 잊지 않고 인정의 말을 한다.

팀 내 상호작용을 활성화하기

팀 차원에서 솔직함을 드러내기

팀원들도 각자의 취약성을 계속해서 공유하면 정서적으로 충만해지고 서로 신뢰가 쌓이고 관계가 끈끈해진다. 이를 통해 협업할 수 있는 분위기가 만들어진다. 그러나 솔직하게 문제를 드러내는 습관은 저절로 형성되지 않는다. 많은 경우 문제가 더 이상 해결될 수 없는 지경에 이르기까지 숨긴다. 논의할 수 없는 일들을 표면으로 드러내고 해결해 가는 과정은 한 번에 할 수 있는 일이 아니기 때문에 지속적인 훈련이 필요하다. 리더는 팀 내부의 문제를 깊숙이 이야기할 수 있는 시간을 의도적으로 마련해야 한다. 문제점을 지적하고 아이디어를 양산하도록 격려하여 집단지성을 활용하여 점진적으로 문제를 해결해야 한다. 모든 팀원이 미팅을 요청하거나 회의 시간을 활용하여 자신의 문제를 공유하고 도움을 요청할 수 있다. 이런 문제점이 있는데 무엇을 놓쳤는지, 실수할 수 있는 포인트는 무엇인지 묻고, 어떻게 해야 이 문제에서 벗어날 수 있는지 등 이 상황을 개선하려면 당신이 필요하다는 명확한 신호를 줄 수 있는 분위기를 만들어야 한다.

네이비실의 AAR(After Action Review, 사후평가)는 네이비실이 자랑하는 특별한 팀워크의 토대가 되었다. 네이비실의 대원들이 작전이 끝나면 계급과 역할을 떠나 사후 리뷰를 한다. 임무를 끝내고 수행했던 임무를 처음부터 끝까지 시간 순서에 따라 모든 의사결정을 포함한 과정을 솔직하게 설명한다. 지휘관은 직접 의견을 제시하기보다는 질문 방식으로 토론을 유도한다. 여기서 리더 자신의 문제를 숨기고 싶은 유혹이 있지만 이를 뿌리치고 일어난 일의 진실을 밝힌다. 함께 모여 지난 일을 분석하면 모든 사건의 일부가 아닌 전체를 알게 된다. 이 과정에서 사람들의 경험과 실수를 모두 공유하고 자신의 행동이 다른 사람에게 어떤 영향을 미치는지를 알게 되고 집단지성을 구축하게 된다. AAR를 통해 대원 간 신뢰에 기반하여 솔직하게 문제를 드러내게 되고 다시 큰 신뢰와 협동의 기반이 되는 선순환이 일어난다. 이러한 대화의 내용은 상황을 명확하게 밝혀서 함께 교훈을 얻는 것이다. 비난 걱정 없이 지위를 잊고 솔직하게 이야기한다. '우리가 의도한 결과는? 실제로 얻은 결과는? 무엇이 이러한 결과를 초래했는가? 같은 순간이 찾아오면 무엇을 할 것인가? 무엇을 다르게 할 수 있는가?' 등을 논의한다. 이러한 AAR가 네이비실 안에 문화로 정착하기까지는 오랜 시간이 걸렸다.

긍정적 감정 VS. 부정적 감정

한 연구 결과에 따르면, 기쁘고 즐거운 긍정적인 감정을 공유한 팀에서는 상호작용 패턴이 더 자주 나타났다. 서로의 아이디어를 더 확대 및 발전시키려고 노력했으며 서로의 아이디어에 적극적으로 지원하고 지지했다. 이를 통해 팀의 창의성이 증진되었다. 서로가 자신의 취약점을 공개하고 인정하며, 서로의 감정을 자유롭게 표출할 수 있는 분위기를 장려했다. 그러나 현재의 긍정적인 감정 상태를 유지하기 위해 논리적이고 비판적인 사고를 하지 않는 경향이 있었다. 긍정적인 감정을 공유한 팀은 서로의 아이디어를 반전시키고 적극적으로 지원하는 상호작용을 통해 창의성을 증진시키는 반면, 팀 의사결정의 정확도는 떨어뜨린다는 연구 결과가 있다. 기쁘고 즐거운 감정을 계속 유지하기 위해 논리적이고 비판적인 사고나 논쟁을 피한다.

연구 결과는 팀의 창의성과 혁신성을 요구하는 경우 서로의 아이디어를 반전시키고 적극적으로 지지할 때 적당하다. 반면에 팀의 과업에 비판적이고 논리적인 사고가 필요할 때는 적정 수준의 긴장감과 약간의 비판적인 대화가 더 긍정적일 수 있다는 것이다. 긍정심리학자인 마셜 로사다 교수는 60개 팀을 대상으로 팀 내 지지하고 격려하는 발언과 비판의 횟수를 관찰했다. 그 결과 탁월한 팀에서는 긍정적인 소통 대비 부정적인 소통의 비율이 2.9:1로 나타났다. 이를 로사다 비율이라고 한다. 다시 말해 긍정적 감정의 소통과 논리적이고 비판적인 소통이 공존하는 것이 필요하다는 것을 발견했다. 네이비실의 AAR도 솔직한 비판은 정서적으로 고통이 크고 누군가의 기를 꺾거나 상처를 줄 수 있다고 했다. 부정적인 지적을 주는 것은 말처럼 쉽지 않다. 솔직함을 추구하면서 안전하다는 느낌을 주어야 한다. 유쾌하지 않은 진실을 마주해 불편할 수도 있으나, 이런 과정을 통해 팀원들은 더욱 긴밀하게 결속되었고 팀원 간 신뢰하는 분위기가 강화된다.

건설적인 비판 vs. 파괴적인 비판

부정적인 소통도 문제 해결을 위한 건설적인 비판이어야 한다. 건설적인 비판을 하려면 열린 마음과 신뢰하는 분위기가 조성될 수 있다. 물론 이런 피드백은 여전히 어렵다. 그러나 파괴적인 비판은 개인적으로 공격하려는 의도로 상대방의 자존심을 다치게 하는 형태, 추상적이고 실행 가능하지 않는 의견, 불필요한 트집 등이 그 예이다. 건설적인 피드백을 하기 위해서는 '피드백이 상대방의 성장에 도움이 될 것인가? 상대방이 이 피드백을 들을 필요가 있는가? 개선 방법이 실천 가능한 것인가?' 등을 자문해 보아야 한다.

공동 목표/규범 공유하기

공동 목표 공유

팀의 목표가 분명히 정의되지 않을 때도 문제가 생긴다. 서로 공유한 목표가 없으면 다른 생각에 빠질 수밖에 없다. 팀원들의 개인적인 성과도 중요하지만, 팀의 성과에 책임을 질 수 있도록 만드는 것이 중요하다. 리더는 추구하는 비전을 명확하게 정의하고 이를 팀원과 공유한다. 같은 목표라도 다르게 정의할 수 있다. 예를 들어, 고객 만족이라는 목표를 정했을 때 사람마다 정의가 다를 수 있다. 고객지원팀에서는 고객 만족을 고객의 요구에 신속하게 대응하여 처리하는 것이라고 정의할 수 있다. 다른 한편 다소 시간이 걸리더라도 완벽하게 처리하는 것이 고객 만족의 완성도일 수 있다. 그러므로 고객 만족이라는 목표에 대해 공통된 정의가 필요하다. 팀 리더는 개인적인 목표나 가고자 하는 방향이 팀과 회사가 지향하는 방향과 맞는지 수시로 점검해 봐야 한다. 예를 들어, 개인의 성과에 기반하여 성과를 측정하는 것이 아니라 팀 전체의 결과를 기반으로 각 개인의 참여와 협력 정도를 측정할 수 있다. 팀의 공동 목표를 통해 팀원들 간의 공유 목적 의식을 키워야 하기 때문이다.

공동 규범 정하기

팀 차원에서 명확한 규범을 마련한다. 규범이란 팀원들이 지켜야 할 규칙, 하지 말아야 할 것들을 간략하게 정리한 것이다. 아무리 실력이나 능력이 있는 팀원이라도 협업을 위해서는 팀이 설정한 가치나 규범을 우선해야 한다. 이런 규범이 팀원에게 자연스럽게 스며든다면, 서로 하는 일이 달라도 지키게 된다. 예를 들어, 회의에는 정각에 참여, 반드시 자신의 목소리를 낼 것, 끼어들지 말 것, 파괴적인 비판하지 말 것 등이다. 선호하는 미팅 요일이나 시간, 이메일로 소통할 것인지, 대면으로 소통할 것인지, 회의 시간에 지켜야 할 규칙 등 규칙 등을 정하고 이를 실천하도록 한다. 처음에는 협업이 쉽지 않지만, 서로 익숙해지면서 점점 수월해진다.

함께할 수 있는 경험을 공유하기

팀의 유대관계는 일이 잘되게 하는 기반이 된다. 팀의 유대감을 높이기 위해 팀이 공유할 수 있는 경험을 만드는 것도 신뢰를 강화하고 협업을 촉진한다.

소통 이벤트

리더는 팀원 간의 신뢰를 구축하기 위해 서로에 대해 인간적으로 알 수 있는 기회를 만들어 줘야 한다. 팀 회의 시간이나 워크숍 등을 통해 팀원들이 자신이 살아온 과정, 가족, 취미, 여행 경험 등을 말하게 하는 것도 좋다. 이런 사소한 대화는 팀원들이 서로의 행동과 배경을 더 잘 이해하고, 서로를 인정할 수 있게 하는 강력한 수단이다. 신뢰하는 팀에서는 사람들이 위험을 감수하며 정보를 자유롭게 공유하고, 자신의 아이디어를 공개적으로 제시하고 논의한다. 팀원은 서로를 위해 헌신하고, 팀의 성공을 위해 최선을 다해야 한다. 서로가 서로의 존재를 있는 그대로 받아들이고, 어떤 이야기도 편하게 할 수 있는 분위기를 만든다.

서로 차이 알아보기

팀원 간 유대관계를 강화하기 위해서는 팀원들이 서로에 대해 더 깊이 이해하고 있어야 한다. 한 가지 방법은 팀원을 대상으로 성격 유형 검사를 하는 것이다. 소위 말해서 '케미스트리 부족'으로 불리는 팀원 간의 불화가 성격, 경험, 가치관의 차이에서 오는지를 밝혀 낼 수 있다. 회의 시 서로의 의견이 충돌하고, 더 이상 말을 하고 싶지 않고, 서로 상대방에 대해 과민 반응을 하는 경우가 있다. 부정적인 감정은 조직으로 전염되기 때문에 이를 사전에 방지해야 한다. 성격 검사를 통해 팀원들의 갈등 원인을 어느 정도 이해하게 되면, 상대의 이상한 행동에도 감정적 반응을 하지 않게 된다. 그들의 의견도 소중히 생각하면 생산적으로 활용할 수 있다. 본인의 성향을 정확히 파악하고 설명할 수 있다면, 동료들도 이를 사적으로 받아들이지 않게 된다. 상대방에 대한 접근법과 우선순위가 다르다는 것을 알게 되며, 상대방의 행동이나 반응에 악의나 사적인 감정이 없다는 것을 이해하게 된다.

회식하기

『최고의 팀은 무엇이 다른가』에 따르면 폭음과 폭식이 팀원 간의 유대에 긍정적인 효과가 있다고 한다. 인간을 포함한 동물들은 상대를 유혹할 때 언제나 먹을 것을 제공했다. 심리학 연구 결과에 따르면, 사람들은 포만감을 느낄 때 상대방에게 더 호의적이 된다. 음식을 나누어 먹는 것은 가장 기본적인 활동으로, 유대 관계를 강화시킨다. 직장 회식은 음식을 함께하며 다양한 이야기를 허심탄회하게 나눌 수 있어서 팀의 유대감 형성에 도움이 된다.

2030세대가 회식을 싫어한다는 것은 편견이다. 2023년 엠브레인 트렌드모니터에 따르면, 직장인 남녀 1,000명을 대상으로 한 2023년 직장인 회식 문화 관련 인식 설문에서 응답자의 52.9%가 현재 회식 문화가 마음에 든다고 평가했다.

2030세대가 회식을 싫어한다는 것은 편견이다. 2023년 엠브레인 트렌드모니터에 따르면, 직장인 남녀 1,000명을 대상으로 한 2023년 직장인 회식 문화 관련 인식 설문에서 응답자의 52.9%가 현재 회식 문화가 마음에 든다고 평가했다.

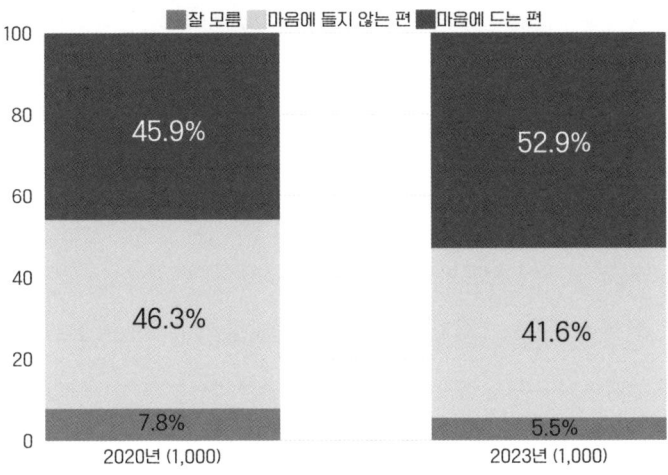

그 이유로 술을 강요하지 않는 분위기, 비교적 일찍 끝나서, 팀 분위기가 화기애애해서 등을 들었다. MZ세대들 역시 인간적인 분위기를 원한다. 이전의 상사 위주의 일방적인 것이 아니라 쌍방향으로 소통하는 자율적인 방향으로 이어지는 회식을 환영한다. 그들이 싫어하는 것은 '꼰대 회식'으로, 건배사 강요, 술 강요하는 위계적인 분위기이며, 이런 분위기는 점차 사라지고 있다. 또한 회사 내부의 불편한 이야기도 함부로 꺼내지 않아 '회식은 야근'이라는 말이 없어지고 있다. 서로 자신의 취미, 관심사 등의 이야기 나누고 2차 없이 깔끔하게 헤어진다.

CASE 6-2

[팀 리더] 대승적인 차원에서 저는 그레이존 업무가 발생하면 저희 팀으로 가지고 옵니다. 누군가는 반드시 해야 하는 일이라면 제가 하는 것이 좋다고 생각합니다. 회사 목적 달성을 위해 누군가는 해야 할 일인데 아무도 하지 않겠다고 하면 회사 차원에서 문제가 발생하게 되잖아요. 문제는 저희 팀원들이 그런 업무는 가져오는 것을 싫어합니다. 당장 누구 팀의 일이라고 명확하게 나누기도 힘들고, 조금씩 양보해서 하면 될 것을 팀원들은 업무가 많다고 불평합니다. 사실 팀 간 역할과 책임(R & R)을 무처럼 자르는 것도 힘들지 않습니까. 성과에 반영되지 않으면 서로 안 하려고 하고요.

[팀원] 리더는 다른 팀과의 관계에서 저는 좀 독해야 된다고 생각해요. 다른 팀과 잘 싸워서 이겨야 한다고 생각해요. 다른 팀들은 어떻게든 피하려고 하는 애매한 업무, 중요하지 않은 데 시간이 많이 드는 업무, 누구나 하기 싫은 일들을 왜 우리 팀에서 해야 하는지 모르겠어요. 이미 우리 팀의 업무가 많은데 이런 업무를 자꾸 가지고 오면 저희 팀이 그대로 그 업무를 담당하는 부서가 됩니다. 팀 리더에게 바라는 것은 우리 팀 업무가 아닌 것은 딱 잘라 "이걸 왜 우리가 해야 됩니까? 우리 팀에서 할 게 아닙니다."라고 명확하게 잘라 주는 겁니다.

팀 간 그레이 업무는 누구 일인가요?

1. 협업이 왜 어려울까?

『일의 미래』의 저자 린다 그래튼은 앞으로 시간이 흐를수록 기술은 분화되고 사람의 관계는 소외된다고 했다. 반면에 기술의 분화는 타 분야와의 통합으로 성공 가능성을 확대시킨다고 한다. 이를 위해 직장에서 관계 능력, 협업을 이끌어 내는 능력이 매우 중요해진다. 협업은 조직을 성공적으로 이끄는 핵심 요소이다. 구성원들이 조직 내 협업 활동에 보내는 시간이 50% 이상이라는 연구 결과도 있다.

협업 자원에는 세 가지 유형이 있다. 정보 자원, 사회적 자원, 개인적 자원이다. 정보 자원은 지식과 기술을 의미하며, 기록할 수 있고 전달할 수 있는 전문성을 말한다. 사회적 자원은 인식 능력, 정보 접근 권, 네트워크 내에서의 위치 등을 의미하며, 이를 활용해 동료들이 다른 사람과 협업을 잘하도록 도와줄 수 있다. 마지막으로 개인적 자원은 개인적 시간과 에너지가 포함된다. 정보 자원과 사회적 자원은 주로 일회성 교환으로 공유할 수 있다. 그러나 이런 두 가지 정보를 제공한다고 해도 개인적인 자원을 사용해야 한다. 각 직원들의 시간과 에너지는 한정되어 있어 협조를 할 경우 개인 차원에서 자신의 업무를 할 시간이 줄어든다. 협업을 위해 개인은 회의나 전화 통화, 이메일 회신 같은 일에 많은 시간을 소비하고 있다. 그러다 보니 자신의 본연의 업무 등 중요한 일을 할 시간이 부족해진다. 각종 조언이나 자원, 회의 참석, 지원 요청 등 밀려드는 요청에 나가 실제로 성과를 낼 시간이 없다. 내 일을 하기 위해서는 야근을 하거나 퇴근 후 집으로 과제를 가져가기도 한다. 협업으로 인해 엄청난 스트레스가 발생한다. 협업 요청에 응하는 선한 마음은 이후 쏟아지는 타 팀의 요구 상황에 선순환으로 시작된 일들은 곧 악순환으로 변해 버린다. 이제는 자신의 업무가 아닌 협업으로 인한 불이익을 감수하지 않기로 했다. 왜 이런 일이 일어날까?

조직 목표보다 부서 목표가 우선

팀 성과에 따라 평가와 보상이 차등 지급되는 상황에서 이런 협업을 위한 활동들은 에너지만 소모시킬 뿐 내 성과로 인정받지 못하기 때문이다. 자신이 속한 팀이나 개인에게 이익이 되지 않으니 남 좋은 일만 시키는 것이다. 성과주의 체제는 우수 인재를 확보하고, 유지하며 목표에 집중할 수 있는 긍정적인 측면이 많다. 그러나 성과 실적과 능력에 따라 보상이 차등 지급되는 성과주의 체제에서 부서 간 경쟁은 부서 이기주의라는 부작용을 가지고 온다. 팀의 업무 또는 성과가 조직의 목표에 우선하고, 팀의 목표를 조직 전체의 목표보다 더 중요하게 생각한다. 조직 목표라는 큰 그림을 보면서 유기적으로 함께 성과를 만들어 가는 상황에서 발생하는 다양한 이슈나 문제를 열린 소통을 통해 해결해 나가는 노력이 부족하다. 직원들이 자신의 직무나 사업부와 같은 직접적 환경 이외에는 별 관심이 없다.

1986년 미국의 우주 왕복선 챌린저호가 발사 후 73초 만에 폭파하는 사건이 있었다. 제작부에서는 부품 일부가 날씨에 영향을 받아서 날짜를 늦춰야 한다고 했다. 우주선 발사를 시간 내에 발사해야 하는 책임부서에는 발사 날짜를 반드시 맞춰야 한다고 주장했다. 결국 우주선은 발사되었고 우주인 7명이 사망하는 비극으로 이어졌다. 두 부서 간 성공적 발사라는 조직의 공동 목표가 일치하지 않아서 발생했던 사건이었다. 공유 목표에 대한 소통이 제대로 이루어지지 않고 부서 각자의 목표가 상충하는 상황에서 부서의 이익이 먼저 작용한 결과다. 이 사례처럼 전사 목표에 의해 부서별 목표를 설정할 때 부서 간 상호 목표 검토 프로세스가 제대로 기능하지 못할 목표를 달성하려는 전략이나 행동이 상충하는 경우 협업을 이끌어 내기가 어렵다.

이런 기업일수록 실패에 대해 엄격하다. 실패로 인해 직원들에게 지나치게 큰 불이익을 주는 경우 직원들은 복지부동하고 본인의 업무만 챙기게 된다. 협업을 통해 조직 전체 성과에 기여할 수 있다는 생각보다는 자신의 업무가 아닌 협업으로 인한 불이익을 감수하지 않는다. 특히 자신의 업무가 아닌 그레이존의 업무가 발생할 경우 서로 책임을 지지 않으려고 하여 업무 공백이 생길 가능성이 높아진다. 특히 성장 둔화로 인한 자원의 한정은 각 부서에서 가용 자원을 줄어들게 한다. 서로의 성과를 위해 한정된 자금과 인력을 놓고 자원 확보를 위해 서로 경쟁하다 보면 협력보다는 부서 이기주의가 강해진다.

위계적인 문화에서 상관의 지시가 우선

협업을 방해하는 요인 중 하나가 위계적인 문화이다. 위계 문화가 강한 한국 기업의 경우, 명확한 업무 분장이나 전결 규정보다는 상관의 지시에 따라 일이 진행되고, 장기적인 계획이 있다 해도 윗선에서 내리는 지시 사항에 따라 일이 우선적으로 진행된다. 상사의 지시를 잘 이행하는 팀의 성과가 높게 평가된다. 업무의 중요성이 다르면 팀 리더나 팀원들이 느끼는 형평성도 달라질 수 있다. 성과가 따라오는 중요한 업무는 서로 하려고 하고, 성과도 없고 힘든 일은 서로 미룬다. 그러다 보니 힘이 있는 부서가 성과에 도움이 되는 업무를 가져가고, 힘이 없는 부서는 울며 겨자 먹기 식으로 업무를 맡는다. 왜 우리 팀만 잡일을 주나? 왜 우리 팀만 해결하기 어려운 일을 주나? 하는 불만이 생길 수밖에 없다. 자신의 업무가 아닌 모호한 업무를 받아올 경우 팀원들은 난리가 난다. 일이 많아지고 부당한 업무에 대해 뒷담화를 하게 된다. 팀 리더가 착하다는 것은 그만큼 일이 늘어나는 것을 의미한다. 대부분의 직장인들은 점점 더 많은 업무를 맡게 된다. 대부분의 조직은 인원 규모를 최대한 타이트하게 운영하다 보니 한 사람의 업무 부담은 자연스럽게 커진다. 일하는 방식, 조직 문화 등은 그대로인데 인건비가 올랐으니 생산성을 위해 더 많은 일을 부과할 수밖에 없다.

빈번한 조직개편에서 오는 업무 영역의 모호성

시장 환경이 급변함에 따라, 많은 기업이 다양한 고객의 요구와 내부 구성원들의 다양성에 유연하게 대처하기 위해 조직을 수시로 개편하고 있다. 중소기업이나 스타트업 역시 창업 이후 급한 업무 위주로 사람을 채용하고, 이것저것 한 사람이 다하기 때문에 업무 분장이 불명확하다. 이런 회사들이 규모가 커지면서 팀 역할이 불분명해지고, 새로운 업무가 생겨나며, 업무 경계가 모호해진 경우가 더욱 빈번하게 발생한다. 어떤 업무 영역에 해당하지 않는 일들을 자연스럽게 만들어 낸다. 기존의 업무가 변화하는 환경과 과제에 맞춤화되지 않았기 때문이다. 조직이 재편될 때마다 권력과 권한 관계가 흔들리고 기존 영역을 고수하기 위한 행동들이 많아진다. 이로 인해 이해관계가 상충하는 다른 부서와 협력하고 의견을 조율하기보다는 자신이 속한 부서의 영향력을 확보하고 자기 영역을 고수해 나가려는 현상이 나타난다.

잦은 조직 개편은 그레이존 업무를 발생시킨다. 그레이존은 어느 영역에 속하는지 불분명한 중간 지대를 말한다. 현실적으로 부서의 담당자는 그레이존 업무를 하는 것이 쉽지 않다. 이미 부여받은 업무와 현재 수행하는 역할 등을 고려해서 새로운 업무를 하기에는 어려운 환경일 수 있다. 조금 더 답답하다고 생각하는 부서나 사람이 일을 처리하고는 악순환이 되고 향후 그 업무를 담당해 버리는 전례를 만들기도 한다. 그렇기 때문에 일단 그레이존 업무를 관망하거나 어떻게든 피해야 하는 영역이 된다. 시장 환경이 지속적으로 변화함에 따라 새로운 직무가 생기기 때문에 업무 분장 기술서만으로는 완벽하지 않다. 이 같은 상황에 더 효과적으로 대응하기 위해 리더들은 어떻게 해야 할까?

2. 팀 간 협업은 어떻게 이끄나?

사우스웨스트는 직원들의 소통과 관계 능력을 중시한다. 이 회사는 인간 존중의 경영을 하고 있으며 이를 위해 소통과 관계 능력을 중요시하는 정책을 시행하고 있다. 이 기업은 다른 기업에서 보기 힘든 협업이 이루어지고 있는데 선발 과정부터 관계 역량이 있는 사람을 채용하여 지속적으로 관계 능력을 훈련시킨다. 근무 규정에는 누구든지 아무 일이나 할 수 있다고 쓰여 있다. 근무 규정에는 자세한 업무를 규정하지 않지만, 전체적인 업무 효율성을 높이기 위해서 모든 직원이 필요한 모든 일을 수행해야 한다고 설명하고 있다. 예를 들어, 기장은 바쁜 직원을 위해 우편물과 수화물을 내리는 작업을 돕고 승무원과 함께 기내 청소도 돕는다. 부서 간 협력을 유도하여 공동의 목표를 달성하게 되면 이를 평가 시스템에 반영한다.

리더의 전사적인 시각을 가지고, 부서 간 장벽을 극복하며 협력과 선의의 경쟁이 조화를 이룰 수 있도록, 각 부서를 맡고 있는 조직 책임자들이 경영자적인 사고를 가져야 한다. GE의 잭웰치는 부서 간 장벽을 제거하기 위해서는 중간 리더의 중요성을 강조했다. 다양한 회의를 통해 중간 리더들의 사고의 범위를 넓히기 위해 애를 썼다.

협업의 필요성을 체감해야 한다

그레이존 업무는 생길 수밖에 없다. 정확한 R & R을 위해 효율성을 높이기 위한 과정은 비생산적인 소통과 의사결정 단계를 늘린다. 그 과정마다 인력과 자원을 소모하여 조직을 더 복잡하게 만들어, 부서 간의 일을 더 어렵게 만든다. 생산 효율을 위해 시작한 일은 결국 생산성 증대와 반대되는 상황을 만든다. R & R이 잘 정의되고 프로세스가 잘 구축되어 있음에도 협업이 제대로 이루어지지 않는 이유이다.

Yves Morieux의 TED영상은 명확한 R & R이 협업을 방해하는 핵심 요소라고 설명한다. 100미터 달리기 개인 기록이 좋은 선수 4명이 모이면 우승이 가능할까? 그의 영상은 400미터 계주를 하는 4명의 달리기 선수를 예로 든다. 명확하게 자신의 역할을 구분하면 우승이 가능할까? 각자 자신의 역할인 100미터만 달리고 배턴을 놓는다면? 개인들 각자가 열심히 달린다고 것도 중요하지만 배턴을 주고받는 선수들 간의 협력이 없으면 우승은 가능하지 않다. 계주 주자들은 공동 목표인 우승을 위해 개인 노력이 타인에게 얼마나 기여할 것인가의 차원에서 협력해야 한다. 결국 개인을 뛰어넘는 팀, 조직의 비전이 있어야 하고 이를 달성하기 위해 서로 조금의 희생을 감수하고 희생한 것에 감사함을 인정하는 조직 문화가 명확한 R & R보다 중요하다. 회사의 업무를 100% 정확하게 나눌 수 없다. 업무는 계속 바뀌고 복잡해지는 시대에 누구의 업무도 아니지만 해야 할 회색지대가 발생할 수밖에 없다. 협력을 위해서는 조직의 개개인이 조금 더 양보하는 바보가 되어야 한다.

남이 일이 아닌 우리 일

리더는 우리가 하게 된 일이 곧 우리의 일이라는 공감대 만들어야 한다. 회사가 어떤 방향으로 가려고 하는지 그러기 위해서는 전사적인 소통과 업무 공유가 중요하다. 팀마다 서로의 목표가 상충하는 경우도 있지만, 모든 부서의 업무는 결국 회사의 목표를 함께 이루어 가는 것이다. 그렇기 때문에 공유 목표의 관점에서 목표를 합의하는 시간이 필요하다. OKR를 사용하여 목표를 만드는 회사는 전체 목표에 부서, 개인의 목표가 일관된 방향성을 유지하게 되어 있기 때문에, 자신의 목표 달성이 자연스럽게 부서 목표, 전체 조직 목표로 이어진다. 그렇지 않은 조직에서는 각기 이해관계가 다르겠지만, 갈등하는 팀과 공통으로 묶을 수 있는 비전과 목표가 있을 것이다. 각 부서의 목표에서 공통 분모를 뽑아 전사적인 목표와 연동시키는 것이 중요하다.

매출도 늘리고 품질도 높여야 하는 입장에서 이익보다 매출 중심으로 회사 목표가 잡혔다면 이를 중심으로 팀 간 합의가 필요하다. R&D 연구팀과 생산팀은 문제가 발생할 때 서로를 비난하는 경향이 있다. 생산팀은 비용을 효율적으로 사용하여 빠른 시일 내에 생산해 내는 매출에 초점을 둔다. 그러나 연구부서는 비용이 들어도 좋은 기술을 개발하여 고객 요구를 충족시키는 품질에 초점을 둔다. 그렇기 때문에 많은 비용과 오랜 시간이 걸린다. 각 팀의 업무 가치와 목표가 다르고 생각도 다르다. R&D 부서는 생산팀 직원과 협조를 이끌어 내기 위해서는 생산팀의 업무 가치와 목표를 감안하고 생산팀의 언어를 사용할 줄 알아야 한다. 자신의 목표와 업무 가치를 주장하면 팀 간 벽을 해소하기 어렵다. 상대 팀이 원하는 것과 두려워하는 것(생산팀에서 기간 내 생산하지 못하고 비용만 많이 소요되는 것)을 함께 고민해야 한다. 각자 처한 상황을 고민하고 일의 방향을 고민해서 공동의 타협점을 만들어 내는 노력이 필요하다.

부서 간 영역의 명확화

팀 리더는 그레이 업무를 가지고 오기 전에 팀의 목표와 역할에 대해 명확히 정의해야 한다. 그렇지 않으면 영역 싸움이나 책임 떠넘기기와 같은 일들이 빈번하게 일어난다. 업무 프로세스 분석을 통해 각 팀의 역할과 범위를 명확히 하고 합의해야 한다. 이런 부분을 명확히 하지 않으면 자신의 일이 될까 봐 방어적으로 행동한다. 우리 팀과 어떤 팀이 업무와 연관되어 있으며, 어떤 업무를 주고받아야 할 것인가? 어떤 팀에서 도움을 받을 수 있으며, 어떤 내용을 협력해야 하는지 업무 영역을 명확하게 구분한다. 그 전에 누가 했는지가 중요한 것이 아니라 이 업무를 가장 잘 수행할 수 있는 부서가 어디일까를 고민한다. 우리라는 보다 전체적인 관점에서 진행될 수 있는 방향으로 함께 생각하고 서로를 도울 수 있는 방법을 함께 고민한다. 아무리 상사의 지시라고 해도 우리 팀이 잘 수행할 수 없다면 리더 자신의 의견을 관철하기 위한 노력이 필요하다. 예를 들어, 감사팀에게 시스템을 통한 업무 효율화라는 업무가 수명 업무로 떨어졌다. IT팀에서 가장 잘 할 수 있는 영역임에도 불구하고 그런 노하우가 없는 감사팀이 운영하게 되면 제대로 된 결과를 기대하기 어렵다. 따라서 리더는 잘못된 지식과 경험으로 실패를 초래할 수 있다는 것을 설득시켜야 한다. 리더는 때론 맞서 싸울 줄 아는 용기가 필요하다.

 만약 우리 팀이 가장 잘 수행할 수 있는 팀이라는 확신이 있다면, 자원을 확보하고 어떤 지원을 해 줄 것인지를 명확하게 요구해야 한다. 그리고 리더는 팀원들에게 이러한 과정을 공유해야 한다. 이런 일을 하기 위해 해당 업무를 하는 사람에게 자원을 얼마나 배당할 수 있으며, 다른 사람의 지원을 얼마나 받을 수 있는지에 대해 명확히 해야 한다. 우리 팀에서 무엇을 해야 한다고 일방적으로 전달하면, 그것을 왜 우리 팀에서 해야 하는지 공감하지 못하기 때문에 불만이 늘어나고 해당 업무도 제대로 진행되기가 어렵다. 협업을 통해 얻을 수 있는 이익이 있어야 팀원들을 설득하기 쉬워진다. 그렇게 때문에 해당 업무가 왜 중요한지 문제 인식부터 이해시키는 것이다. 자신들이 하는 일이 회사의 목적 어떻게 기여하는지, 이 일을 했을 때 어떤 우리 팀에 어떤 긍정적인 영향을 주는지 등을 이해시켜야 한다.

협업을 위한 소통 기회를 확대한다

정보 공유

팀원들에게 상시적으로 정보를 공유한다. 협업 관련 과제나 프로젝트의 목표, 역할 및 책임, 일정 등의 프로젝트 세부 정보, 결정 사항 등을 문서화하여 공유한다. 대부분의 안건을 메일그룹 참조자로 넣어 준다면, 팀원들이 왜 그런 안건이 나왔는지 미리 인지할 수 있고 더 적극적으로 협업을 이끌어 낼 수 있다.

팀 간 의사소통을 촉진하기 위해서는 개인의 노력만으로 어렵다. 그렇기 때문에 환경, 시스템적인 업무툴이 필요하다. 사내 메신저 시스템이나 화상회의가 가능한 협업 툴을 사용한다. 일정 관리를 위해 협업 툴을 사용하여 개인의 업무 일정이나 업무 상황을 공유할 수도 있다. 현재 사용할 수 있는 협업 툴은 다양하며, 회사의 상황이나 목적에 맞게 협업 툴을 선택하여 활용 가능하다. 가장 많이 사용하는 협업 툴은 MS Teams이며, 단순하지만 강력한 슬랙과 노션 등도 있다. 다른 팀이나 팀원이 무슨 업무를 수행하고 얼마나 진행되고 있는지 공유하는 것이다. 그러기 위해서는 정보를 투명하게 공유하는 문화가 먼저 만들어져야 한다. 자신의 업무 자료나 스케줄을 적극적으로 공유하려면 윤리적으로 투명해야 하기 때문이다. 리더 스스로 떳떳하지 못한 부분이 있으면 정보 공유를 꺼릴 수 있다. 그렇게 되면 팀원들도 자신의 정보를 공유하는 데 두려움을 느낄 수 있다. 리더가 더 투명하게, 사소해 보이는 것까지 팀원들에게 알리기 위해 노력해야 한다. 이런 툴을 사용하면 해당 팀원이 어떤 업무를 어느 정도까지 진행되었는지 파악하여 업무 요청 등 협업 관련한 이슈에 빠르게 대응할 수 있는 장점이 있다.

소통채널 확보

팀 간 협업은 팀 간 상호간의 정보와 전문 지식을 효과적으로 교환할 수 있는 네트워크가 얼마나 잘 형성되었는가에 기반한다. 업무 관계 외의 비공식적 네트워크가 잘 연결돼 있어야 한다. 사람들은 자신이 잘하고 믿을 만한 상대가 아니면 정보를 나누려 하지 않는다. 리더는 다른 팀을 이해할 수 있는 소통의 장을 마련한다. 다른 팀과의 행복지수가 높은 스웨덴에서는 동료들과 커피를 마시며 디저트를 즐기는 '피카 타임'이라는 전통적인 커피 타임이 있다. 이 시간을 통해 상대와 진솔한 대화를 나누며, 진정한 관계를 형성하는 과정으로 사회적 자본을 축적해 간다. 거창한 자리가 아니더라도 부담스럽지 않게 가까워질 기회를 마련하는 것이다. 요즘 많은 기업들이 간단한 스낵을 먹을 수 있는 라운지나 작은 카페 등을 서로 다른 팀의 경계 지역에 마련해 두고 있다. 다른 팀원들과 간단한 다과를 통해 자연스럽게 어울리면서 네트워크를 만들 수 있다. 이러한 시도는 정보의 연결을 만들어 내며, 리더는 이런 과정을 단순히 잡담으로 보지 않고, 조직의 협업을 촉진하는 중요한 기회로 인식해야 한다.

팀 간 소통 워크숍도 좋다. 팀 워크숍은 각 부서의 입장과 어려운 점이 무엇인지 들어보는 것이 최우선이다. 서로의 입장 차이를 확인하고 공감해 주며, 가능한 변화에 대한 부분을 정리해서 위에 보고하고 설득하는 일도 할 수 있다. 해결이 어려운 상황이라면 가능한 선에서 솔직하게 상황을 전달해 줘야 한다. 대표적인 팀빌딩 프로그램인 Inter Team Building은 갈등 있는 팀 간에 운영되는 프로그램이다. 양 팀 사이에 발생하는 문제나 이슈를 터놓고 이야기할 수 있는 장을 만들어 준다. 이 프로그램은 세 개의 세션으로 구성되었다. 첫 번째는 상대 팀에 대해 진심으로 마음을 열 수 있도록 인정과 칭찬을 해 주는 것이다. 두 번째는 상대 팀 때문에 겪었던 애로사항이나 상대 팀에게 요구할 사항을 전달하고, 이를 바탕으로 토론을 진행한다. 토론한 내용을 바탕으로 상대 팀이 제기한 이야기에 대해 우리 팀이 해줄 수 있는 해결 방안을 검토하고 제안하는 단계이다. 마지막 세션은 논의되고 합의된 사항을 문서화한다. 합의된 문서를 교환하고 정서적 교류를 할 수 있다. 바쁜 일상과 많은 과제 속에서 지속적으로 합의 사항을 관리하기 어렵다. 과제 실행을 위해 시스템화하거나 제도화하는 활동이 필요하다.

영국의 석유회사는 협력 시스템을 통해 유기적 기업 문화를 구축했다. 150개 사업부가 존재하다 보니 부서 간 소통이 매우 어려운 상황에서 동료 간 지원이라는 방법을 고안해 냈다. 150개 사업부를 전체적으로 13개의 동료 집단으로 분류하여 집단 내에서 경험과 지식이 적극적으로 공유될 수 있도록 미팅과 워크숍을 지원했다. 이러한 워크숍은 부서 간 이슈를 공유하고 도움을 주는 끈끈한 기업 문화를 형성했다. 미네소타 어린이 병원의 집중 사건 분석(FEA) 세션은 투약 오류 같은 사고가 발생하면 각기 다른 진료 과목과 운영 부서의 사람들이 모여 해당 사건의 의견을 제시한다. 사고의 원인을 밝히기 전에 여러 관점을 듣는다. FEA는 기본적으로 어떤 실패의 원인은 하나가 아니라 여러 가지라고 여긴다. 따라서 세션에서 관련된 사람들의 다차원적 근본 원인을 분석하고 유사한 사고를 막을 수 있도록 절차와 시스템을 바꾼다.

협업 관리 프로세스

많은 조직에서 동급의 직원에게 둘이 알아서 잘해 보라고 하면 일이 진척되지 않고 갈등만 커진다. 갈등이 일어났을 때 상사는 회의를 통해 명확하게 의사결정을 해 줘야 한다. 팀 리더 역시 팀원들에게 마찬가지이다. 각각의 입장에서 다양한 의견을 통합하고 정리할 수 있어야 한다. 동일한 문제의 반복적인 발생을 줄일 수 있다. 사우스웨스트 항공에서는 구성원 간 갈등이 발생하면 일선 리더들이 의무적으로 각각 개별 상담을 하도록 되어 있다. 다음으로 일선 리더는 당사자 간 대화의 장을 마련하고 타협안을 제시하는 등 중재 역할을 한다. 마지막으로 당사자뿐만 아니라 문제에 직간접으로 관련된 구성원들의 생각을 모아 최적의 해결책을 제시하도록 하는 협업 관리 프로세스가 정착되어 있다.

리더는 다른 직원이나 다른 팀의 업무를 돕는 행동을 평가 항목으로 설정할 수 있다. 기업의 상황에 따라 이런 평가 항목을 인사 평가 시스템으로 제도화하지 못할 경우, 팀 리더 차원에서 전체 최적화를 위한 협업 활동을 인사 평가에 반영할 수 있다. 이런 경우 리더는 연초에 팀의 중요한 근무 태도를 동료 및 유관 직원의 성공에 도움을 주는 협업 활동을 운영하겠다고 미리 말한다. 협조 태도에 대해 "당연히 해야 할 일이니, 협조해 주세요."라는 자세로 부탁하면 하기 싫어진다. 할 수밖에 없는 이유, 하면 좋은 이유를 제시하면서 정중하고 감사하는 마음으로 요청해야 한다. 리더는 타 부서가 도와준 것을 적극적으로 인정해 주어야 한다. "자료 협조를 잘해 주셔서 감사합니다."나 "도와주셔서 감사합니다."와 같은 표현으로 감사의 마음을 전달한다.

CASE 6-3

[팀원 1] 위에 눈치 봐야지 아래 눈치 봐야지 아주 애매모호한 위치입니다. 팀 리더라는 위치가 어느 정도 회사 정책에 맞춰 업무를 해 나가야 하고 실제로 팀원들을 이끌고 업무 실적을 내야 합니다. 팀원들의 업무 환경을 고려하면서, 회사의 정책을 따라야 하는데 이 두 가지를 충족시키는 것이 어려워요. 윗선에서 지시한 것을 무조건 해야 한다는 것을 설득하기도 어렵고 그런 게 쌓이다 보면 팀원들이 번아웃되는 것이고 이 사람들을 편하게 해 주려고 하면 회사 정책을 따라가지 못하기 때문에 평가가 안 좋죠.

[팀 리더 2] 연말 조직 개편에서 팀 리더인 저보다 5살가량 나이도 많고 직급도 높았던 팀 리더가 갑작스럽게 아무런 보직 없이 제 밑으로 왔습니다. 우리 팀보다 더 큰 단위의 팀 리더를 하던 분이지만 그전에 관계가 좋아서 처음에는 잘 지냈습니다. 하지만 이제는 너무 스트레스를 받습니다. 나이도 한참 어린 저에게 다른 팀원들에게처럼 깍듯하게 하는 것도 바라지 않습니다. 하지만 무시한다는 느낌을 받습니다. 그분과 이야기도 해 본 적이 있습니다. 조금만 배려해 달라고 했는데 알겠다던 사람이 얼마 안 가서 원상태가 되더군요.

[팀원 1] 월급은 많이 받고 일은 안 하고 떠넘겨 팀원들에게 피해를 줍니다. 연봉도 우리보다 2배 많은데 열심히 일하다가도 그분 때문에 일할 맛이 사라

져요. 저보다 나이도 많고 해서 일을 푸시하기가 불편합니다. 같은 팀원이 되었으면 실무 업무를 해야 하는데 오랫동안 실무에서 손을 떼다 보니 할 수 있는 것이 없습니다. 아직도 팀 리더인 줄 알고 잔소리도 많이 하고, 제가 무슨 소리를 하면 딴지부터 겁니다. 회사에서 제도적으로 이런 분들에게 페널티가 필요합니다.

[팀 리더 3] 저도 할 말이 많습니다. 시키면 시키는 대로 묵묵히 참고 일하면서 여기까지 왔는데 회사에서 이제는 퇴물 취급합니다. 애물단지 취급 받는 것이 자존감이 떨어지고 다른 직원들에게 말발도 안 서고 말도 잘 안 합니다. 그래서 다른 직원들과 담을 쌓고 지내죠. 그렇다고 열심히 일하고 싶지도 않습니다. 경제적인 것 이외에 이들의 회사에 다닐 이유가 없어요. 특히 일보다는 퇴직 후 우아하게 살기 위해 재테크, 건강, 취미, 창업 등에 더 관심이 있습니다. 일의 의미와 재미가 없으니 일하는 에너지가 사라진 지 오래입니다.

다양한 세대와 한 팀에서 일합니다

1. 사무실 풍경이 달라지고 있다

한국 기업들의 사무실 풍경이 달라지고 있다. MZ 세대가 조직의 주축이 되면서, 40세 리더들이 본격적으로 등장하고, 보직 없는 고직급 50대의 존재로 인해 조직 문화가 급격히 변화했다. MZ세대는 더 이상 회사가 자기를 지켜주지 않는다고 생각하고, 조직에서의 성공만이 인생의 성공이라고 믿지 않는다. 적당히 일하고 적당히 즐기겠다는 사람이 많아지고 있다. 모든 사람이 다 그렇다는 것은 아니지만 MZ세대는 선배 세대와 가치가 다르다. 반면 그동안 존재감을 가지지 못한 40대들이 본격적으로 중간관리자, 임원 등으로 올라서고 있다. 50대 전후는 보직 없는 팀원으로 물러나는 일들이 점차 보편화되고 있다.

보직을 받지 못했거나 보직을 박탈당한 고연령 팀원들의 무력감과 느슨한 업무 태도가 조직에 부정적인 영향을 주는 사례가 많이 나타나고 있다. 나이가 많은 직원에게 한마디 하면 자존심이 상해하는 모습을 보이며 심지어 대놓고 불만을 표시한다. 워라밸을 중시하는 젊은 팀원들은 일이 남아도 정시에 퇴근한다. 팀원들이 남긴 작업을 마무리하기 위해 팀 리더는 늘 야근이다. 개인적인 젊은 팀원, 적극적으로 일하지 않은 또래 팀원, 직급 없는 고참 팀원은 리더에게 부여한 새로운 과제이다. 다양한 팀원과 공존해야 하는 팀 리더의 역할은 더욱 어려워지고 있다.

미래가 불안한 MZ세대

불확실한 환경에서 회사의 미래가 나의 미래일 수 없으며, 회사의 성장이 나의 성장이 될 수 없다. 불확실한 시대에 살아남기 위해서는 각자도생하며, 현재의 직장에 충성하고 안주하기보다는 언제든 다른 직장으로 옮길 수 있도록 준비하는 것이 현명한 일이다. 많은 사람이 회사에서 임원까지 올라갈 생각을 거의 하지 않는다. 이는 회사에 헌신하더라도 언제든지 자신도 회사에서 퇴출당할 수 있다는 불안감 때문이다. 장기적인 관점에서 이직은 성장의 기회이며 반드시 필요한 도전이다.

최고 대우를 받는 미국 실리콘밸리의 평균 근수 연수가 3년을 넘지 못한다. 이는 자기 성장에 대한 요구가 가장 강한 곳이기 때문에, 자신의 성장을 위해 다른 회사로 옮기는 것을 자연스럽게 받아들인다. 이들은 회사가 마음껏 성장할 수 있는 환경을 마련해 주면 초과 성과를 내지만, 내가 성장하지 않고 회사만 성장한다는 느낌이 들면 회사의 상황을 개의치 않고 미련 없이 떠난다. 이는 회사의 성장이 자신의 성장하고 직결된다고 믿지 않기 때문이다.

회사에 자신의 미래를 맡길 생각이 없는 만큼 조직 생활도 쿨하다. 공적인 시간과 사적인 시간을 구분하고 할 일은 하되 그 이상은 하지 않는다. 특히 현재 하는 일이 자신의 미래 가치를 높이는데 별 도움이 안 된다고 느끼면 워라밸이라도 확실히 챙기고자 한다. 조직의 성과가 아닌 나 자신의 성장과 발전을 위해 일하고, 퇴근 후에는 자기 개발과 취미활동에 투자한다.

어렸을 때부터 경쟁에서 살아남아야 하는 이들에게는 공정성이 중요하다. 상사의 지시에 대해 R & R을 따지고 공정한 업무 배분을 요구한다. 그들은 자신들이 함부로 사용되기를 바라지 않기 때문이다. 자신의 영역과 시간, 에너지를 지키고 공정하게 일하면서 정당한 대가를 요구한다. 열심히 일하지 않으면서 더 많은 연봉을 받는 선배들을 이들의 공정성의 기준에서 보면 반칙이다.

높은 연봉을 받는 고참 선배에 대해 젊은 직원들의 불만이 많아지고 있다. 상대적 박탈감을 갖게 하고, 느슨한 업무 태도로 인해 일할 의욕을 저하시킨다는 것이다. 이런 상황을 계속 방임하게 되면 냉소주의가 확산되고 조직의 생산성이 저하될 가능성이 있다.

미래가 없는 것은 고연령 세대도

한국 인구 구조상 50대가 가장 많다. 후진국에서 태어났지만, 정치, 경제, 사회적으로 엄청난 변화를 경험했다. 세계 유례없는 성장과 성취를 경험한 집단이지만 한국 사회에서 비효율의 한가운데 서 있다. 삼성전자는 2023년 임원 인사에서 30대 상무와 40대 부사장을 발탁하며 세대교체 의지를 밝혔다. 현대, 카카오는 30대 임원을 발탁 승진시켰다. 파격 인사를 단행하는 기업들은 대부분 세대교체의 필요성과 미래를 위한 준비라는 이유로 설명한다. 발탁이 있으면 물러나는 사람도 있다. 많은 대기업이 50세 전후 특정 연령이 되면 보직에서 물러나 평사원으로 돌아가는 사례를 쉽게 찾아볼 수 있다. 임원으로 승진하는 몇몇을 제외하고 대다수가 해당된다. 이들은 변화와 혁신이라는 당위성에 밀려 보직 없이 팀원으로 물러나고 있다.

삼성화재의 50대 이상 부장급 조기 퇴직 사안에 대해 국가인권위원회가 시정 권고를 의결했다. 이는 단순히 50대 이상이라는 이유로 차별을 받거나 불이익을 받는 직장인들에 대한 소송이다. 50대 남녀 1,000명을 대상으로 한 설문조사에서, 직장생활의 가장 큰 목표는 정년 근속으로 가장 높게 나타났다. 뒤를 이어 연봉 인상, 성취감이 뒤를 이었다. 이들은 또한 직장 생활에서 가장 불안한 요인으로 경기 침체라고 응답했다. 경기 침체 여파로 구조조정이 진행되면 인원 감축의 1순위 대상이 될 가능성이 높기 때문이다.

조직 내 중요한 일을 맡기지 않거나 근무 시간을 축소시키는 등, 잉여 인력으로 보는 분위가 형성되면서 자존감의 상실은 더 가속화되고 있다. 동료들이 보직을 맡지 못하거나 진급에서 밀리면 후배가 상사가 된다. 본인은 아무렇지 않지만, 회사의 의도와 주변의 호들갑으로 인해 직장생활은 점점 힘들어진다. 무능하게 자리를 차지하는 사람도 있겠지만 실력이나 경력을 떠나 나이 때문에 피해를 보는 경우는 더욱 억울하다. 시키면 시키는 대로 묵묵히 참고 일하면서 여기까지 왔는데 회사에서 이제는 퇴물 취급을 한다. 자존감이 떨어지고 조직 내 존재감이 상실된다. 권위적이고 서열이 중시되는 한국 사회에서 자신의 보직은 사회적 가치를 대표하는 것이다. 이런 지위를 상실한 것은 조직 내 자신이 쓸모 없어졌다는 의미이다.

중요한 점은 한국 사회 인구구조의 변화에 따라 기업에서 이들은 다수를 이루게 되었으며, 이는 향후 몇 년 동안 지속될 것이다. 그러나 지금의 인사 정책은 여전히 신입 사원 중간 관리자 집단에만 초점을 맞추고 있어, 인력 고령화에 따른 적절한 관리가 부족하다. 과거에는 팀 리더를 보직 해임하고 팀원으로 내렸을 때 대상이 된 팀 리더들은 명예퇴직금을 받고 퇴직을 선택했다. 그러나 지금은 퇴직하지 않고 팀원으로 근무한다. 현 상황에서 퇴직 후 새로운 직장을 찾기가 매우 어렵고 고령화로 인한 경제적 이유로 조직에 더 머물러야 하기 때문이다. 리더가 이런 팀원에게 불신을 가지고 통제하거나 큰 기대를 하지 않고 중요한 업무를 맡기지 않고 방치한다면, 조직 내 부정적인 영향은 갈수록 더해질 것이다.

2. 포용성 있는 리더가 된다

다양한 팀원과 일하는 리더는 더 조심스럽게 행동하고 팀원들의 평가에 민감하게 반응할 수밖에 없다. 업무 지시를 할 때도 팀원들이 어떻게 반응할지 걱정이고 해야 할 일을 마무리하지 않고 퇴근하는 팀원을 보면 스트레스가 쌓인다. 특히 자신보다 나이 많은 고연차 팀원에게 업무 지시를 한다거나 직접적인 피드백을 줄 때 눈치를 보게 된다. 이들이 불쾌함을 드러내기라도 하면 더 조심스러울 수밖에 없다. 그렇기 때문에 다양한 팀원으로 구성된 팀에서 리더가 개개인에 대한 관심과 동기 부여, 피드백 등 대인관계 스킬이나 소통 능력을 갖추지 않으면 역할을 제대로 수행하기 힘들다. 그럼에도 이 조직을 이끌어 가야 할 주체가 자신이라는 사실을 명확히 인지해야 한다. 다양한 팀원들이 조직에 잘 조화될 수 있도록 하는 노력이 그 어느 때보다 많이 필요하다.

그렇기 위해서는 팀원에 대한 존중과 개인적인 관심이 가장 먼저 필요하다. 사람의 행동은 머리가 아닌 마음에 의해 움직이므로, 마음을 움직이는 것이 중요하다. 다양성과 공정성이 중요해진 상황에서, 나이가 적거나 또는 많다는 이유로 역량을 발휘할 기회를 박탈하지 말아야 한다. 특히 젊은 팀원들은 가치 있는 일을 하며 성장하고 공정한 대우를 받는 것을 승진보다 더 중요하게 생각한다. 성과 결과만으로 압박을 하거나 불안감을 조성하는 것은 동기 부여에 역효과를 낳는다. 업무의 의미와 가치, 커리어적 성장, 리더의 지원과 개인적 관심, 그리고 동료와 존중하고 배려하는 관계 등 몰입에 영향을 주는 포용적인 환경을 조성해야 한다.

장기적인 커리어 비전 찾아보기

미래 비전을 상실하게 되면 일에 대한 동기가 급격히 저하된다. 더 이상 승진 가능성이 없고 더 이상 성장할 수 없다고 느낄 때 일의 의미와 가치를 잃게 된다. 조직 내 위상도 심리적으로 위축된다. 이런 과정에서 존재감을 드러내기 위해 고연령층은 잔소리, 비판, 딴지 걸기 등 수동적 공격의 방법을 사용하면서 젊은 팀원들과 더욱 멀어지고 소외된다. 그렇다고 열심히 일하고 싶지도 않다. 경제적인 것 이외에 이들은 회사에 다닐 이유가 없다. 특히 일보다는 퇴직 후 우아하게 살기 위해 재테크, 건강, 취미, 창업 등에 관심을 두다 보니 일에 재미가 없어지고 일하는 에너지는 사라진다.

리더는 이런 직원들과 장기적인 커리어 비전이나 삶의 방향성에 대한 경력 개발 미팅을 가질 수 있다. 질문을 통해 현재의 상태를 확인하고 미래를 위한 준비로 태도를 전환할 수 있다. 더 넓은 관점에서 현재 상황이 어떤 기회가 될 수 있는지 성찰하는 과정에서 인생에서의 중요한 가치를 발견하고 이를 기반으로 일의 의미와 새로운 비전을 정립할 수 있다. 그렇기 때문에 본인의 커리어 전체를 두고 봤을 때 현재의 업무가 어떤 의미가 있으며 인생의 목적과 어떤 관계가 있는지 좀 더 넓은 관점에서 조망할 수 있어야 한다. 다시 말해, 인생에서 그전과 다른 새로운 비전을 발견하게 하고 현재 하는 일의 의미와 가치를 새롭게 정립할 수 있도록 도와주는 것이다. 회사에서 정해 준 비전이 아닌 스스로 세운 비전을 찾게 되면 이를 기반으로 주체적이고 능동적으로 회사 생활을 할 수 있게 된다. 조직 내에서도 리더가 되는 것이 성공을 의미하는 것이 아니라는 분위기를 만들어 줘야 한다. 나이가 들어도 자신만의 전문성을 가지고 특정 분야에서 조직에 기여하는 것도 성공이다. 사람들 모두 인생의 목표와 추구하는 가치가 다르고 관리자가 아니더라도 충분히 성공할 수 있는 경력 설계를 회사 차원에서 지원해 줘야 한다.

> 실장하고 이제 정년이 3년 남은 실무를 담당하는 부장입니다. 한때는 괄목할 만한 업무 성과를 이뤄 남 부럽지 않은 연봉을 받았습니다. 보임 해직되고 실무자로 강등되면서 계속해서 연봉이 내려가고 있습니다. 저 같은 사람 대신에 요즘은 젊은 사람을 팀 리더, 실장으로 승진시키고 있습니다. 이들 또한 임원이 되지 못하면 보직 없이 실무자로 강등되어 그대로 정년까지 갑니다. 회사가 어려워지면 이들이 정리해고 1순위가 됩니다. 실무를 담당하는 후배님들! 회사에 너무 올인하지 마세요. 회사는 필요가 없어지면 인재를 언제든 퇴출할 수 있도록 제도를 만들고 있습니다. 모든 것을 내려놓고 회사 업무는 기본만 하세요. 혁신 업무 해봐야 회사에서 알아주는 것도 아니고 고과도 좋지 않습니다. 회사 일하면서 개인 투자나 자기 개발도 잊지 마시고요.

회사 블라인드에 올라온 글이다. 이 글을 보면서 '나는 저렇게 되지 말아야지.' 하는 젊은 팀원도 있고, '우리 아버지 같아 씁쓸하다.'라고 공감하는 직원도 있다. 이러한 생각도 나쁜 것은 아니다. 인생의 어느 시점에 도달하면 자기의 길을 스스로 계획하고 초소형 사업가로서의 삶을 살아가야 한다. 회사에서 열심히 일했지만, 회사가 알아주지 않는 것을 탓할 필요가 없다. 나는 잘못이 없으니, 피해자라고 생각할 필요가 없다. 미래를 대비하기 위해 연봉, 학력, 명함을 빼고 자신을 새롭게 만들어 볼 수 있는 인생의 제2막을 여는 새로운 일들을 현재의 업무와 연계해서 자신의 경력 패스를 구축할 기회가 될 수 있다는 것이다.

고참의 전문성 활용하기

무능한 고참을 개인적인 문제로 치부해서는 곤란하다. 한국의 상황에서 50세 이상 고참들의 급여는 20대 신입 사원 급여의 2~3배 수준이다. 이들이 높은 성과를 내지 않으면 회사도 매우 힘든 상황이 될 수 있다. 따라서 이들의 경험과 기술, 조직과 직무에 대한 충성심을 리더는 최대한 활용해야 한다. 고참 직원들도 모두 같은 행동을 하지 않는다. 부정적인 모습을 보이는 고참 팀원도 있을 것이고, 상황에 따라 욕을 먹지 않는 수준으로 업무를 하며 자신의 자리를 유지하려는 고참도 있다. 또한 팀에 도움이 되도록 열심히 노력하는 사람도 있을 것이다.

윗세대에게도 배울 점이 있다는 사실을 존중해야 한다. 현장과 실전에서 배울 수 있는 가치 있는 경험들을 후배들에게 알려 주면서 서로에 대한 이해를 시작하는 것이다. 그동안 성과나 역량도 좋은 고참은 높은 직무 전문성을 인정받고 이를 활용한다. 이들에게 명인이나 명장의 칭호를 부여하고, 직무에 대한 매뉴얼 작성, 사내 강사 활동, 학습 동아리, 전사 T/F 또는 제안 프로그램 참여 등을 통해 전문성을 발휘하도록 지원한다. 승진의 꿈은 접었지만 일에 대한 전문성을 더 강조하고 역량을 발휘할 기회를 제공해야 한다. 고참을 바라보는 다양한 시선의 부담 때문에 대인관계를 좁게 유지하려는 경향이 있기 때문에 리더는 팀원들을 지도하고 전사 동아리 활동에 적극적으로 참여하고 어울릴 수 있도록 배려해야 한다.

전략적 사고를 할 수 있도록 돕는 멘토의 역할을 할 수 있다. 세대들은 학습 능력은 뛰어나지만, 응용력이 떨어진다. 어떤 문제를 해결하기 위해 스스로 생각하기보다는 네이버를 검색하거나 유튜브를 이용하여 필요한 답을 빨리 얻으려 하기 때문이다. 의도적으로 문제에 접근할 수 있는 능력을 키워 주기 위해 후배들에게 '왜(Why)' 질문을 한다. 이러한 질문은 젊은 세대들이 스스로 고민하고 해결하는 과정에서 문제해결 능력과 전략적 사고를 할 수 있도록 도와주기 때문이다. 기술은 얼마든지 배울 수 있고 교육할 수 있다. 혼자서 판단하고 이를 충분히 습득할 수 있다. 끊임없이 물어야 하는 문제 즉, '왜, 우리가 이 일을 하는가?' '이 일은 나의 성장에 어떻게 도움을 주는가?' '왜 다른 사람들이 우리를 필요로 하는가?' '왜 우리의 일은 소중한가?' '우리의 서비스가 고객에게 왜 중요한가?' 등의 문제를 함께 풀어나갈 수 있는 멘토의 역할을 한다.

고참 팀원이 업무 성과도 부진하고 업무 태도도 좋지 않을 경우, 다른 구성원들의 불만이 쌓이고 업무 의욕도 떨어지게 된다. 이런 경우 리더로서의 역할을 명확히 하여 팀원의 성과가 조직의 성공에 기여하는 중요한 부분임을 인식시켜야 한다. 리더는 솔직한 피드백을 통해 팀원의 행동을 직시하도록 하는 것이 좋다. 솔직한 피드백은 누구에게나 불편하지만, 고참 팀원은 특히 더 불쾌하고 예민하게 받아들일 수 있다. 이런 경우 피드백 전에 사전 조사를 철저히 할 필요가 있다. 팀원들의 불만에 귀를 기울이고 어떤 일들이 발생했는지 잘 들어본다. 피드백을 할 때도 감정적이지 않고 중립적인 태도를 유지하며, 고참 팀원의 문제 행동과 그로 인한 부정적인 인간관계 결과 사이의 관련성을 구체적으로 설명한다. 앞으로 어떤 행동이 필요한지 방안을 물어보고 향후 어떤 행동을 멈춰야 할지, 개선 방향을 정확히 제시한다. 문제가 개선되지 않으면 어떤 불이익이 있는지를 언급하여 사안의 중요성을 인식하게 한다. 한 번의 피드백으로 사람의 행동이 극적으로 변화할 것이라는 기대는 금물이다. 지속적인 사후 미팅을 통해 변화 과정을 모니터링하고 지원한다. 그러나 팀원이 맡은 일을 잘했다면 인정하고 칭찬해 주어야 한다. 자신이 잘한다고 인정받는 사람은 함부로 행동하기 어렵다.

3. 상호 존중하는 문화를 만든다

고참 팀원과 젊은 팀원이 서로 소통하고 이해하려는 노력이 필요하다. 결국 시간이 흐르면 지금의 2030세대도 같은 입장이 될 수도 있기 때문이다. 지금 선배들에게 MZ세대를 위한 배려와 양보를 요구하는 것처럼 MZ세대도 같은 사회적 요구를 받을 수밖에 없다. 이들 역시 세대 간의 조화를 이루려는 태도를 보여야 한다. 공정한 경쟁만 강조하는 것이 아니라 어려운 동료와 선배를 돌아보는 따뜻한 존중의 태도를 중시해야 한다.

젊은 세대와 기존 세대가 다른 것은 아니다. 직원들이 직장에서 원하는 것은 결국 비슷하다. 일이 재미있고 보수가 좋으며, 자신이 좋아하는 사람들과 함께 일하면서 성장할 수 있는 곳, 자신의 노력에 대해 인정받고 서로 감사함을 표현하는 곳이다. 리더는 이러한 환경이 만들어질 수 있도록 도움을 주며, 서로의 마음을 열 수 있는 기회를 제공하는 것이다. 결국 젊은 세대와의 연결을 만드는 것이 리더의 역할이다.

관계는 이성보다 감정을 다루며 사람에 대한 존중이 사람을 움직인다. 개인적으로 존중받아야 한다는 것은 지금처럼 핵개인주의화된 사회에 맞는 가치이다. 기업도 개인화가 지배하는 문화로 바뀌는 중이다. 개인을 존중하는 문화가 정착되면, 팀이나 회사에 도움이 되는 일을 기꺼이 하고 다른 직원들과 협업도 잘한다. 그러나 리더들 사이에서는 열심히 일하지 않고 자신의 업무만 겨우 수행하며 워라밸만 챙기는 직원들을 어떻게 존중할 수 있냐는 불만도 나온다. 존중에는 무조건적 존중과 조건적 존중이 있다. 무조건적 존중은 사람의 성격, 능력, 관계를 떠나 나와 함께 일하는 동료라는 것 하나만으로 존중하는 것이다. 그것만으로도 동료들은 존중받을 이유가 충분하다. 존중하는 마음이 있으면 은연중의 말투나 태도 등에서 나타난다. 무조건적 존중은 모든 팀원이 일상에서 충분히 실천할 수 있어야 한다. 예의를 지키는 것, 잘 들어주는 것, 공평한 기회를 주는 것, 인정해 주는 것 등은 사람을 존중하는 실천적 행동이다. 나와 다른 사람을 싫은 내색을 하거나 지적하지 않고, 있는 그대로 인정하는 것이다. '아 그럴 수 있겠구나.' 하고 이해하는 것으로 충분하다. 대신에 성과에 대한 책임은 오로지 팀원들이 몫이다. 책임을 다해야 살아남을 수 있다는 사실을 리더는 명확하게 알려 줘야 한다.

언어의 품격

MZ세대의 단도직입적인 표현들 3요, 즉 "제가요? 이걸요? 왜요?"나 "이건 아닌 것 같은데요!"라는 말은 불편하다. 같은 말이라도 "저와 팀원들은 이렇게 생각하는데, 한 번 더 검토해 주시면 좋겠습니다."라는 표현이 상대를 불편하게 하지 않는다. MZ세대는 소통하는 것을 좋아하며, 권위적이지 않은 수평적인 토론 문화를 선호한다. 고참 팀원들도 나이가 어리다고 반말을 한다거나 예의를 갖추지 않은 언어 사용을 자제해야 한다. 본인의 사생활 보호를 중요시 생각하기 때문에, 개인적인 질문을 극도로 불편해한다. 그렇기 때문에 대화 시 눈 마주침과 미소로 '잘 지내?' '주말 잘 보냈어?' 또는 '업무를 잘하는데!' '덕분에 일을 잘 처리했어.' 같은 인정을 하는 언어를 자주 활용하면 친밀감을 형성할 수 있다. 젊은 팀원과 소통할 때 대면 소통만 고집할 필요는 없다. 말보다 글 쓰는 것이 익숙한 세대이므로 메신저나 카카오톡 같은 문자 메시지를 활용하면 더 친밀감을 높일 수 있다.

문화 전파자 활용

일터를 즐거운 곳으로 만들기 위해 팀 내에서 젊은 팀원과 고참 팀원 중에 문화 전파자 같은 역할을 부여한다. 이들은 정기적으로 모여 일터를 더욱 즐거운 곳으로 만들기 위한 아이디어를 산출하고 실행할 수 있다. 좋은 아이디어를 낸 팀원에게 작지만 포상해 주는 것도 좋다. 예를 들어, 멘토링의 날, 세대 함께하기, 진심으로 이해하기 워크숍 등 세대를 떠나 함께 즐길 수 있는 활동을 기획하고 운영한다. 이런 활동을 통해 서로를 잘 이해하고 인정받는다고 느낄 때, 신뢰와 존경심이 생기는 것이다.

방치하지 않기

팀원들의 불만이나 우려, 고민을 외면하면 그들은 방치되고 있다는 느낌을 받는다. 리더에게 도움을 받지 못한 직원은 고립감을 느끼며, 이런 고립감은 생존에 대한 위협으로 이어질 수 있다. 고립감을 없애는 가장 좋은 방법은 개방적이고 진솔하게 자주 소통하는 것이다. 일대일 미팅을 통해 서로의 기대, 성과, 개인적 문제를 적극적으로 들어주고 함께 해결할 수 있는 방안을 찾아주는 것이다. 또한 개인적으로 어려운 사람이나, 선호에 따라 직원을 다르게 대하지 않는다. 능력이나 성과에 대해 불신을 받으면 자존감이 떨어진다. 사람에게 역할을 주지 않고 기대감도 갖지 않으면, 그들은 그에 맞게 행동하게 된다. 퇴물처럼 취급하면 퇴물처럼 행동하게 된다는 것이다. 따라서 휴가 및 복지 사용에 불이익을 주거나 사내 정치를 조장하여 사기를 저하시키는 일이 없도록 해야 한다.

6장 요약노트

상호협력할 기회를 주는 리더

1. 팀원들과 함께 일하라

팀원에게 원하는 모습을 설명하기 보다는 행동으로 보여줘라. 부족한 점 밝히기, 팀원 관심, 정보 얻기, 조언 구하기, 작은 일 앞장서기, 감사 표현 자주하기, 함께 할 수 있는 경험하기 등이다.

2. 협업이 중요하다

그레이존 업무는 생길 수밖에 없다. 각자 처한 상황을 이해하고 우리라는 공감대를 만들어라. 우리 팀에 주는 긍정적인 영향, 자원의 지원 여부 등을 명확히 파악하라. 협업을 위한 다양한 소통기회를 확보하라.

3. 다양한 세대와 한 팀에서 일하라

다양한 팀원과 일할 수 있는 포용적인 환경을 조성하라. 팀원들의 장기적인 비전을 찾아줘라. 고참들의 전문성을 존중하고 활용하라. 고참과 젊은 세대가 서로 존중할 수 있는 문화를 만들어라.

07
CHAPTER

감정을
관리하는
리더

CASE 7-1

[팀 리더] 가끔 젊은 직원들은 제가 이해할 수 없는 언행을 하는 경우가 있습니다. 예를 들어, 팀 회식을 했을 때 1차 식사를 마치고 "2차로 간단히 맥주 한 잔하러 가자."고 했더니 한 사원이 "죄송한데 제가 너무 배가 불러서요. 2차 안 가고 집에 가야 할 것 같아요."라고 한 적이 있어요. 우리 때는 상상도 못했던 말을 자연스럽게 하더라고요. 그 말에 팀 리더인 저를 무시하는 것 같아 기분이 확 나빠지더라고요. 그런데 '꼰대'라는 소리를 들을까 봐 "그래, 알았어." 했어요. 제가 그 나이 때에는 생각도 못했던 것들이 요즘 세대에게는 당연하다는 것을 저 스스로 삭이고 받아들입니다. 상처받는 것은 제 몫이고요. 자꾸 소심해지는 마음은 어쩔 수가 없네요.

[팀원] 팀 리더가 내년 사업기획안을 끝내고 수고했다는 의미로 팀원 전체 회식을 주최했습니다. 1차 회식으로 제가 할 부분은 다했다고 생각했습니다. 당연하게 2차를 요구하는 건 납득이 안 됩니다. 팀 리더 눈치 보면서 2차를 가는 것은 비합리적이죠. 2차를 안 하고 집에 간 다음 날, 팀 리더가 불러서 화를 내더라고요. 정말 별것도 아닌 일로 트집 잡아서 혼을 냅니다. 보고서의 어떤 부분은 제대로 읽지도 않고 화를 내신 뒤 다시 해 오라고 해요. 무슨 일만 있으면 짜증 내고 화내는 팀 리더 때문에 미칠 것 같아요. 업무상의 실수로 정당하게 화를 내면 이해할 수 있습니다. 공사를 구분하지 못하고 쓰레기 같은 감정을 쏟아내는 팀 리더 때문에 너무 힘듭니다.

감정은 표현하는 것입니다

1. 감정을 다루는 것이 힘들다

많은 사람들은 감정을 배제하는 것이 논리적으로 대화하는 것이라고 믿는다. 하지만 감정을 배제하고 행동하는 것은 힘들다. 말로 표현하지 않아도 그 감정은 무심코 행동으로 나타난다. 집에서 부부싸움을 하거나 상사에게 야단을 맞았을 때, 숨기고 싶어도 감정이 드러난다. 우리에게는 감정의 주파수가 있기 때문에 수시로 주변의 신호를 탐색한다. 리더가 보내는 주파수는 매우 강렬하다. 윗사람의 부정적인 감정은 생각보다 훨씬 빠르게 퍼진다는 뜻이다. 미시간대학교의 사비드라 교수는 가상의 프로젝트 팀을 만들어 팀 리더가 긍정적 또는 부정적인 감정을 느끼도록 한 후, 팀원들과 함께 과제를 수행하는 실험을 진행했다. 그 결과 긍정적인 감정의 리더와 함께 일한 팀원들은 긍정적인 분위기를 형성하며 서로 돕는 행동을 더 많이 했다는 것이다.

부정적인 감정은 건강하게 다뤄지지 않은 한 사라지지 않는다. 시간이 문제라고 감정을 무시하거나, 술 한잔에 풀려 해서도 안 된다. 요즘같이 수평적인 문화를 지향하는 분위기에서 리더가 화를 낸다는 것은 상명하복의 문화를 보여 주는 것이다. 그러다 보니 참는 리더가 많다. 소화되지 않은 감정은 내면에 쌓이기 때문에 어떤 식으로든 표출된다. 대범하게 넘어가는 듯 보이지만, 우리의 정신과 육체를 상하게 한다. 꾹꾹 참기만 하면 두통이나 소화 장애와 같은 신체적 증상을 일으킬 수 있으며, 불필요한 곳에 정신적 에너지를 소진하여 정말 필요한 곳에 에너지를 사용할 수 없게 만든다.

많은 리더는 감정을 다루는 것을 힘들어한다. 감정을 다루는 방법을 잘 모르기 때문이다. 리더의 자리에 오른 사람들은 적극적이고 능동적인 경우가 많다. 문제가 있으면 바로 해결하려는 생각이 크다. 부정적 피드백을 받으면 분노, 불안 저항 등 부정적 감정이 생기는데 이런 감정들을 즉각적으로 해결하거나 괜찮다고 긍정적으로 바꾸려는 시도를 한다. 그렇지만 스트레스로 지쳐 있는 내면 에너지가 부족한 상태에서는 이런 시도들은 오히려 더 큰 피로를 야기할 수 있다. 몸의 균형이 무너지면 감정 조절에 어려움을 겪기 때문에 팀원들과 대화는 관계를 더 악화시킨다. 감정을 인식하고, 무슨 감정인지 구분하고, 그 원인을 이해하고 이를 제대로 표현하는 단계를 거쳐 건강하게 감정을 표현할 수 있어야 한다.

2. 감정은 표현하는 것이다

아리스토텔레스는 감정을 절제하는 목적은 균형이지 억압이 아니라고 말했다. 이는 감정을 주체하지 못하고 함부로 발산하라는 것이 아니라, 자신의 감정을 인식하고 적절히 표현하고 행동하라는 의미이다. 감정은 거추

장스러운 존재가 아니다. 무시하지 말고 살피고 인정해 줘야 한다. '충분히 화가 날 상황이야. 불안할 수 있어.'라고 자신의 감정을 객관화하는 것이다.

1단계: 감정을 명확히 인지한다

자신의 감정을 인식하고 표현하는 것은 어려운 일이다. 많은 사람들은 감정을 '짜증 난다.' '화난다.' '기쁘다.'라는 정도밖에 표현을 못한다. 하지만 감정은 복잡하기 때문에 명확히 표현하기 힘들다. 리더가 자주 느끼는 '화가 난다.'라는 말에는 '실망했다.' '속았다.' '모욕을 받았다.'라는 다양한 감정의 요소들이 들어 있다. 자신에게 일어나는 감정들이 무엇인지 정확하게 파악해야 그 감정이 일어나는 이유에 대한 답을 찾을 수 있다. 내가 이렇게 느끼는 이유가 무엇인지를 파악하고 자신이 어떻게 반응하는지를 알아야 한다. 그러면 감정을 통제하기가 좀 쉬워진다. 자신의 감정을 부정하게 되면 감정을 알아차리게 되는데 방해가 된다. 자기가 느끼는 분노와 고통, 공포의 감정을 자유롭게 표현해야 감정을 조절할 수 있다. 화가 나거나 섭섭한 감정이 들 때, 그 감정을 관찰하고 그 감정에 레벨을 붙이는 것이 감정을 건전하게 표현하는 첫 번째 단계이다.

불편한 상황에서 부정적인 감정이 들 때, 팀원에게 말하기 전에 자신이 느끼는 감정을 먼저 인식한다. 예를 들어, 팀원이 자신 없는 태도로 보고서를 내거나 질문을 해도 제대로 된 답변을 하지 못할 때 어떤 느낌이 드는가? 2차를 가자고 했는데 거절당했다면 어떤 느낌인가? 스스로에게 물어본다. 답답함, 짜증, 걱정, 실망, 서운함 등 여러 감정 등이 들것이다. 순간적으로 분노할 때 분비되는 호르몬은 15초가 지나면 저절로 소멸된다고 한다. 잠시 멈추고 감정을 조절하기 위한 시간을 갖는다. 15까지 마음속으로 숫자를 세는 것도 도움이 된다. 진정을 위한 음악을 듣거나, 간단한 글을 읽거나 커피 한 잔을 마셔도 좋다. 그리고 이들 감정 중 어떤 감정이 가장 많이 드는지를 선택하면 대화의 방향과 분위기가 달라진다. 짜증 나는 상황에서 대화를 시작하면 "이것밖에 못해?"라는 말이 저절로 나온다. 하지만 "걱정이 되어서 말인데."라고 시작하면 대화는 더욱 부드러워진다. 다그치는 감정을 드러내지 않고 응원하는 마음, 걱정, 아쉬움을 먼저 털어놓게 되면 마음을 열고 솔직하게 대화에 임할 수 있다.

감정의 언어화 훈련

감정의 언어화가 도움이 된다. 자극이 들어올 때 가장 핵심적인 감정을 선택하여 말을 시작하는 것은 꾸준한 연습이 필요하다. 다양한 감정들을 정확하게 느껴야 한다. 감정은 한꺼번에 몰려오기 때문에 감정에 이름을 붙이는 '감정의 언어화'는 여러 연구로 효과가 확인되었다. 단순히 '기분이 나쁘다.' '화가 난다.'라고만 표현하면 그 원인을 찾기 어렵다. 반면, '모욕을 받았다.' '실망했다.'라고 하면 그 원인을 찾기 쉽다. 감정을 정확하게 표현할 경우 그만큼 문제를 쉽게 해결할 수 있다. 연구에 따르면, 감정을 명확한 어휘로 표현하는 것만으로도 개인의 고통이 어느 정도 줄어든다는 결과도 나왔다. 내 감정의 느낌을 단어화하는 동시에 신체감각을 살펴본다. 지금 내 기분을 파악할 때 '좋다.' '나쁘다.' '그저 그렇다.'밖에 표현할 수 없다면 감정 표현이 어려운 상태에 빠졌다고 할 수 있다. '지금의 내 감정은 □이다.'라고 말하는 연습이 필요하다.

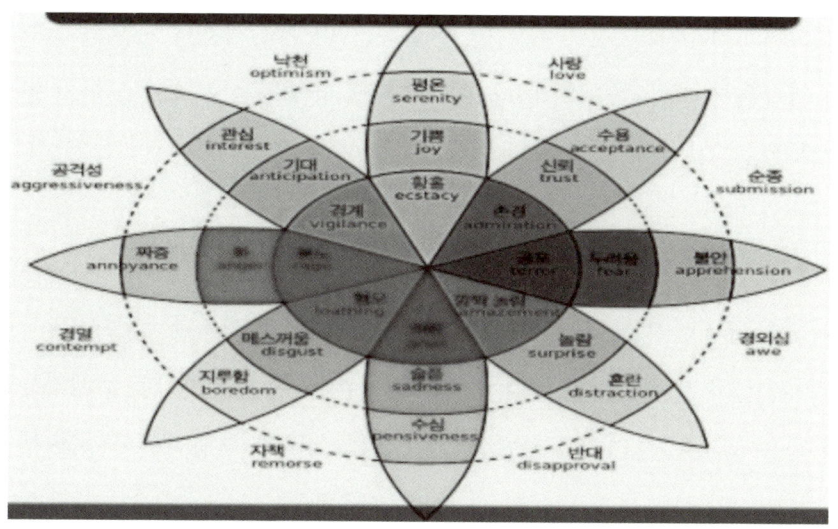

감정들 예시
출처: 나무위키- 로버트 플루칙의 감정의 수레바퀴

감정 기록

감정을 기록하는 것도 방법이다. 지금 어떤 감정인지 스스로 질문을 던지고 그 대답을 기록하는 것이다. '윗상사가 말도 안 되는 것을 지시하는 것이 너무 싫어 화가 난다. 팀원이 하라고 하면 네 라고 해야 하는데 자꾸 딴지를 거는 질문하니 나를 무시하는 것 같아 화가 난다.' 등 감정을 있는 그대로 기술해 본다. 이럴 경우 부정적인 감정과 생각에 즉각적으로 반응하지 않게 되고, 한발 물러서서 생각할 수 있는 마음의 공간을 마련할 수 있다.

감정을 정확하게 인지하게 되면 힘든 것도 어떤 가치와 의미가 있지 않을까 하고 생각하는 것으로 심리적 변화가 일어나기 시작한다. 이럴 경우 여유 공간이 생겨 자기 마음의 문제를 해결하기 위한 심리적 메커니즘이 작동한다. 마음에 여유가 생기면 부정적인 피드백 내용을 차분히 살펴보며 생각을 정리할 수 있게 된다. 이러한 변화는 하루아침에 일어나지 않기 때문에 훈련을 통해 익혀야 한다.

2단계 감정 습관을 파악한다

평소 내 마음에 어떤 특정한 프레임이 있는지 살펴본다. 부정적인 감정 습관이 전혀 없는 사람은 없다. '쟤가 나를 싫어하는구나.' '나를 무시하는구나.'라는 생각이 들면 부정적인 마음이 저절로 든다. 부정적인 감정과 생각은 부정적인 행동으로 나타난다. 이런 감정에 반응하는 것이 습관화된다. 분노를 포함하는 감정은 그 근원이 되는 생각과 가정에 의해 생기게 된다. 부정적인 생각을 파악하고, 그런 생각이 논리적으로 타당한지 확인해 보기 위해 자신의 감정 습관을 알아본다.

자동화된 감정이 저절로 나타난다

사람들은 어떤 자극을 받으면 그에 익숙한 감정의 버튼이 자동으로 켜진다. 어떤 상황이 벌어졌을 때 거기에 따르는 감정이 자꾸 반복되면 습관화가 된다. 그러므로 화를 자주 내는 리더는 많은 일에 감정적으로 대응하기 쉽다. 걱정과 불안이 습관화되어 안정된 생활 속에서도 걱정거리를 찾는 사람, 실제로 사건이 발생하지 않았는데 불안감을 느끼고 사소한 사건에도 힘들어하는 사람도 있다. 어떤 리더는 조그마한 것에 스트레스를 받고 아무것도 아닌 일에 상처를 받아 솔직한 피드백을 잘 받아들이지 못한다. 익숙한 감정을 계속 유지하려 하고 낯선 감정은 빨리 잊어버리려고 한다. 이러한 습관적인 감정 패턴에서 벗어나지 못하면 필요 이상으로 전전긍긍하게 된다. 그러다 보면 상대방의 조그만 실수에도 비난과 질책을 하게 된다.

우리의 몸은 스트레스를 받았을 때 받았던 신체의 감각과 느낌을 기억하며, 비슷한 상황이 올 때 그때 감각을 반복해서 느낀다. 격한 감정을 자주 느꼈던 사람은 다음에도 쉽게 격한 감정이 발생한다. 현재 일어나는 감정보다는 자신에게 익숙한 감정을 사용하고 싶어진다. 모르는 감정을 무시하고 불편한 감정은 거부한다. 예를 들어, 긍정적인 감정 신호임에도 불구하고 부정적인 감정에 익숙한 사람은 상황을 부정적으로 느끼게 된다. 특히 격한 감정은 교감신경계를 자극시키며, 감정의 종류보다 감정의 빈도에 더 민감하게 반응한다. 부정적인 감정, 분노, 불안한 감정이 자주 반복되면 교감신경계가 과도한 흥분을 하고 이러한 상태가 정상인 것처럼 표준이 된다. 심지어 긍정적인 상황에서도 뇌는 익숙한 교감신경의 흥분을 유지하기 위해, 필요한 감정을 찾아 감정의 종류를 바꾸는 등 생각을 왜곡한다. 뇌는 익숙한 감정을 유지하려고 노력한다.

부정적인 감정에 습관화되어 있다면 긍정적인 점은 모두 걸러내고 부정적인 감정에 치중하게 된다. 이런 리더는 일의 결과에 대해 미리 부정적으로 예측하거나 부정적인 사건이 일어나면 확대하고 긍정적인 사건의 중요성을 축소한다.

상대방을 조정하기 위해 가짜 감정을 사용한다

누군가를 복종시키기 위해 실제 느끼는 것보다 더 크게 분노한다. 또는 화를 내지 않지만, 침묵으로 일부러 분위기를 불편하게 만드는 경우도 있다. 화를 분출하면서 자신에게 힘이 있다는 착각을 한다. 부정적인 감정이 많은 리더들은 부정적 감정을 이용해 자신의 권위를 내세우거나 팀원들을 통제한다. 후배에게 큰 소리를 내는 것으로 긴장감을 조성하거나 인상을 찌푸린 채 하루 종일 아무 말도 하지 않음으로써 불만을 표시한다. 이러한 리더들은 감정에 대한 잘못된 인식을 가지고 있는 것이다. 자신이 강한 사람이라는 것을 보여주기 위해 분노를 앞세우고 슬픔이나 불안감 같은 감정은 인정하지 않는다. 그러면서 더욱 외로워지고 고독하다.

이런 리더들은 사실 자신의 감정 상태를 제대로 인식하지 못하고 의사 결정을 내리는 경우가 꽤 있다. 사실 리더도 이래저래 스트레스를 많이 받고 있지만, 이런 부정적인 감정이 합리적 감정의 판단을 마비시킨다는 것을 모른다. 자신이 왜 이런 부정적 감정을 경험하는지 원인을 제대로 파악하지 못한다. 이런 리더는 타인이나 팀원들이 어떤 감정인지 알지 못한다. 상사가 화가 나서 언성을 높였을 때 나오는 부정적인 에너지는 직원들이 위험 상황으로 감지하게 만든다. 이런 화냄이 합당하고 이유 있는 행동이라면 그나마 다행이지만, 지나치게 사적이며 부당한 행동이라 생각할 때 곧 팀원들의 불만을 불러일으키고 동기 저하를 초래한다.

이성적인 것처럼 행동한다 감정을 망가트리는 나쁜 습관은 감정을 무시하거나 회피하는 것이다. 감정을 노출하는 것은 좋은 리더의 행동이 아니라고, 남들이 나의 감정을 알게 하면 안 된다며, 감정을 숨기고 이성을 유지하기 위해 노력한다. 감정적이지 않고 이성적인 사람이 조직의 리더로서 유능한 사람이라는 생각하기 때문이다. 자신의 나약함을 노출하는 것이 싫어 아무렇지도 않은 척 진심을 숨긴다. 팀원들은 이런 리더를 인간적이지 않다고 생각한다. 목소리에서 감정이 느껴지지 않고 건조하고 냉랭하다. 방어적 감정은 감정 교류보다는 무시와 단절을 선택한다. 감정이 불편해지면 재빨리 다른 것에 집중하거나 다른 감정으로 대체해 버린다. 마음이 힘들 때도 모르는 척하면 괜찮아질 것으로 생각하고 감정을 차단한다. 그렇기 때문에 당연히 화가 나야 할 상황에서 화를 내지 않거나 슬퍼야 하는 상황에서 슬퍼하지 않고 감정을 회피한다. 회피는 감정적 해결이 이루어지지 않아 감정적 손상은 절대 피할 수 없게 한다. 감정과 거리를 두는 것이 습관이 되어 주변 사람들이 다가오지 못하도록 한다.

자신의 자동화된 감정 습관을 파악하고 변화시키려는 노력이 중요하다. 같은 자극이 왔을 때 이전과 다른 감정을 반복해서 느끼게 해야 새로운 감정 습관이 형성된다. 감정적인 습관은 말과 연결되어 있다. 속으로 부정적인 말들이 많이 있다면 이미 습관이 된 것이다. 그러므로 부정적인 말보다 긍정적인 말을 자신에게 들려주어야 한다. 속으로만 생각하지 말고 말로 소리 내 하는 것이 좋다. 자극적인 감정에서 벗어나 "이제 그만!"이라고 말한다. 기분에 따라 얼굴 표정이 달라지지만, 거꾸로 표정에 따라 기분도 바뀐다. 짜증 나는 얼굴도 웃는 얼굴로 연출하고, 자신의 이름을 천천히 부르며 "괜찮아, 차분해지자!"라고 말하는 것도 도움이 된다.

3단계: 내가 진짜 원하는 것을 알아챈다

내 감정이 무엇인지를 알았다면 감정의 진짜 원인이 무엇인지 파악한다. 스스로에게 내가 정말 원하는 것이 무엇인가를 알아야 한다. 감정과 인식은 서로 연결돼 상호 영향을 준다. 어떤 생각은 감정을 불러일으키고, 특정 감정을 만든다. 그렇기 때문에 충분한 탐색 없이 정해진 결론에 도달한다. 머릿속에 이미 자동화된 생각이 말로 이어진다. 과거에 비슷한 느낌을 주었던 사람들의 부정적인 경험으로 인해 불편한 감정이 반사적으로 일어난다. 경험이 많은 리더일수록 이런 오류에 잘 빠진다. "요즘 애들은 제 멋대로야, 너무 자기중심적이야."라고 요즘 세대에 대한 부정적인 생각이 마음속에 있다. 문제를 자주 일으키는 팀원을 보고 '원래 저 모양이야.'라고 선입견을 가졌으나, 그 선입견이 감정에서 비롯된 잘못된 판단일 수도 있다. 실제로 있는 그대로 보기 위해서는 현재의 감정 상태를 만든 최초의 원인을 볼 필요가 있다. 내가 사실이라고 믿는 것이 직접 보고 들은 것인지, 그것이 상대방의 실제 말과 행동인지 등을 파악해야 한다. 일의 결과만 보고 상대방의 의도를 쉽게 추측하면 나쁜 결론에 도달한다.

그러기 위해서는 스스로에게 물어봐야 한다. 어떤 상황인지, 감정은 무엇인지, 감정과 상황을 이해할 수 있도록 정리해 본다. 예를 들어, 매일 늦는 직원이 있다. 몇 번을 불러서 근무 시간에 대한 경고를 했음에도 나아지는 모습이 보이지 않는다. 참다 참다 결국 화가 폭발한다. 이 관계에서 리더가 진짜로 원하는 것이 무엇인가? 감정을 따라가다 보면 진정으로 원하는 것이 무엇이고, 무엇이 충족되지 않았는지, 자신이 무엇 때문에 화가 났는지 알 수 있다. '나를 무시하나? 팀에 부정적인 영향이 되는 것이 걱정인가? 나의 팀 관리 리더십이 문제가 될까 봐?'라는 생각이 들 수 있다. 다른 것은 다 잘하는데 기본인 근무 태도가 엉망이라서 개인 평판이 걱정이 될 수도 있다. 잘했으면 하는 마음인데 제대로 전달이 안 되는 것일 수도 있다. 내 감정을 정확하게 알아야 내가 원하는 것을 정확하게 알 수 있다.

다음은 팀원에게 정말 원하는 것이 무엇인지 질문하고 감정의 진짜 목표가 무엇인지 파악해야 한다. 내 감정에 집중하고 어떤 감정인지를 알게 되면, 감정이 수그러지고 이성의 뇌가 다시 활성화되면서 서로의 말이 왜곡 없이 받아들여진다. 감정이 어느 정도 완화되었을 때 내가 원하는 목표를 명확히 하는 것이다. 표면적으로 보이는 상대의 행동, 말, 태도 등에 의미를 두다 보면 핵심에 벗어나 의도치 않은 결과에 도달할 수 있다. 자신의 지시에 불복한다고 화를 내는 것이 아닌지, 대화의 목적을 명확히 한다. 팀원이 '회사 생활이 재미없다. 퇴근 후 밴드 생활에 열중하다 보니, 아침에 늦잠을 자는 바람에 자주 출근 시간을 놓친다.'라고 말한다면 뭐라고 할 것인가? '회사를 재미로 다니냐?'라고 말할 수 있다. 그러나 그렇게 말하기 전에 회사에서 의미 있는 일을 하고 싶다는 팀원의 욕구를 인정해 주어야 한다.

내가 원하는 것, 기대하는 것, 걱정하는 것, 그리고 표현하고자 하는 욕구 등을 명확히 정리해 본다. 자신의 욕구를 명확히 알았으면 이를 안전하게 말하는 것이다. 화를 통해 전달하고자 하는 내용을 긍정적인 표현으로 바꾸어 말한다. 팀원을 질책하지 않고, 리더가 기대하는 모습을 명확하게 정리해서 팀원들에게 말하는 것이다. 근무시간에 늦는 것이 문제인 이유, 그로 인해 팀이 받는 부정적인 영향, 그리고 성과에 미치는 문제점 등을 설명한다.

4단계: 감정을 표현한다

내가 참으면 모두가 행복하다는 마음으로 서운한 감정을 참는 것은 답이 아니다. 억울한 감정이 사라지지 않기 때문에, 적절한 대화 방식으로 감정을 표현해야 한다. 나의 욕구와 감정을 명확히 하고, 느끼는 것과 원하는 것 필요한 것과 버릴 것을 구분함으로써, 천천히 자신과 상대방, 상황에 맞는 표현하는 방법을 알아가는 것이다.

공격적인 표현이 상대방의 행동을 더 빠르게 변화시킬 수 있다. 그러나 장기적인 관점에 봤을 때 동기를 저하시키는 역할을 한다. 중요한 것은 감정을 솔직하게 표현하는 것이지 감정적으로 표현하지 않는 것이다. 리더가 화를 내면 상대 직원도 리더와 마찬가지로 화가 나 있는 상태일 것이다. 화난 상대에게 감정적으로 대응하면 상황은 더 악화된다. 누군가에게 비난을 받으면 긴장감을 높이는 것뿐이지 아무것도 해결되지 않는다. 비난, 비판, 불평 등의 표현은 상대방에게 부정적인 감정을 자극하여 갈등이 심화된다. 부정적인 감정의 신호를 감지했을 때, 요구에 집중하게 되면 불필요한 말을 통제하게 도와준다. "이번에도 출근 시간 준수 약속을 어기다니 나를 무시하는 거야!"라고 말하는 것은 감정적인 표현이며, 이는 건설적이지 않다. 감정을 설명하는 마음은 어떤 행동으로 인해 나는 어떤 감정인지 말하는 것이다. 상대방에게 감정을 이해시키고 문제를 해결하기 위한 첫 단계이다.

예를 들어, "출근 시간을 지킬 것이라 믿었는데 이번에도 지키지 않아서 실망입니다." 또한 "팀원의 경력에 부정적인 영향을 줄 수 있어서 걱정입니다." 등 구체적으로 기대 또는 요구를 포함하여 자신의 감정을 솔직하게 표현할 수 있다. 그런 감정이 들게 한 구체적인 행동과 원인을 공유하는 것이다. 일반적인 표현 방식에는 'You-Message'와 'I-Message'가 있다. '너 때문에 내가 기분 나쁘다.'라고 말하는 사람의 감정에 기반한 직설적인 전달법보다는 '당신의 행동으로 인해 나는 이렇게 느꼈다.'라고 솔직하게 전달하는 방식이 효과적이다.

집이 멀어서 그런지, 회사가 재미가 없어서 출근 후 다른 일에 집중하다 보니 피곤해서 늦게 일어났다는 등 그 이유를 발견하고 이를 해결하기 위해 현재 리더가 지원할 수 있는 것에 대해 이야기할 수 있다. 리더는 문제를 해결하는 사람이 아니라 팀원들의 문제를 분석하고 해결할 수 있는 공간을 만들어 주는 사람이다. 그런데 리더는 문제를 해결하려는 본성이 있다. 리더가 된 이유도 문제를 적극적으로 풀어냈기 때문이다. 그러나 사람들 사이의 문제는 해결하는 것과 다르다. 고민은 신속하게 해결해 주기보다는 그들 스스로 생각하고 돌아보고, 도전해 보고 실패해 보고 다시 일어날 수 있는 기회와 공간을 만들어 주는 것이다. 감정을 인식하고, 무슨 감정인지 구분하고, 원인을 이해하고 감정을 표현하는 방법을 선택하는 것은 결코 쉬운 작업이 아니기 때문에 지속적인 노력과 훈련이 필요하다.

CASE 7-2

[팀 리더 1] 관리자로서 잘하고 싶다는 마음에 조급해지는 느낌입니다. 내가 모든 것을 책임져야 하고 모든 업무를 자신의 손을 거쳐야 한다고 생각할 때 화가 많이 납니다. 특히 임원에게 인정받고 성과를 내야 한다는 욕심이 생기면 더 조급해집니다. 처음의 승진이라는 기쁨이 없어지고 긴급히 떨어지는 수명 업무, 수많은 협조 이메일, 여기저기서 주관하는 회의 등을 하다 보면 하루가 그냥 지나갑니다. 거기다 이제는 실무 업무까지 팀 리더가 하길 바라고 팀원들은 세심한 케어를 요구합니다. 나에게 주어진 업무를 하다 보면 야근은 밥 먹듯이 합니다. 워라밸이라 팀원들은 거의 퇴근하고 나만 남아 있는 내 모습을 보면 체력과 정신력은 이미 바닥입니다. 재충전의 시간이 여실히 필요하지만, 그럴 만한 시간적 여유가 없어요. 요즘은 너무 답답해 탈출하고 싶다는 생각이 가득합니다.

[팀 리더 2] 우리들도 MZ세대와 같이 회사에서 대우받고 싶은 욕망이 있습니다. 윗사람은 젊은 사람들이 퇴사할까 봐 우리보고 관리를 잘하라고 합니다. 우리는 그동안 불공정이 있어도 참고, 동기 부여는 스스로 하며 불필요한 일이라고 생각해도 묵묵히 임합니다. 동시에 MZ 세대와 잘 지내기 위해 불공정한 일을 불공정하지 않은 일처럼 풀어 납득시켜야 합니다. 불필요한 일이라

고 생각되는 일은 시킬 수가 없어서 제가 직접 해야 하는 경우도 많습니다. MZ세대가 별종인 것이 아니라 '나도 역시 그렇게 느끼는데.'하고 공감합니다. 특이한 것이 아니라 모든 인간이 가질 만한 욕구이자 성향입니다. 우리 세대에도 젊을 때 그렇게 타협하지 않고 불평불만을 제기하며 자기 할 일을 하지 않는 사람들은 대부분 도태되었습니다. 지금 살아남아 직책자가 된 사람들은 불평불만보다는 인내하고 조직에 기여하는 성향을 가지고 있는 사람들입니다. 우리도 억울한 것이 많은데 팀 리더인 우리에게 MZ세대를 일방적으로 이해하고 변화시키라고 합니다. 중간에서 상처받는 것은 우리의 몫인가요?

[팀원] 저는 팀 리더가 되고 싶지 않아요. 늦게까지 일해야 하고, 저 같은 직원들의 일과 삶의 균형도 책임져야 하잖아요. 회사가 잘되었으면 좋겠지만 요즘 사람들은 자기 삶의 더 중요시하죠. 팀 리더가 되어도 월급을 조금 더 받는 것 외에는 별다른 혜택도 없어요. 요즘은 팀 리더도 자신의 담당 업무를 하면서 동시에 팀의 업무에 책임을 져야 합니다. 또한 이곳저곳 온갖 회의에 참석해야 하고, 본인의 실수뿐만 아니라 팀의 잘못도 모두 책임을 져야 하니까요. 조금만 잘못하면 팀원으로 보직 해임되는 경우도 많아졌어요. 개인적으로 수치스럽고 혜택도 권한도 없고 책임질 일 많은데 팀 리더를 할 필요가 없잖아요. 옆에서 우리 팀 리더를 보면 정신적인 스트레스가 장난이 아니더라고요. 실적에 대한 압박도 크고 임원에게 보고할 것도 많고. 힘들어하는 모습을 보면 굳이 저렇게 살아야 하나 의문도 들어요.

감정은 관리하는 것입니다

1. 리더십은 감정노동이다

팀 리더의 역할은 무엇일까? 팀 리더는 결과에 대해 최종 책임을 지는 사람이다. 본인이 스스로 모든 업무를 처리하는 것이 아니라 팀원들을 이끌면서 성과를 만들도록 하는 것이다. 그렇기 때문에 리더의 개인적 희생을 감수하면서 열심히 해 보지만, 몸도 마음도 피곤하고 성과는 기대만큼 좋아지지 않는다. 나만큼 팀원들도 열심히 해 줘야 하는 데 내 마음 같지 않다. 그러다 보니 팀원과의 관계가 더욱 악화된다. 이런 증상을 희생 증후군이라고 말한다. 직위가 높아질수록 성과에 더 매달리지만 그만큼 성과는 나지 않고 불안하고 예민해진다. 통제할 수 없는 것을 통제하려다 보니 직원에게 화를 내는 일이 많아진다. 리더의 감정 노동의 강도는 지난 몇 년 사이 극적으로 높아졌다. 과거와 다르게 요즘처럼 성장 비전을 제시하고, 동기를 부여하며, 개개인 다양성을 인정하면서 성과를 창출해야 한다. 과거와 다르게 성과를 내는 일뿐 아니라 팀원을 배려하고 존중하는 좋은 리더 역할에 대해 기대치를 충족시켜야 한다. 그러기 위해서는 이제는 필수적으로 자신의 감정을 조절하고 절제할 줄 알아야 한다.

팀원 입장에서는 자신에게 일을 시키는 리더는 아무것도 하지 않고 편하게 자리를 지키고 있다고 생각할지 모르지만, 리더는 절대 마음 편한 자리가 아니다. 힘들고 어려운 일을 시키면서 직원 눈치와 표정 변화를 살펴봐야 하고, 직원이 지치고 짜증 내는 모습을 보면 잔소리하고 싶은 마음이 가득하나 참아야 한다. 막중한 책임감으로 인한 스트레스로 에너지는 고갈되고, 관계까지 챙길 여력이 점점 부족해진다. 마음이 조급해지다 보니 직원들에 대한 배려가 줄어들고, 조직 내 불만이 높아져 성과가 떨어진다. 이러한 악순환은 계속된다.

외로운 리더

자기의 감정을 받아들이기 어려운 이유 중 하나는 리더는 강해야 한다는 통념 때문일 수도 있다. 많은 리더는 나약한 모습을 보여 주면 리더로서의 자질이 떨어질 것이라는 두려움 때문에, 자신의 감정을 있는 그대로 받아들이는 것을 어려워한다. 집단주의적인 문화가 팽배한 한국 조직에서 리더들은 개인적인 어려움을 공적으로 드러내는 것을 좋게 평가하지 않는다. 실패를 인정하는 것을 부끄럽게 여기는 경향이 있기 때문이다.

실제로 자신의 사고방식과 역량으로 리더의 자리에 오른 사람이기 때문에 팀원들보다 강하다. 어려운 상황도 스스로의 힘으로 극복할 수 있는 자신감이 있다. 문제는 자신감이 지나쳐 과신으로 자신의 한계 상황에 도달했다는 사실을 인지하지 못할 가능성이 크다. 어느 정도의 자신감은 바람직하지만, 인간의 에너지는 한계가 있다. 자신의 역량을 과신하여 어려운 상황을 어떻게 해서든 혼자 힘으로 극복하려 한다. 이런 과정에서 발생하는 스트레스는 온전히 자신만의 몫이다. 제때 스트레스를 해소하지 못하고 번아웃에 빠져 심신의 건강을 해칠 가능성이 높다.

다른 한편 직원의 동기 부여를 강화하기 위해 수평적인 문화로의 변화를 요구한다. 이런 변화의 흐름에 동의한다고 하지만, 리더 본인은 수평적인 문화에 적응하는 것이 힘들다. 위계 문화에 익숙해진 오랜 조직 생활 탓에 새로운 문화를 받아들이고는 있지만 마음은 복잡하다. 특히 몸도 마음도 예전 같지 않아 변화에 적응하는 것이 불안하고 걱정이 가득하다. 노후에 대한 걱정이 많아지면서 마음 관리가 제대로 되지 않는다.

리더의 자리에 오르기까지 많은 사람들과 경쟁해 왔다. 잠재적인 경쟁자라고 할 수 있는 주변 사람들과 솔직하게 고민을 나누기 어려웠다. 부하들도 자신의 평가권을 가진 상사에게 쉽게 속내를 이야기하지 않는다. 권력은 리더를 외롭게 만든다. 권력이 개입되면 서로 주고받는 이면에는 무언가 원하는 게 있을 것이라는 생각이 자연스럽게 들게 된다. 이에 따라 신뢰할 수 있는 관계가 어려워진다. 개인적으로 쌓인 고민이나 어려움은 자신의 마음을 좀먹을 수 있다. 하지만 연구 결과에 따르면, 자신에게 너그러운 리더가 그렇지 않은 리더보다 정서 지능과 회복 탄력성, 진정성이 높게 나타난다고 한다. 특히 자기 자비를 실천하는 리더는 타인에게도 자비를 베푸는 경향이 더 크다는 것이다.

공감피로

팀원들의 불만이나 부정적인 감정을 다루는 것은 어려운 일이다. 요즘 좋은 리더라면 이해심이 넓어야 한다는 기대 때문에 싫은 소리 못하고 참는 경우도 있다. 팀원들이 불만과 고충을 토로할 때, 리더는 이를 달래고 위로하느라 진이 빠진다. 그렇다고 싫은 소리를 하면 리더 때문에 직장생활 못하겠다고, 퇴사를 고려하거나 블라인드 등에 고발하는 내용을 올린다. 리더와 직원 사이에는 이런저런 상호작용 속에서 엄청난 양의 감정적 에너지를 소모한다. 공감도 지나치면 기운이 빠질 수 있다. 이를 '공감 피로'라고 한다. 가족의 간병을 떠맡은 사람, 널뛰는 자녀의 감정에 지나치게 공감하는 부모도 공감 피로를 느낀다. 신생아 집중치료실 간호사들은 다른 과보다 더 많은 불면과 플래시백, 탈진 같은 '2차 트라우마'를 겪는다고 보고했다. 아기의 고통에 공감하기 때문이다. 한 연구 결과에 따르면, 직장에서 동료의 문제와 염려를 들어주는 시간을 내고 업무량이 과다한 동료를 도와준다는 대답을 한 사람은 가족과의 관계를 유지하기가 더 어렵다고 인터뷰에서 밝혔다. 의사는 환자의 고통을 목격하고 자기 보호를 위해 수축하며 기분이 나아지는 단계를 무수히 거치게 된다고 한다. 또 다른 연구는 의과대학 3년차가 되면 공감 능력이 떨어지기 시작하여 레지던트 과정에서 더욱 감소하고, 정식으로 의사가 될 무렵엔 60%가량의 에너지가 고갈된다고 한다. 이때쯤이면 감정이 소진되면서 환자를 사물처럼 대하기 시작한다는 것이다. 공감을 필요로 하는 사람들은 많지만, 그에 비해 의사가 내어줄 수 있는 공감의 총량은 언제나 제한적이기 때문이다. 의사들은 고통이나 괴로움 등의 감정을 완화하기 위해 온정적 거리두기 전략을 쓴다. 감정에 지나치게 공감하는 대신, 그들의 고충과 불만에서 유용한 정보를 찾아내는 과정으로 접근한다. 이렇게 하면 남의 말을 잘 들어주느라 생기는 피로를 감소시킬 수 있으며, 감정적인 발언을 객관적으로 바라보게 된다.

2. 리더인 내가 바로 서야 팀원이 있다

리더는 자신의 리더십을 감정 노동이라는 관점에서 객관화하여 바라볼 필요가 있다. 이렇게 함으로써 과도한 에너지 소모를 억제할 수 있다. 리더는 스스로 '나는 감정 노동자이니 내 감정을 잘 컨트롤해야 한다.'라는 마음을 가지는 것이 중요하다. 나 스스로 중심을 잡은 후에 다른 사람도 도울 수 있다. 팀 리더로서 자신의 삶을 어떻게 이끌 것인지에 대해 성찰해 봐야 한다. 좋은 리더가 되기 위해 자신의 행복을 포기할 것인가? 회사에서 성과를 잘 내 인정받으며 개인의 욕구를 참아야 할 것인가? 이것이 행복이라고 생각하는가? 이제는 일과 삶에서 균형을 잡을 줄 알고 즐거움을 아는 등 스스로가 행복해야 좋은 리더가 될 가능성이 높다. 현재 원하는 삶의 욕구는 무엇이고, 그동안 무엇을 무시했는지, 앞으로 집중해야 할 욕구는 무엇인지를 고민해 봐야 한다.

직장에서의 열정은 개인적인 건강과 행복에 달려 있다. 팀원이었을 때 스트레스로 지치고 잠도 설치지 않았는가? 심리적, 육체적으로 힘들 때 가족은 물론 함께 일하는 직원에게 개인적 관심을 보이기 힘들다. 자신의 어려움에 대처하기도 힘든 상황에서 다른 사람을 돕는 것은 어렵다. 자신과 주변 사람을 돌보지 못한다면 가정생활이나 직장생활이 효과적으로 작동하지 않는다.

우리가 직장에서 보내는 시간은 하나의 인간으로서 자신이 누구인지를 표현하고, 삶에 많은 행복을 가져오며, 친구와 가족에게 이익을 가져주기 위한 것이다. 일로 인해 자신의 삶이 소홀해지지는 않았는지 돌아보자. 스스로 일과 삶을 하나로 통합해야 한다. 자기 중심을 지키기 위해, 업무와 팀을 위해 희생하는 것이 아니다. 스트레스를 받거나 정신이 없을 때 다시 중심으로 돌아가게 해 주는 행동을 위한 시간을 마련해야 한다.

3. 감정을 관리한다

리더 자신의 감정이나 스트레스를 관리하는 것은 사적인 영역이 아니라, 팀을 위한 공적인 영역이다. 조직 관리와 사람 관리는 필연적으로 스트레스를 가지고 온다. 그러나 스트레스를 잘 관리하지 못하는 리더는 업무 몰입이 당연히 떨어진다. 스트레스가 많아지면 짜증이나 화 같은 부정적인 감정이나 생각이 쌓이게 되고, 이는 지적 및 정서적으로 업무에 몰입하는 것을 방해한다. 데일리 카네기 트레이닝의 조사에 따르면, 몰입 레벨이 저하된 리더의 팀원들은 그렇지 않은 리더의 팀원들보다 몰입 수준이 3배 이상 떨어진다고 한다. 즉 리더가 스트레스를 받을 때 동기가 떨어지면, 팀원들도 동기가 저하될 확률이 3배 이상이라는 것이다.

부정적 감정이나 스트레스를 효과적으로 어떻게 관리할 수 있을까? 내가 좋아하는 일이나 나를 기분 좋게 만드는 것은 무엇인가? 그 일에 충분한 시간을 할애하고 있는가? 더 많은 시간을 내려면 어떻게 해야 하는가? 운동을 한다거나 취미를 즐기고 명상을 하는 등 스트레스 감소에 도움이 되는 나만의 해소법을 찾는다. 서울대학교 행복연구소에서는 의미 있으면서 즐거움을 주는 활동으로 산책, 운동, 수다, 먹기 등이 있다고 했다. 반면, TV, 컴퓨터, SNS 등은 의미도 즐거움도 별로 주지 않는 활동이라는 연구 결과도 있다.

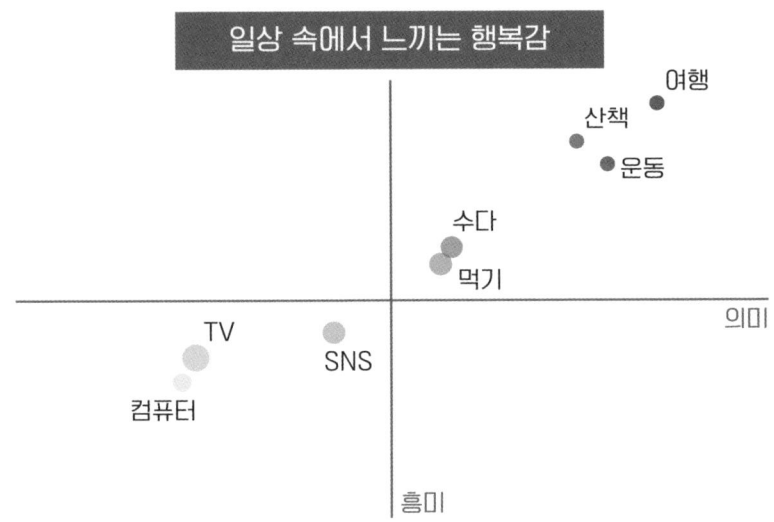

출처: 서울대학교 행복연구센터 CHOI & CHOI (2014)

몸의 에너지를 채운다

스트레스가 많아질수록 잘 다스려야 할 감정이 화다. 습관성 분노가 되면 거듭 화를 낸다. 스트레스 호르몬이 분비되어 심장병에 걸릴 확률이 높아지고 인지 능력에도 문제가 생길 수 있다. 스트레스를 받으면 몸이 먼저 반응한다. 심장이 빨리 뛰고 얼굴은 벌게지고 혈압도 증가한다. 스트레스 상황으로 몸의 에너지 요구량도 급증한다. 스트레스를 조절하기 위해 호르몬인 코르티솔이 급증한다. 그러나 스트레스가 지속되면 부신이 회복할 충분한 기회를 얻지 못하고 계속해서 호르몬이 분비되어 우리 몸이 점점 지치게 된다. 이런 악순환이 계속되면 사소한 일에도 피로가 누적되어 휴식을 취해도 풀리지 않게 된다. 고민이 꼬리에 꼬리를 물고 불어난다. 그렇기 때문에 몸을 억지로라도 움직여야 한다.

운동은 신경세포를 깨워 좀 더 현명한 생각을 할 수 있게 한다. 화가 나거나 고민이 있을 때 몸을 움직이면 뇌의 기능이 향상되고 감정이 가라앉게 된다. 특히 산책은 우리 뇌의 해마와 편도체의 상호작용에 영향을 준다. 해마는 기존 아이디어에서 벗어나 새로운 생각을 하는 것과 관련이 있으며, 해마가 활성화됨에 따라 편도체의 활동이 약화된다. 편도체는 불안, 초조함과 같은 스트레스 감정을 담당하기 때문에 산책은 심리에 긍정적인 효과를 얻을 수 있다. 산책은 코르티솔 수치를 낮추고 규칙적으로 걸을 때 교감, 부교감 신경의 균형으로 자율신경 작용이 원활해지며 스트레스가 완화되고 정신적으로 안정된다. 가벼운 차림으로 산책을 하다 보면 마음이 가벼워지고 생각이 정리된다. 가급적이면 건물 밖에서 걷는 것이 좋다. 팔다리를 움직이면서 가볍게 숨을 내쉬고 들이마신다. 이런저런 일에서 벗어나 내 마음의 공간을 즐기도록 한다. 잠도 제대로 자야 한다. 자는 동안 자양 성장호르몬이 분비되고 여러 가지 호르몬들도 정상적으로 분비가 되기 때문에 충분한 수면을 취해야 한다. 뇌가 쉬지 못하면 우리 몸의 에너지 보유량도 떨어지기 때문에 자기만의 수면 루틴을 정해서 충분한 수면시간을 확보한다.

마음의 에너지를 채운다

마음 에너지는 주의를 집중해 좋은 의사결정을 하는 데 필요하다. 감정을 억누르거나 맞서지 말고, 자신의 감정을 살피고 돌보는 것이다. 진정한 공감은 자신을 착취하지 않으며, 그 결과로 공감의 끝에서 분노를 만나지 않는다. 불교에서 말하는 '자비'는 타인의 고통을 떠안지 않으면서 그들을 염려하는 일이다. 심리학자들도 '공감으로 인한 괴로움'과 '공감으로 인한 염려'를 구분한다. 괴로움은 다른 사람의 고통까지 떠안는 것이다. 반면, 염려는 누군가의 감정을 함께 느끼고 그들의 안녕이 향상되기를 원하는 마음이다. 염려와 괴로움은 동전의 양면처럼 보이지만 똑같은 것은 아니다. 공감의 역할이 친절한 마음을 불러일으키는 것이라면, 친절의 첫 번째 대상은 나 자신이다. 자신을 희생하여 타인을 이롭게 하는 것이 아니라, 타인을 도우면서 우리가 혜택을 입는 것이 진정한 공감이다. 가장 좋은 방법이 마음 챙김 명상으로, 육체적 감정적, 지적 영적으로 에너지를 경험하게 한다.

마음 챙김 명상

마음 챙김은 자기 인식 능력을 향상시킨다. 자신의 생각, 감정, 행동 등을 판단하지 않고 관찰함으로써 자신을 객관적으로 인식하는 능력을 향상시킨다. 마음 챙김은 판단하지 않고 경험하기 때문에 충동적이고 자동적으로 대응하는 것을 줄이고 자신의 감정을 거리를 두고 관찰하기 때문에 감정과 자신을 분리함으로써 부정적 감정의 위협을 감소시킨다. 따라서 타인을 수용하고 경청하는 능력이 향상된다.

2010년 세계 최초로 마음 챙김 리더십 연구소를 설립한 제니스 마투라노는 마음 챙김은 자기 인식, 인내, 겸손, 믿음, 연민들의 특성을 강화할 수 있다고 했다. 구글에서는 '너의 내면을 검색해라.'라는 마음 챙김 프로그램을 개발하여 리더로서 성찰의 시간을 의도적으로 가지게 한다. 이 프로그램은 마음 챙김을 전 세계적으로 확산하는 데 큰 역할을 했다.

우리는 일상의 많은 시간을 자동운항 모드로 살아간다. 바쁜 일상 가운데 빠른 업무 수행을 하다 보면 리더 자신도 모르게 자동화 모드 스위치가 켜진다. 자동화 모드는 아무런 의식 없이 내 몸이 반응하는 대로 행동하는 것이다. 행동 패턴이 이미 몸에 적응되어 굳이 마음을 알아차리지 않아도 일상을 살아갈 수 있다. 몸은 자동운항 모드로 저절로 움직이지만, 마음은 종종 고민이나 걱정으로 방황한다. 팀원이 보고하는 동안 공간과 시간을 공유할 뿐, 마음은 더 중요하고 급한 생각을 한다. 보고서의 내용을 충분히 인식하지 못한 채 무의식중에 고객을 끄덕였을 수 있다. 팀원들의 개인적인 상황에 대해 알았다고 하지만 기억을 못하곤 한다. 자동화 모드 상태에서는 습관된 패턴대로 의사결정이 이루어진다. 정보가 많다 하더라도 내 경험과 관점 안에서 정보를 받아들이므로 실제로 얻는 정보는 적고, 리더의 의사결정은 제한된 인식을 통해 만들어진다. 마음이 혼란하면 정보를 제대로 파악할 수 없으며 보는 시각도 좁아져서 잘못된 의사결정을 하기 쉽다. 또한 늘 하던 익숙한 패턴으로 의사결정을 하다 보면 다른 사람에게 내 경험과 관점을 강요하는 꼰대의 모습을 보이기 쉽다. 현명한 의사결정을 하기 위해 필요한 순간에 잠시 호흡을 함으로써 일상의 자극과 반응 사이의 공간을 가질 수 있다.

마음 챙김의 메커니즘은 자동화 모드에서 벗어나 마음을 챙기고 알아차려서 현재 활동에 주의를 집중하는 것이다. 자동운항 모드를 잠시 끄고 내 마음을 챙기고 알아차리기 위해 내 감정에 집중하는 것이다. 일상은 수

많은 자극과 반응의 연속이다. 순간적이고 즉흥적인 반응이 아닌 여유를 가짐으로써 더 나은 방식을 선택할 수 있다. 마음 챙김은 자신 몸 감각과 마음의 독백 등을 있는 그대로 바라보는 것이다. 화를 내는 상사, 아이들의 걱정, 노후의 불란 등 일상생활 속에 주의 집중을 방해하는 것을 알아차림으로써 부정적인 영향을 줄일 수 있다.

보통 우리는 먼저 자극을 느끼고 그것에 대해 반응한다. 마음 챙김 명상은 자극을 그대로 느끼고 불필요한 2차 반응을 보이지 않도록 노력하는 명상이다. 화가 날 때 화가 나는 느낌을 그대로 인정하고, 화내는 행동인 2차 반응을 보이지 않도록 한다. 몸의 모든 신체적 감각과 생각을 계속 관찰하면서, 해당 감각과 생각 등이 자극에 반응하지 않는 것을 목적으로 한다. 그저 관찰하는 능력을 키우는 것이다. 물론 반응하지 않고 그저 관찰하는 것은 매우 어렵다. 인간의 뇌와 신체는 기본적으로 자극이 오면 반응을 하도록 설계되어 있기 때문이다. 하지만, '아 이런 자극이 있구나.' 하고 단순히 알아차리기만 해도 자극과 반응의 자동적인 전개를 방지할 수 있다. 자극에 대해 '그저 그렇구나.' '그렇지.' '내가 지금 이런 생각을 하고 있구나.'라고 관조할 뿐, 2차적인 생각을 만들지 않는 것이다.

마음 챙김 명상 방법

조용하고 방해받지 않는 편안한 장소를 선택한다. 회의실이나 야외 공간이든 마음을 진정시켜 주고 영감을 줄 수 있는 장소를 선택한다. 본격적인 명상을 시작하기 전에 환경에 익숙해지기 위해 몸을 편안하게 만든다. 얼굴과 목, 어깨 긴장을 풀어 주기 위해 간단한 스트레칭을 한다. 가부좌를 취할 필요도 없다. 소파나 의자에 앉아서 해도 좋다. 자신이 편안할 수 있는 다양한 자세를 취한다. 명상을 시작할 때는 1~3분 정도 짧은 시간에서 시작하여 점차 시간을 늘린다. 처음부터 오랜 시간을 하려면 심리적으로 부담이 커서 효과를 누리기 어렵고 지속하기도 힘들다. 자신이 명상하고 싶은 시간을 맞춰 두고, 익숙해지면 시간을 늘려 간다.

명상을 시작할 때 먼저 숨을 들이쉬고 내쉬는 감각에 집중하여 호흡에 초점을 맞추는 연습을 한다. 숨이 몸 안에서 어떻게 흐르고 나가는지를 느끼면서 점점 깊고 긴 호흡을 하면, 몸과 마음이 진정된다. 주변의 소리나 잡념으로 의식이 흐트러질 경우, 다시 호흡을 관찰하고 집중하는 상태로 돌아온다. 자신이 좋아하는 이미지를 마음속에 그려 보고 그것에 집중하는 시각적 명상도 도움이 된다. 좋아하는 장소나 좋아하는 음식을 상상해 본다. 단순히 상상하는 자체만으로도 기분이 좋아진다. 이런 마음의 상태는 어느 날 갑자기 확 늘지 않는다. 근력운동과 같이 꾸준히 하지 않으면 줄어든다. 반복해서 명상하다 보면 조금씩 깊어지는 것을 느낄 수 있다. 매일 짧은 시간이라도 하는 것이 더 중요하다.

정신의 에너지를 채운다

정신의 에너지는 타인과의 관계에서 나온다. 나를 넘어선 관계에서 정신적인 충만함을 느낄 수 있다. 리더에게 지지를 보내는 사람을 만나는 것도 도움이 된다. 우리는 사회적 동물이기 때문에 다른 사람과 연결될 때 에너지가 충전된다. 이를 위해 가까운 사람들과 주기적으로 대화를 한다. 다른 사람이 보내주는 지지나 신뢰는 스트레스 상황에서 부정적 감정을 완화해 주는 좋은 에너지가 된다.

비슷한 상황에서 자신의 고민을 이해하고 공유할 상대가 있으면 좋다. 직장에서 자신의 경험과 스트레스를 공유할 수 있는 동료 그룹을 만들 수 있다. 직장 밖에서는 밴드나 동호회 같은 커뮤니티에 가입하여 활동할 수 있다. 이러한 활동을 통해 외로움이나 정서적인 피로감을 완화시킬 수 있다. 특히 리더가 가지고 있는 고민을 다른 사람이 해결해 줄 수도 없고, 고민 주제에 대해서도 리더가 가장 잘 알고 있다. 그럼에도 불구하고 대화가 필요한 이유는 다른 사람에게 말하는 것만으로 복잡한 생각이 정리되고 심리적 안정감을 얻을 수 있기 때문이다.

모든 사람과의 관계를 좋게 하기 위해 애쓸 필요는 없다. 특히 상대방의 자기중심적인 태도로 여러 번 상처를 받았다면, 거리를 두어 심리적 향상성을 유지할 필요가 있다. 대신에 평소 주변의 소중한 사람들과 신뢰를 쌓고 의미 있는 경험을 늘려 나가는 것이 좋다. 양보다는 질이 중요하기 때문에, 같이 이야기를 나눌 수 있는 사람을 고민해 보고, 평소에 한 사람이라도 관계를 만들어 놓아야 한다. 자신의 솔직한 마음을 보여 주고 삶의 의미와 가치를 공유할 수 있는 단 한 사람의 존재만으로 충분하다.

상황이 심각하다면 심리상담이나 코칭과 같은 외부 전문가의 도움을 받을 필요도 있다. 심리치료의 도움을 받아 내적인 문제를 해결하고 심리적인 안정감을 가져다줄 수 있다. 우리나라에서는 심리 상담을 받는 것을 부정적으로 여긴다. 세계에서 가장 행복하다는 덴마크는 정신과 치료를 가장 많이 받는 나라로도 유명하다. 미국의 대통령은 정신건강의학과 의사를 주치의로 두고 있다. 외국 회사의 중요 임원들은 정기적으로 정신건강

상담을 받을 것을 권장하고 비용도 회사에서 지원한다.

정신적인 건강을 위해 일상적인 업무로부터 거리를 두는 시간을 갖는 것도 좋다. 스트레스를 가중시키는 자극에서 벗어나 에너지를 다시 채울 수 있는 시간을 갖는다. 서울 행복연구소에 따르면, 여행은 사람에게 행복감을 주는 가장 큰 활동 중 하나다. 소중한 경험을 함께 하면서 행복 호르몬인 세라토닌이 생겨나기 때문에 우리를 행복하게 만든다. 여행을 하면 걷고, 함께 음식을 먹고, 대화를 나눌 수 있기 때문에 큰 의미와 많은 즐거움을 준다. 특히 여행에서의 경험은 스토리가 되어 사람들과의 대화 소재로 활용될 수 있다. 여행에서 만나는 사람들과의 만남에서 벽을 허물고 스스럼없는 대화를 통해 긴장감을 풀 수 있다. 연구에 따르면, 여행으로 정신과 신체 에너지를 재충전할 수 있다. 여행을 자주 가는 사람은 반대의 사람보다 심장병으로 사망할 가능성이 낮고, 수면의 질이 개선되었다고 한다. 네덜란드 브레다대학교 제번 나빈 교수 연구팀은 휴가는 한 번에 오래 다녀오는 것보다, 짧게 여러 번 다녀오는 것이 행복감을 더 높인다고 밝혔다.

7장 요약노트

감정을 관리하는 리더

1. 감정을 표현하라

감정을 건강하게 표현하기 위해 먼저 감정을 인식하고, 무슨 감정인지 구분해라. 감정의 원인을 이해하고 팀원에게 자신의 감정을 제대로 표현해라.

2. 감정을 관리하라

리더십은 감정노동이라는 것을 인식하라. 감정은 개인적인 영역을 넘어 조직의 공적 영역이다. 감정관리를 위해 몸의 에너지, 마음의 에너지, 정신의 에너지를 채우기 위한 자신만의 방법을 찾아라.

작가 인터뷰

이 책을 처음 기획하게 된 의도는 무엇인가요?

조직문화 담당자로 일하면서 직원들이 행복하게 일할 수 있는 환경을 만들고 싶었어요. 블라인드에 들어가 보니까 회사가 지옥 같다는 글이 많더라고요. 하루에 8시간 이상을 회사에서 보내는데, 일이 즐겁지 않으면 인생이 전체적으로 행복할 수가 없잖아요. 불만을 느끼다가 조용히 퇴사하는 직장인들이 정말 많아요. 조직문화를 개선하는 방안을 찾으면 이런 문제가 해결되지 않을까 싶어서 리더와 직원 대상으로 인터뷰를 시작했어요. 인터뷰를 진행할수록 리더와 직원들이 서로 입장이 너무 다른 거예요. 말 그대로 '리더와 직원의 동상이몽'이었죠. 이 차이를 극복하고, 리더가 더 나은 조직문화를 구축할 수 있도록 도움이 되었으면 해서 책을 쓰기 시작했어요.

작가님의 리더십 철학에 영향을 미친 이론이나 철학이 있나요?

저는 사람들에게 스스로 성장할 수 있는 환경을 제공해야 한다고 생각해요. 사람은 본질적으로 선하기 때문에 적절한 환경에서 자연스럽게 성과를 낼 수 있다고 믿어요. 동기부여 이론인 Y이론에도 영향을 받았어요. 직원을 통제해야 할 대상으로 보는 X이론과 달리, Y이론은 사람을 자기주도적인 존재로 봐요. 사람을 믿고 존중하는 리더십이 조직의 성공에 큰 기여를 한다는 인간중심의 철학을 가지고 조직문화에 대해 연구하고 있습니다.

좋은 조직문화의 핵심 요소는 무엇인가요?

직원들이 회사 가는 것이 즐겁다고 느끼면 좋은 조직문화가 아닐까요. 그러려면 좋은 동료 관계뿐만 아니라 나를 인정해 주고, 잘못했을 때는 다음에는 더 잘할 수 있을 거라고 믿어주는 리더가 있어야 해요. 업무가 나를 성장시키느냐, 의사결정을 할 수 있는 자율성이 보장되느냐도 중요하죠. 꽤 많은 사람들이 여러 가지 불만을 토로하다가도 결국 좋은 리더와 동료들이 있어서 버틴다고들 하거든요. 특히 리더의 지지가 정말 중요하죠.

MZ세대 이야기를 많이 하셨는데, 기존 세대와 무엇이 가장 다른가요?
개인에 집중하는 MZ세대는 집단주의적으로 사고하는 기존 세대와 가지고 있는 가치체계 자체가 달라요. 위계질서대로 당연히 윗사람 말에 따르던 사람들과 수평적인 소통을 원하는 세대가 함께 일하다 보면 충돌이 일어날 수밖에 없죠. 기존 세대의 경우에는 '내가 회사에서 이런 존재인데 인정을 안 해주냐' 하면서 감정이 폭발해요. 그러면 이제 '누구 때문에 회사 못 다니겠다'는 글들이 블라인드에 올라오는 거예요. 옛날에는 재떨이 날아다니고 그랬다고 하잖아요. 그런 문화에 젖어 있던 세대가 스트레스를 참아야 하니까 감정 노동이 점점 심해진다고들 해요. 막상 MZ세대도 '저렇게 힘든 걸 내가 왜 하냐'고 팀장이 되는 걸 기피하는 게 현실이죠.

조직 내에서 감정 관리가 중요한 이유가 뭘까요?
소통으로 인해 생긴 문제를 풀려면 리더와 직원들 모두 스스로 감정을 관리할 수 있어야 하겠더라고요. 감정도 배워야 하는 거고, 리더십도 스킬이라고 생각해요. 왜 짜증이 나는지 모르겠다고 말하던 분들이 감정코칭을 받고서 스스로 느끼는 감정에 대해 알게 되고, 이후 훈련을 통해 직원들과의 대화가 나아지는 사례가 정말 많았어요.

어떤 방식으로 조직 내 갈등을 해결하셨나요?

- 저는 굉장히 보수적인 회사에서 일했는데요. 최초로 기업문화 팀을 만들면서 팀장직을 맡게 됐어요. 그 역할을 해내려면 하고 싶은 말을 할 수 있어야 하는데, 회의 시간에 아무도 말을 안 하는 거예요. 심리적인 안정감이 없는 거죠. 제가 말을 좀 했더니 회의가 더 길어졌다고 다른 리더들이 오히려 불평을 하더라고요. 싸움닭처럼 할 말을 다 하다 보니 상사와도 갈등이 있었어요. 직급이 낮으니까 따르라는데 할 수 있는 말이 없었어요. 이렇게 접근해서는 안 되겠다 싶어서 저와 비슷한 생각을 가진 회사에서 소위 잘 나가는 인플루언서 리더(인싸)들에게 도움을 요청했어요. 먼저 해당 인싸 리더들이 담당하는 부서부터 직원들의 의견을 듣고 수평적으로 소통하면서 문제를 풀어나갔죠. 작은 부분에서 시작해서 회사 전체로 퍼져 나가는 경험을 했어요.

기억에 남는 조직문화 경험과 그로부터 얻은 통찰이 있나요?

대표님이 블라인드에 올라온 글을 모니터링하다가 이러다가 회사가 진짜 문을 닫겠다는 위기감이 드셨나 봐요. 사내 익명 게시판을 활용해 보기로 했는데, 불만만 더 늘어나는 것 아니냐는 우려가 있었어요. 그런데 익명 게시판에 올라온 내용에 다양한 사람들이 댓글로 의견을 나누면서 자정효과가 생기더라고요. 익명 게시판에 질문한 내용을 해당 팀에서 직접 답변을 달도록 했더니 게시판도 점차 활성화되었고요. 과도기는 분명 있었지만,

그 과정을 참아내면 분명 좋은 문화가 정착될 수 있다고 생각해요.

앞으로의 연구 주제와 집필 계획이 궁금합니다.

작년에 퇴사를 하면서 MZ세대의 고민을 들을 수 있는 기회가 줄었지만, 앞으로는 회사 밖에서 젊은 세대의 고민을 더 많이 들을 수 있는 기회를 마련하려고 해요. 젊은 세대가 원하는 이상적인 조직문화에 대한 이해를 높이는 데 도움이 되는 글을 쓰고 싶어요. 다양한 세대간의 소통과 협력은 물론 조직문화에 영향을 주는 전반적인 요인인 조직구조, 평가제도, 전략 등도 심도 있게 연구해 보고 싶습니다.

마지막으로 독자들에게 한마디 해주신다면?

각자 자기가 가지고 있는 철학에 대해 성찰해 보는 시간을 가지면 좋겠어요. 스스로가 인간을 어떻게 보는지, 도구로 보느냐 아니면 소중히 대해야 할 존재로 보느냐 하는 성찰에서부터 시작한다면 분명 많은 것들이 달라질 거예요.

하수미 작가 홈페이지

참고문헌

도서

- 그리스 채(2023). 실리콘밸리에선 어떻게 일하나요. 더퀘스트
- 괴츠 W. 베르너(2019). 철학이 있는 기업. 센시오
- 김윤나(2021). 리더의 말그릇. 카시오페아
- 김환표(2020). 최고의 팀은 어떻게 만들어지는가. 북카라반
- 닉 크레이그(2019). 목적중심 리더십 초연결, 한영수 옮김. 니케북스
- 닐스 플레깅(2020). 언리더십. 박규호 옮김. 흐름출판
- 대니얼 길버트(2006). 행복에 걸려 비틀거리다. 서은국, 최인철, 김지정 역. 김영사
- 대니얼 M. 케이블(2020). 그 회사는 직원을 설레게 한다. 갈매나무
- 대니얼 코일(2018). 최고의 팀은 무엇이 다른가. 박지훈·박선령 옮김. 웅진 지식하우스
- 데일 카네기(2019). 데일카네기 인간관계론. 임상훈 역. 현대지성
- 라즐로 복(2021). 구글의 아침은 자유가 시작된다. 이경식 번역, 유정식 감수. 서울 알에이치코리아
- 로버트S. 캐플런(2023). 리더에게 정말 필요한 것( ) 정지현 옮김. 마인드빌딩
- 류랑도(2020). 팀장 클래스. 쌤앤파커스.
- 매러디스 밸빈(2012). 팀이란 무엇인가. 김태훈 역. 라이프맵
- 박용철(2023). 감정은 습관이다. 유노책주
- 박진우(2019). 리더는 사실 아무것도 모른다. 학이시습
- 백종화(2021). 요즘 팀장은 이렇게 일합니다. 중앙books
- 브레네 브라운(2019). 리더의 용기. 강주헌 역. 갤리온

- 사이먼 시넥(2021). 리더 디퍼런트. 윤혜리 옮김. 세계사
- 스튜어트 D. 프리드먼(2015). 와트스쿨 인생특강 원하는 삶을 살 것. 권오열 번역. 베가북스
- 에드거 샤인·피터 샤인(2022). 리더의 질문법. 노승영 옮김. 심심.
- 에드워드 L.데시(2011). 마음의 작동법 뭣이 당신을 움직이는가? 에코의 서재
- 에이미 에드먼슨(2019) 두려움이 없는 조직. 다산북스
- 예지은(2023). 리더라면 한번은 만나게 될 이슈들. 삼성글로벌리서치
- 유호현(2019). 이기적 직원들이 만드는 최고의 회사. 스마트북스
- 윤대현·장은지(2021). 리더를 위한 멘탈 수업. 인플루엔셜
- 장영학·유병은(2021). Why를 소통하는 도구. 플랜비디자인
- 존맥스웰(2010). 리더십 불변의 법칙. 비지니스북스
- 최지훈(2020) 조직문화 재구성. 개인주의 공동체를 꿈꾸다. 플랜비디자인
- 최동석(2013). 인간의 이름으로 다시 쓰는 경영학. 서울:21세기북스
- 캐럴 드웩(2023). 마인드셋 스탠퍼드 인간성장 프로젝트. 스몰빅라이프
- 킴스콧(2019). 실리콘밸리의 팀장들. 청림출판
- 패트릭 렌치오니(2014). 무엇이 조직을 움직이는가. 홍기대·박서영 옮김. 전략시티.
- 하수미(2021). MZ, 젠더 그리고 조직문화. 플랜비디자인

기사 및 논문

- AchiveForum Research(2019). Leading across boundaries. 한국포럼 마케팅팀 편집
- MZ세대의 조용한 퇴사 국내 상륙. 시사저널(2022). 1795호
- Annette MJ Kim(2022). 사람과 조직의 동반 성장을 위해 일해요. https://careerly.co.kr/comments/73075

- A.G. 래플리(2009). 오직 CEO만이 할 수 있는 일. DBR(33호)
- BizFACT(2023). 토스, 새롭게 도입한 TIP. 2023.11.09 https://news.tf.co.kr/read/economy/2054217.htm
- Yves Morieux(2015). How Too many rules at work keep you from getting. YouTube
- 글로벌 이코노믹[초점]. 미 직원몰입도 거의 10년만에 최저수준. 2023.1.26. https://www.g-enews.com/article/Global-
- 김동철(2010). 5~15명 규모로 공동목표, 공동책임 갖게 하라. DBR(67호)
- 김명희(2023). 삼촌뻘 저성과자 팀원 관리가 시험대 작은 성공 경험 반복하도록 이끌어야. DBR(372호)
- 김성남(2023). 직원들도 내 마음 같을 거라고요? 다름을 먼저 인정하는 것이 뉴노멀. DBR (364호)
- 김학수(2010). 기존문화와 융합하는 혁신조직 구축하라. DBR(68호)
- 김현정(2019). "실패해도 돼, 나도 예전에 잘 몰했어" 심리적인 안전감을 줘야 진짜 리더. DBR(286호)
- 대학내일 20대연구소(2022). Z세대가 생각하는 일의 진짜 의미. 대학내일 20대연구소 인사이트 보고서, 2022-10
- 레베카 나이트(2021). 나사 풀린 직원, 어떻게 다뤄야 할까? 하버드비즈니스리뷰, 2021.4
- 로버트I. 서튼(2010). 부하직원들의 마음에 주파수를 맞춰라. DBR(66호).
- 롭크로스, 렙리벨,& 애덤 그랜트(2016). 협업이 초래하는 과중한 짐. 하버드비즈니스리뷰, 2026.1-2월호
- 롭 크로스, 에이미 C. 에드먼슨 & 웬디 머피 (2020). 회사를 바꾸는 것은 미션보다 팀워크. DBR(299호)
- 레슬리 K.존, 리 지항 & 마리암 코우차키(2023). 리더가 자신의 약점을 공개해야

하는 이유 하버드비즈니스리뷰, 2023.12.17
- 리타 군터 맥그래스(2011). 실폐는 죽음? No, 똑똑한 실패가 조직을 키운다. DBR(93호)
- 마틴 하스(2016). 뛰어난 팀워크의 비결. 하버드비즈니스리뷰, 2016.6월호
- 마커스 버킹엄, 애슐리 구달(2019). 피드백에 멍들다. Harvard Business Review, 2019. 3월호
- 모르텐 한센(2020). 애플의 혁신형 조직체계, Harvard Business Review, 2020년 11-12월호
- 박광서(2019). 업무 쪼개기 황당하고 그 직무만 평가 자기 완결형으로 직무를 재설계하라. DBR(268호)
- 박정열(2023). 구성원 존중이 집단지성 꽃 피운다 최고의 자기 모습을 발견하게 하라. DBR(364호)
- 박정열(2023). 구성원의 마음을 사는 리더십의 조건 월간인재경영, 219호
- 박진우(2021). 우리 조직 안의 썩은 사과 해결하기. ㅍㅍㅅㅅ, 2021 12.10 https://ppss.kr/archives/248284
- 사람인(2012). 월급의 의미. 설문조사(직장인 3,293명) https://m.saramin.co.kr/live-job/view?idx=108566
- 세계경제포럼(2020). 일자리의 미래 2020 보고서. 세계경제포럼, 2020.09
- 신수정(2011). 쿨하게 사과하라. DBR(80호)
- 안영규(2022). 조직성장을 위한 가장 중요한 질문, 지금 당신은 행복한가요? HR insights, 2022년 2월호
- 알렉스 크리스티안(2022). 조용한 퇴직이 새롭지 않은 이유. BBC NEW코리아
- 애드리안 매든, 캐서린 베일리(2016). 우리는 모두 의미 있는 일을 하고 싶다. DBR (210호)
- 윤예나(2016). 리더는 배우는 자세와 성장마인드 갖춰야 실수한 직원 칭찬하고 상

줄 때 혁신 가능. Economy Chosun, 2116.10.30. https://economychosun.com/site/data/html_dir/2016/10/30/2016103000000.html
- 원지현(2020). 월마트의 Upskilling. Reskilling, 위기를 뛰어넘다. LG경제연구원, 2020. 12. 16
- 애덤 웨이츠(2016). 공감의 한계. 하버드비즈니스리뷰, 2016.1-2호
- 이병주(2014). 88연승, 역대 최고의 감독 존 우든 기적의 전술은 코트 밖에 있었다. DBR(164호)
- 이수민(2022). 일하고 싶은 동기를 부여하거나 일할 수 있는 능력을 키워주거나. DBR(344호)
- 이승윤(2010). 2.9:1, 긍정 셋에 부정 하나쯤은 있어야. DBR(61호)
- 이승윤(2018). 공개적으로 인정하고, 사적으로 표현 탁월한 장점을 자세히 설명해 줘라. DBR(246호)
- 이재형(2108). 성장마인드셋, 상시 피드백 중시하는 애자일이 포스트 성과주의의 중심. DBR(259호)
- 잡플래닛(2022). X,Y,Z세대가 답한 좋은 회사의 조건. 2022.07. https://www.jobplanet.co.kr/contents/news-3285
- 장정빈(2020). 듣기 말고 참고 기다리기. FPJOURNAL, (143)
- 저스틴 헤일, 데이비드 알렌(2023). 직원들의 업무집중을 돕는 7가지 방법. 하버드비즈니스리뷰, 2023.4.
- 정동일(2013). A급 직원에게 내 시간의 80%를 투입하라. DBR(122호)
- 정철(2021). 외부인재 확보로 변화 대처하기엔 한계, 기존인력의 능력, 새로운 스킬로 전환하라. DBR(333호)
- 주간동아(2013). 당신은 직장에서 행복하신가요? 주간동아, 2013. 07.07. https://www.donga.com/news/article/all/20130707/56307877/5?comm
- 중앙일보 [독재연재 Seri 보고서] 고참의 재발견 2010.03.19. https://www.joongang.co.kr/article/4068537#home

- 젝 젠거 & 조셉 포크먼(2022). 인정 리더십을 발휘하라. 하버드비즈니스리뷰, 2022.11.09
- 최인철(2014). 최인철 교수가 말하는 행복을 사는 법. https://youtu.be/8T5JHwYqMWU
- 최철규, 김한솔(2013). 갈등, 스스로 해결했다 믿게 하라. 좋은 리더는 숨은 조정자다. DBR(140호)
- 트렌드모니터(2023). 회사 아닌 회식 같은 회식? 술 없는 점심 회식이 온다. 엠브레인 트렌드 모니터, https://www.trendmonitor.co.kr/tmweb/trend/allTrend/detail.do?bIdx=2678&code=0402&trendType=CKOREA
- 티파니 맥도웰, 쉐바 에테샤미 & 카일 샌델(2021) 아직도 즐겁게 일하시지 않나요. Kr insights deloitte review issue, 24
- 팀블라인드(2020). 직장인 행동도 조사. 블라인드 지수, 2020 리포트
- 한국무역협회(2021). 기업 벤처링 트렌드와 시사점: 스타트업과 상생하는 법 보고서
- 황정수, 좌동욱, & 고재연 (2019) 삼성전자, 인사 대수술, 업무전문성 중점 진단. 한국경제신문 2019.06.19 https://www.hankyung.com/article/2019061947361
- 휴먼리서치(2018). 화나도 티 안내는 사람들, 수동공격성향 일 수도 있다. Naver 포스트, https://post.naver.com/viewer/postView.nhn?volumeNo=16938690

리더와 직원의 동상이몽
조직문화전문가가 말하는 직원을 사로잡는 리더십 유형 6가지

초판 1쇄 2024년 7월 11일
초판 2쇄 2024년 11월 20일

지은이 하수미
펴낸이 마형민
기획 신건희
편집 곽하늘 조도윤
디자인 김안석
펴낸곳 주식회사 페스트북
주소 경기도 안양시 안양판교로 20
홈페이지 festbook.co.kr

ⓒ 하수미 2024

ISBN 979-11-6929-532-1 03320
값 18,000원

* 이 책은 저작권법에 의해 보호를 받는 저작물이므로 무단 전재와 무단 복제를 금합니다.
* (주)페스트북은 작가중심주의를 고수합니다. 누구나 인생의 새로운 챕터를 쓰도록 돕습니다. creative@festbook.co.kr로 자신만의 목소리를 보내주세요.